化悲憤為力量

一個二二八遺屬的奮鬥

王克雄　著

▲ 「守望相助」，獵豹Cheetah攝於聖地牙哥野生動物園。

謹以此書獻給我的母親

王陳仙槎女士

她從廿四歲起守寡來撫養我和弟弟

及忍受外界對二二八遺屬的歧視

▲ 2014年11月克雄與母親遊烏山頭水庫。

「化悲憤為力量：一個二二八遺屬的奮鬥」出版紀念

誠勤奮振

賴清德

中華民國一一一年九月

清德用箋

推薦序

不被環境打倒

台南市長 黃偉哲

2022年9月18日在台南市政府與民間共同努力下，「台南市二二八紀念館」終於落腳原台南州會盛大開幕，這不僅是台南民主人權的重要場址，也是轉型正義的重要里程碑，更證明台南市將先烈先賢們為台灣自由民主的奮鬥銘記在心，也期望下一代能藉此獲得啟發，公平正義以及自由人權絕不是平白獲得。

二二八紀念館得以催生，本書作者王克雄博士當屬最有功勞者之一，先是召集二二八遺屬、關懷者及民意代表們，在2020年2月27日召開記者會，倡議建立「二二八紀念館」。此後不辭辛勞，大力協助市府進行館舍及展覽的籌備，王克雄博士及弟弟王克紹醫師更慷慨捐贈其父「日本第一位台籍檢察官」王育霖的珍貴文物。

王博士的父親王育霖檢察官出身台南世家，就讀台北高等學校期間，就已顯露對社會的強烈使命感，曾在日記寫下：「王育霖，你應走的路是要：正義！堅強！帶給所有人幸福！」勸勉自己打造一個公平正義的社會。戰後王育霖返台擔任新竹檢察官，一秉過去的正直、無懼強權，接連偵辦新竹船頭行走私案、鐵路警察瀆職案等重大案件，早已成為權貴的眼中釘，最終在偵辦新竹市長郭紹宗瀆職案時，受上級強烈施壓而被迫辭去職務。其後王育霖仍不懈自身理想，轉任《民報》擔任法律顧問，執筆撰寫司法評論，也以白話撰寫《提審法解說》，深入淺出教導民眾法律概念及權益義務。二二八事件爆發後，儘管王育霖未參與事件活動，仍在1947年3月14日在自家遭持槍軍警藉故非法逮捕，從此下落不明，台灣痛失一位社會菁英。

那時，王克雄博士僅二年九個月大，弟弟王克紹醫師更僅出生三個月大，他們的母親守寡，茹苦含辛扶養兩兄弟，尤其在情治單位的監視、親友的疏離以及外界的歧視下，令他們的生活更加不安。然而兩兄弟並未向命運低頭，台南一中畢業後，王克雄博士考上台大電機系，弟弟克紹則從醫就讀高醫醫學系。

王克雄博士於台大畢業後，留學美國取得電機博士學位，儘管在海外事業飛黃騰達，但仍心懸自己永遠的故土台灣及家鄉台南。本書字裡行間句句透露對台灣的關心，多次千里跋涉飛回台灣參與重大政治事件及選舉，尤其在轉型正義及二二八真相的發掘。本書所收集王博士五篇二二八加害者的報告，深入且公正地描述加害者的所作所為，揭明二二八慘案的一系列黑歷史，其付出心血著實令人敬佩。

除了史料的探明，王克雄博士對學子的勉勵、台語推廣及社會公益也不遺餘力，每年募集「南加州南一中校友會獎學金」，匯回母校獎勵很多學弟，在海外成立「王育霖檢察官紀念基金」及「台灣二二八慘案教育基金會」，亦資助「台灣詩人節」、成大台灣文學系「王育霖詩人檢察官獎」、台南市二二八關懷協會、台南市王姓宗祠等，包括王家在內五個二二八事件受難家族，也共同成立「二二八司法公益金」，委託台灣律師公會聯合會，獎勵為台灣司法公義有貢獻的個人或團體。

王克雄博士著作《化悲憤為力量：一個二二八遺屬的奮鬥》所描述的經歷及付出，著實令人敬佩，值得我們每個人借鏡及學習。

台南市長

黃偉哲

2022年12月25日

目錄

推薦

認識作者

詩集

評論

二二八加害者之研究

人生

認識作者

筆者王克雄博士。

相片述事

何謂法治國？
王銘石

法律是打不死的
王銘石

1　1945年筆者1歲時，與父母親攝於日本京都。

2　先父王育霖以筆名王銘石，在《民報》指出司法的問題。

3　1992年2月筆者（右三）參與二二八遺族美國返鄉團回台灣，要求正視二二八慘案。

4　二二八被害台灣菁英名冊上，王育霖等多人的犯罪事實欄是空白，亦即無罪。

5

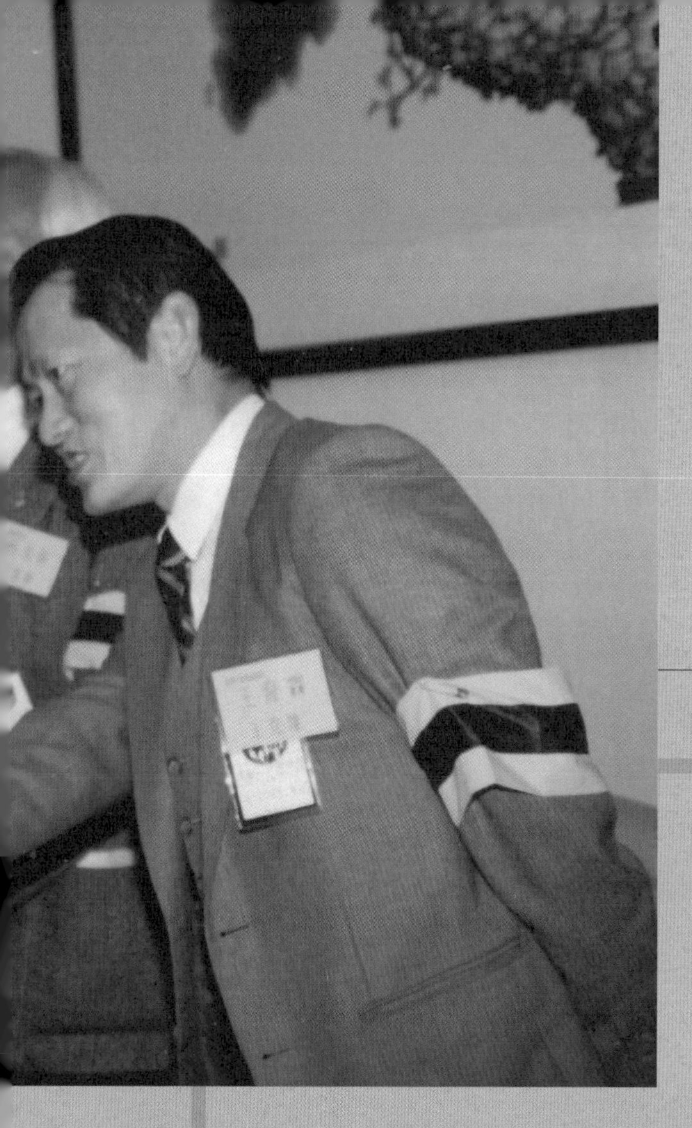

6

5 1994年2月美國二二八受難者家屬返鄉團再度晉見李登輝總統，要求平反二二八。

6 1994年2月李總統說他清楚也經歷二二八，會盡力處理。李總統在京都讀書時就已認識筆者雙親，筆者也就向李總統提起家母想拜會他。

7

7　李登輝總統在1994年3月6日來台南拜訪家慈。從左：筆者、家慈、李總統、王克紹及他的太太和兒子。

8

9

8　尼米兹號航空母艦艦隊於1996年3月台海危機時，由印度洋趕來護衛台灣。

9　1996年5月尼米兹號航空母艦回聖地牙哥，筆者（右二）與鄉親上船致謝並聽取簡報。

10

11

10 1998年2月28日五個司法受難家庭共同成立「二二八司法公義金」。
11 2000年3月筆者夫婦（左二、三）參與海外阿扁後援會，回台灣助選。

12

13

12　2000年3月我們自備宣傳車，跑遍家鄉台南縣市助選。
13　筆者來到阿扁的故鄉官田鄉西庄村助選，與其戰車合影。

14

15

14 2000年5月筆者及母親（前排左二、五）和美國台僑參加阿扁總統就職大典。

15 中國國民黨終被打倒，家慈非常高興，參加阿扁總統就職典禮和酒會。

16

17

16 2001年2月筆者擔任美國二二八遺屬返鄉團團長，晉見阿扁總統。

17 2001年2月筆者擔任美國二二八遺屬返鄉團團長，也拜見陳定南法務部長。

18

19

18 2001年5月阿扁出訪中美洲，筆者和台僑飛去薩爾瓦多列隊歡迎，壯大聲勢。

19 2001年5月筆者（左二）和一些薩爾瓦多人共同歡迎台灣總統。

20

21

20 2003年11月筆者（左一）飛去紐約，歡迎阿扁總統到紐約接受國際人權獎的殊榮。

21 2003年11月阿扁總統在紐約為2004年競選總統連任的海外後援會授旗。

22

23

22　筆者夫婦參與為阿扁2004年連任總統在洛杉磯的募款餐會，由蘇貞昌主講。

23　2004年2月28日筆者趕回台灣和家慈參加二百萬人的「手牽手護台灣」。

24　2004年3月13日為阿扁競選總統連任，筆者在新竹掃街分發傳單。
25　筆者在2004年參與阿扁競選總統連任的募款餐會。

26

27

26 筆者（第二排左四）參與發起之美國台灣研究院，邀請蔡英文博士於2006年1月和美國學者及智庫人士舉行研討會。

27 2007年1月筆者歡迎阿扁總統過境洛杉磯。

28

29

28 筆者（左三）參與美國二二八受難者家屬返鄉團於2007年2月27日晉見陳水扁總統。

29 2007年2月28日二二八的六十週年阿扁總統頒贈紀念品給王育霖遺孀。

30

31

30 2008年筆者晉見阿扁總統。

31 2008年3月筆者參加海外長昌後援會回台灣，為謝長廷和蘇貞昌助選。

33

32 2008年3月由左：筆者、內弟林榮松醫師、岳父林明昆醫師及小姨子林淑卿，都從美國回台灣助選。

33 2008年3月筆者參加海外長昌後援會，高舉「反一中、顧台灣」的標語。

34

35

34 2011年8月24日筆者（右一）參與發起成立海外後援會，支持小英參選2012年台灣總統。

35 2011年11月代表聖地牙哥台灣中心，筆者（右三）參與美國社區食物捐贈。

36

37

36 2012年1月參加海外蔡英文後援會，來到嘉義為李俊俋立委候選人助選。

37 2012年1月海外小英後援會深入南投，支持美國回台的張國鑫參選立委。

38

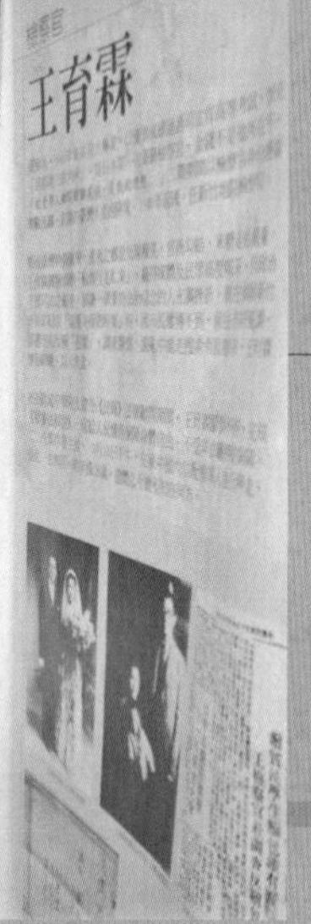

39

38 2012年1月回台灣助選，參加蔡英文和蘇嘉全的造勢大會，筆者於現場拍攝。

39 2013年2月賴清德市長偕同王育霖遺孀參觀「二二八司法受難人員特展」。

40

41

40 2015年5月30日小英在洛杉磯為2016年選總統的募款餐會演講，筆者於現場拍攝。

41 2016年1月筆者（右二）回台灣為蔡英文和陳建仁助選，攝於競選總部。

43

42 2016年1月筆者回台灣為蔡英文和陳建仁掃街助選。

43 「可信賴的領導者」，筆者攝於2016年小英競選總統造勢大會。

44

45

44 由於希拉蕊相當反中，筆者和一些台美人共同發起於2016年2月22日在洛杉磯舉辦盛大募款餐會，支持她參選美國總統。

45 筆者擔任聖地牙哥台美基金會董事長，於2016年3月頒發科技競賽獎給美國高中生。

46

47

46 2016年5月7日筆者參與亞洲人傳統月聯合市集，介紹台灣給美國人。

47 在2016年6月4日南一中畢業典禮，代表頒發南加州南一中校友會獎學金。

48

49

48 筆者（左一）與二二八關懷總會會長陳儀深在陳亭妃立法委員陪同下，於2016年6月7日召開記者招待會，支持小英總統，催促制訂轉型正義條例。《自由時報》提供。

49 2017年2月20日台南市長賴清德出席《期待代明天的人：二二八消失的檢察官王育霖》新書發表會，與王育霖遺屬合影。

50

51

50　筆春參與海外二二八遺屬返鄉團於2017年2月24日晉見小英總統。

51　筆者擔任美西台灣人夏令會理事會理事長，邀請吳新興僑務委員長及台裔劉雲平美國眾議員當2017年7月夏令會的主講員。

52

52 2018年2月28日筆者在台南市二二八紀念會演講，要求移除延平郡王祠內白崇禧的名字，落實轉型正義。《自由時報》提供。

53 2018年5月筆者夫婦參加世衛宣達團，到瑞士日內瓦向WHO抗議。

54 筆者擔任二二八遺屬返鄉團團長，於2019年2月26日由王定宇立法委員陪同召開記者會，要求落實轉型正義及移除中正紀念堂內的黑銅像。《自由時報》提供。

55

56

55 擔任海外二二八遺屬返鄉團團長，於2019年2月27日晉見小英總統，要求落實轉型正義，移除中正紀念堂內的黑銅像。

56 2019年2月二二八遺屬返鄉團晉見新上任的行政院長蘇貞昌。

57

58

57 2019年10月20日筆者代表聖地牙哥小英後援會，參加洛杉磯造勢大會。

58 2020年1月筆者和太太（右一、左一）參與海外小英後援會回台灣助選。

59

60

59 2020年1月聖地牙哥小英後援會與林俊憲立委在台南市臺灣文學館前合照。筆者夫婦在第一排右一及二。

60 2020年1月台灣人民熱情支持蔡英文和賴清德參選總統及副總統，筆者於現場拍攝。

61

62

61 2020年2月27日為發起「台南二二八紀念館」舉行記者招待會。《中華日報》提供。

62 2020年10月筆者夫婦和加州僑領晉見賴清德副總統。

人在美國一心繫台灣

我於1968年9月6日離開台灣去美國留學。等到飛機起飛，我才鬆了一大口氣，不再感覺被籠罩在中國國民黨的監視下，終於真正感受到「免於恐懼的自由」。這個自由記載於聯合國的國際人權宣言上，包含四大自由：言論自由、信仰自由、免於恐懼的自由及免於貧困的自由。因為先父王育霖檢察官在二二八慘案中被中國國民黨謀殺滅屍，我家也就一直被特務嚴密監視。我從台灣大學電機系畢業後就想要去留學，但出境證一直沒下來，我本以為不讓我出國，所幸終於批准下來。我抵達美國，終於脫離國民黨的掌控，不必擔心會來迫害了。

抵達美國兩個月正逢美國總統大選，兩黨競爭激烈，共和黨的尼克森選上。萬沒想到，隔天報紙的大標題是：「The Beginning of Nixon's Error」尼克森歧途的開始，而不是「The Beginning of Nixon's Era」尼克森時代的開始。美國人竟然可以公開罵總統，這才是真正的言論自由。而在台灣一個二二八慘案的元凶蔣介石，他殺了我的父親及其他將近三萬的台灣菁英，竟然被捧為民族救星，要人民歌功頌德，更違憲續任總統，我們應該唾棄他。

一、父親是台灣司法改革的先鋒

我父親是一個非常有志氣的人，他年輕時自許要走的路是：「正義！堅強！帶給所有人幸福！」很難得的是他真的依此努力地追求。在日治時期，他認為要靠法律才能向日本人爭取權益，保護台灣人，所以他選擇讀法律，而且要上日本最好的學校—東京帝國大學。東大在學期間他就通過高等司法官考試，也以非常優越的成績畢業。那時已有台灣人當法官，但日本人不讓台灣人當檢察官，因為檢察官可以指揮警察，實質權力很大。所幸東大法學院院長大力推薦，父親才能當檢察官，而且剛畢業沒被分派到偏遠地區，而是到京都地方法院服務，這是當年日本全國的第二大地方法院。我父親成為第一位台灣人在日本當檢察官，我也就在日本京都出生。

二次大戰後全家於1946年1月搬回故鄉台灣，我父親在新竹地方法院任檢察官。他一方面極富憐憫心，另一方面又嫉惡若仇。情有可原的初犯，我父親常斥責後，不予起訴。他當新竹檢察官時，曾經手三個大案件：（1）新竹船頭行走私案：那時台灣物價飛漲，因為蔣介石奪取台灣的物資運去中國及走私猖獗。父親去查走私案，證據齊全，隨即將七、八人全都扣押起來，大快人心。奸商就拜託父親小學同學柯先生來家行賄，他拿大包錢出來，說要給我買奶粉，父親看見，非常生氣，大吼把他趕出去。（2）新竹鐵路警察貪瀆案：三位新竹段鐵路警察被人檢舉貪污，父親將他們提出公訴，他們竟然拿槍威脅我父親，但父親毫不懼怕。（3）新竹市長郭紹宗瀆職案：郭市長原是陸軍少將，有大官在支持，父親卻不顧台北上司的反對，認為貪官污吏一定要嚴辦，不怕會因此失去職位，果然被迫辭職。

美國人葛超智先生寫了《被出賣的台灣》（Taiwanese Betrayed），他是我父親在台北高等學校時的英文老師，大戰後擔任美國台北領事館的副領事，保留了父親寫給他的兩封英文信，讓我們瞭解當年的情形。1946年9月18日我父親寫說：「我主張司法要獨立，……以及對犯法的人與為非作歹的官員要積極起訴，但被掌權的上司所反對，可是台灣人卻非常稱讚我。最後我被迫辭職，可是我不後悔，因為我盡了我的責任。」他堅持懲治貪官污吏，就是丟掉檢察官的職位，也在所不惜。李登輝總統曾特別讚揚：「王檢察官為人正直、主持正義、嚴緝貪污不法，肯定他的打老虎、不畏特權的精神，但不幸受害。」我父親不受利誘、不畏權勢、秉持法律、維護公義，確實是一位令人敬佩的鐵面檢察官。

我父親被迫辭去新竹檢察官搬到台北，準備轉行當律師，但依規定必須休息一年。他就在建國中學和延平學院教書。由於遠親林茂生教授的邀請，父親也到他辦的《民報》擔任法律顧問，同時也撰寫社論和司法評論。司法評論的標題有〈何謂法治國〉、〈法律是打不死的〉、〈報紙負責人的法律責任〉等，強調司法應該獨立、司法官應堅持護法的聖職、必須尊重法律、維護言論自由等等。

父親參與「台北市人民自由保障委員會」的活動。他看到軍警常常非法抓人及關人，就寫了一本《提審法解說》，由該委員會出版，提醒人民有權要求法院，將被關的人廿四小時內從軍警手中，解送司法機關，而且軍警一定要服從。法官就可依法審理，小案件的犯人可以釋放或交保，而不是被軍警隨意囚禁或刑求。

那時父親和一些法律人有感於台灣司法混亂，籌備召開一個全島性的會議，討論台灣的司法問題，希望有些共識，要求國民黨政府，保證不干涉司法人員執行任務。因為這樣的呼籲，促成了官方五日的「台灣省司法會議」，從1946年12月22日開始，全面討論司法上的種種問題，可惜並沒對政府官員干涉司法這個核心問題有所決議。

這幾年來很多關心台灣民主及自由的人士大聲疾呼要求司法

改革。我父親七十多年前，在國民黨的獨裁統治下，就勇敢地要求司法改革，他確實是「台灣司法改革的先鋒」。如此父親成了國民黨的眼中釘，利用二二八做藉口，把他謀殺又滅屍。有關我父親的一生和他的文章，請看我和我弟弟王克紹醫師所編著的：《期待明天的人：二二八消失的檢察官王育霖》一書。

二、父親在二二八慘案被謀殺滅屍

我們雖是台灣人，我卻於1944年6月生在日本京都的聖護院醫院，那時台灣屬於日本，我父親在京都擔任檢察官。我們租在京都清水寺前面下坡的一間房子，那原來是間瓷器店，但在戰時沒生意而關門。清水寺是京都最古老也最有名的寺院，在我生下三個多月，我父母親就帶我去清水寺拜拜，祈求平安長大。日本人很喜歡抽籤，我父親竟然為我抽到第一大吉的上上籤：「七寶浮圖塔，高峯頂上安，眾人皆仰望，莫作等閑看。」浮圖塔是用來供奉舍利子、佛像、佛經等的塔。我父親非常高興，把這籤小心地保存下來，期待他這個寶貝兒子將來會出人頭地；可惜我沒有我父親的聰明才智。

清水寺在小山上，寺那邊有泉水，我母親須揹著我上山洗衣服及下山買菜。在二次大戰末期，日本的物質極端缺乏，一小撮的米根本不夠全家人吃，我母親也就奶水不足。我母親說我一直哭，因為吃不飽；也由於營養不良，我從小就體弱多病。那時很多嬰兒夭折，我能夠活下來，已經是大幸了。有一次我媽媽病倒，四姑錦碧來探望，她就自告奮勇把我帶回神戶照顧，好讓我媽媽休息。

自1944年11月起美軍開始大規模轟炸日本的大都市，死傷極多。四姑在神戶的家也被燒毀，所幸家人平安。美國有意保存日本的古蹟、寺廟等文化遺產，所以沒炸京都這個古都，我們算是比較幸運。到了1945年8月6日及9日美國分別在廣島及長崎投下原子彈，殺死十萬五千至十二萬日本人，相當地悲慘恐怖。沒多久在8月15日，日本昭和天皇宣告無條件投降，我們慶幸可以在1946年1月回到故鄉台灣。

由於我父親在新竹當檢察官，我們就住新竹。半年多以後，母親由於懷孕要生小孩，回到官田的娘家，可以讓阿嬤照顧，留父親在新竹。我弟弟在1946年12月出世，父親於1947年2月21日把我們接來台北。沒想到二二八接著發生，而且我父親在3月14日被逮捕。從一個和樂的小家庭，一下子掉入絕望無助的深淵。

在台北市我母親人地生疏，求助無門。3月17日到台灣號稱宣慰台灣人的白崇禧國防部長，竟然謊稱沒有逮捕人。母親聽到哪裡有屍體出現，就揹著三個月大的弟弟和拉著兩年九個月大的我，大部分用走路去看及翻屍體。本書〈從血腥的國旗看到二二八〉一文就在描述我母親當年淒慘的情境。

我父親被捕後約一星期，有位同被關的黑道人士幫我父親送來一字條，是憲兵第四團的信紙，上面寫了「林頂立和劉啓光」，亦即要我母親找這兩人營救，不然會有生命危險。新竹縣長劉啓光只是敷衍我母親。經過在合作金庫當總經理的舅舅劉明朝的幫助，才找到林頂立。我媽媽一提起我父親的名字，他就說沒辦法幫忙，禮物和金錢也不收。我媽媽萬萬沒有料到，在她面前的林頂立就是殺害我父親的劊子手。

就在2月27日的晚上，我父親還在大稻埕山水亭和陳逸松及王井泉喝酒聊天，他們也聽到賣菸婦被專賣局查緝員打得頭破血流的事情，且有人被開槍，台北市鬧哄哄了。陳逸松和林茂生及我父親都是東京帝大畢業，大家很熟識，也常和廖文毅等人去葛超智的家聚集。他們沒有料到陳逸松是保密局的特務，而林頂立是保密局台灣站的站長。

蔣介石派蔣經國當他的耳目，和白崇禧一起來到台灣。蔣經國抵台的隔天，就向蔣介石誣告林茂生：「親美派—林茂生、廖文毅與副領事Kerr（葛超智）請美供給槍枝及Money。」這情報極可能是由陳逸松提供給林頂立，再轉報蔣經國。詳情請見本書〈蔣經國誣告林茂生向美國要槍枝〉及〈陳逸松的兩面性〉報告。

中國國民黨台灣省黨部假借二二八的動亂要殺害台灣菁英。只有從中國回來的台灣人（半山）才知道誰是台灣人的菁英，就由連震東、林頂立、劉啓光、黃朝琴、游彌堅等人寫下一本兩百多人的名冊。省黨部主委李翼中把這本名冊交給行政長官兼警備總司令陳儀執行逮捕工作。陳儀組成別働隊，任命林頂立為司令及陳逸松和劉明為副司令。他們協同憲兵的特高組從3月10日晚開始行動，而我父親在3月14日被逮捕。

陳儀在3月11日及13日兩次把已經逮捕的名單呈報蔣介石，請示如何處理。蔣介石沒有回應，顯然留給即將來台灣的白崇禧處理。白氏承認，他下令「暫由軍法自行審理」，「以資鎮懾」台灣人。他違反了《戒嚴法》的規定。詳情記載在〈白崇禧在二二八的兩面手法〉報告中。我父親也就因此被處死，而且被滅屍。〈相片述事〉的第四張照片展現「二二八事變正法及死亡人犯名冊」，我父親和很多被害的台灣菁英，他們的「犯罪事實」欄是空白，亦即無罪。國民黨謀殺滅屍，實在罪大惡極。

三、我母親的煎熬

我母親在台北尋屍及陳情半年，毫無結果，只得黯然帶兩個小孩回台南。台南阿公家是一個大家庭，我媽媽被欺負及遭受冷嘲熱諷。他們希望我母親改嫁，不要來分阿公的財產。事實上，在排擠下，我兄弟分到的是大家揀選完，剩下最差勁的房地產。

更難以忍受的是國民黨特務嚴密的監視。我的腳踏車有一次被偷，特務馬上在隔天牽一輛舊的腳踏車要賣給我媽媽，那車的坐墊對我來說高了一些，我媽媽不敢不買，也不敢出價。警察每十天就來查戶口，查問有誰來訪或去了哪裡。尤其我叔父王育德在日本從事台獨運動，對我家的監視更為嚴重。也要我母親寫信勸王育德回來台灣，但被我母親拒絕。請看〈懷念五叔王育德教授〉一文。我母親去菜市場，要跟人家打招呼，卻遭轉身裝作沒看見，怕被二二八家屬牽累。

二二八慘案中，國民黨殺了張七郎醫師和他的兩個兒子。這個陰影讓我母親擔心，國民黨是不是也會來抓她這兩個兒子？另外國民黨要槍斃廖文毅的侄子，迫使在日本從事台獨運動的廖文毅不得不回到台灣。我媽媽又擔心國民黨會不會把她這兩個兒子抓去當人質，脅迫我叔父王育德回台灣？我媽媽一生的希望全部在她的兩個兒子身上，所以這種擔心幾乎讓我母親崩潰。

我父親被國民黨謀殺，他的痛是驟烈，卻是短暫，而我母親一個二二八未亡人所承受的煎熬卻是一生。她辛苦的經歷記載在〈王陳仙槎女士口述歷史〉，也收錄於我父親的書《期待明天的人：二二八消失的檢察官王育霖》。

四、從小到大

我從小身體很差，幼稚園時經常生病，沒有幾個月就停學了。到國民學校二年級身體還是不行，我媽媽就把我轉學到官田鄉下的娘家，讓阿嬤照顧及調理我的身體。官田國民學校的功課很輕鬆，在阿嬤的照顧下，身體就好很多了。三年級轉學回到台南市的成功國小。從本來成績很好，變成落後很多，經過半年多的努力才恢復到班上前幾名。國民學校以後我考上台南一中初中部，然後由初中直升到南一中高中部。

在高中時參加玉山登山隊，爬上台灣最高3,952公尺山峰。讓我想起我父親那張在京都清水寺為我抽的籤：「高峯頂上安」。站在台灣的最高峰，感覺好像擁有了整個世界，這是一生難忘的事情。

我想念及尊敬我的父親，因此也想追隨他讀法律。我媽媽一知道就說：「你父親學法律，下場如此淒慘，一個就足夠了。這點我絕對不讓步，絕對不讓你學。」

那我就改讀科學。我於1963年畢業台南一中，接著進入台灣大學電機系。我大學畢業及當兵一年後，於1968年9月來美國留學。先在1970年取得南卡羅萊納大學電機碩士學位，然後在1975年獲取佛羅里達大學的電機博士學位，專攻半導體探測器的研究。

第一個工作在芝加哥的荷蘭Philips公司所屬的EDAX公司，負責X光光譜分析儀的研發。接著也在芝加哥的英國EMI Medical公司從事X光電腦斷層掃描機器的研發。1979年秋天搬來聖地牙哥在Hughes Aircraft Company研發火箭上的探測儀器。

後來改行，成立大都會地產公司，主要做商業地產的投資與管理。為了幫助台灣人的創業及經營，發起成立「聖地牙哥台灣商會」，並擔任創會會長及第二屆會長。

五、為台灣的民主及人權而奮鬥

我家在台灣深受國民黨的毒害，來到美國充分感受到民主與自由的可貴和必要。促進台灣的民主、自由和人權，以及推翻中國國民黨成為我人生追求的目標。我比較有創意，也較有執行的魄力，讓我活得很忙碌及有意義。

佛羅里達大學的中國同學會一向由國民黨人把持，並干涉及監視台灣人。1970年保衛釣魚台運動開始，台灣來的留學生承受很大的政治衝擊。台灣人追求台灣的民主，而有些外省的同學轉去親近中國。親中的保釣同學想要搶中國同學會長的職位。那時我擔任台灣同鄉會長，雖然大部分同鄉一向不參加中國同學會，基於「兩害取其輕」的原則，我就邀約一群台灣同學去參加年會，投票給保釣的候選人，使國民黨人落選，讓他們不再狂妄囂張。他們只得另組一個不三不四的「台灣同鄉聯誼會」，我可能因此被列上黑名單。

在芝加哥時，幫忙在日本負責台灣獨立運動的叔父王育德教授於1977年7月30日辦一場大型的台灣群眾大會。那時我媽媽正好來芝加哥同住，所以和我叔叔有一個很難得的家族團聚。我叔叔在1979年用中文寫了一本書《台灣：苦悶的歷史》，他把書寄來我這裡，然後我負責幫忙賣書，推廣台獨的理念。

我搬來聖地牙哥不久，就發生1979年12月10日國際人權日的美麗島事件，蔣經國逮捕很多為台灣人權奮鬥的人士。那時台灣人權協會總會正好在聖地牙哥，范清亮博士領導大家，展開為營救美麗島事件被捕人士的運作。在美國的壓力下，蔣經國政權才不敢判死刑。

在1992年2月我們幾位旅美的二二八遺屬在高俊明牧師的陪同下，去土城看守所探訪被國民黨關起來的台獨遷台勇士：王康陸、李應元、張燦鍙和郭倍宏。他們四位一字排開，都戴眼鏡，都是留美博士，為家鄉的理想打拚，卻可能被國民黨判重刑，實在令人心酸。我們本想去鼓勵他們，結果他們精神奮發，反被他們鼓勵。所幸《刑法》第100條在那年5月15日修正，他們才得被釋放。台灣獨立是我最終的理想和盼望。我擔任過「台灣獨立聯盟」聖地牙哥支部很多屆的支部長和美國本部的中央委員。

我很早就加入民進黨，也就一直負責聖地牙哥地區為民進黨選舉的募款和活動。曾任「阿扁競選總統聖地牙哥後援會」總幹事及會長（各一屆）、「李應元競選立法委員聖地牙哥後援會」會長、「長昌聖地牙哥後援會」會長及「小英競選總統聖地牙哥後援會」會長（共三屆）。為了確立台灣的民主，每逢台灣有重大選舉，我就出錢出力，更參加海外助選團回台灣大力助選。我們通常有五、六輛巴士之多的團員，全島奔波助選，令人振奮雀躍。我對於台灣的選舉非常投入，請看相片和一些有關選舉的文章。

當2000年政黨剛輪替時，僑務委員會的委員幾乎全是國民黨人，新任委員長張富美女士相當孤立，一再被藍營攻擊，因此號召許多泛綠人士擔任僑務委員，我也就任了兩屆的僑務委員。我在第一次參加的會議提三件議案，並獲通過：（1）加強閩南語及客語的教學、（2）公布2000年海外僑團補助款分配詳細情形、（3）撥二百萬美元補助僑民的國民外交活動。我的目的是把花在補助僑團及僑社活動的錢，移轉200萬美元做國民外交，幫助台灣的外交工作。

鑒於國民黨統治時期的外交部與僑務委員會實在令人失望，我在2000年發起成立「聖地牙哥台灣外交及僑務研討會」，並擔任召集人。一群教授、學者及愛台人士經過一再研究及討論，完成一本《台灣外交及僑務政策之建言》，呈送阿扁新政府參考。本書簡要介紹了這份報告。

台獨聯盟的李應元同志是一位有理想、能實踐的勇者。他竟然扛起全島二二八手牽手的夢想，不分日夜策劃、聯絡、募款、全島奔波，竟然把不可能化成可能。在他的熱情呼召下，我一定不能錯過這個盛舉，所以趕回台灣參加這2004年的「二二八百萬人手牽手護台灣」。我弟弟王克紹醫師擔任醫界聯盟台南市副會長，醫師們被排在台南市的第一段，緊接台南縣的永康。全島二百萬人串聯在一起，大家興高采烈，共愛台灣這塊土地。我深深感受到，父親王育霖檢察官和那麼多二二八台灣菁英犧牲的血並沒有白流。

六、致力於二二八的平反

二二八在台灣一向是最大的禁忌，既然我們的父親被國民黨無理殺害，我們必須勇敢地站出來，要求政府公布二二八的真相及交代我們父親的死因。於1992年2月我們組成「二二八遺族美國返鄉團」回台灣，〈相片述事〉中可以看到我們的布條寫著「無審、無判、綁架、謀殺、滅屍」，描述二二八慘案的實情。晉見了李登輝總統、立法院、司法院等單位。於3月5日返回美國前，我們二二八家屬呈送李登輝總統一封公開信，要求三點善後措施：（1）政府正式道歉、（2）公開受害人檔案、（3）訂二二八為國家紀念日。

1994年2月我們再度組團回台灣。李登輝總統這次有明確的回應，說他對二二八最瞭解，會有所處理。李總統在京都帝大讀書時，我父親在京都當檢察官，他曾經被我父母親招待過。我父親被迫辭去檢察官來台北，曾在延平學院任教，李登輝同時也正好擔任助教，兩人相當熟識。我父親在二二八受害，李登輝知之甚詳。我就大膽跟李總統說，我母親想來拜訪他。李總統回答說：「不對，應該是我去拜訪王夫人。」約過一個星期，李總統於3月

6日很快親自來拜訪我母親。報紙大幅報導李總統拜訪二二八遺孀及李總統與我父親的交往。這可說是李總統「二二八破冰之旅」。

在1995年二二八紀念會兼紀念碑落成典禮上，李登輝總統正式代表政府向二二八遺屬及全體國人為二二八道歉。二二八遺屬一再走訪立法委員，催促為二二八平反、制定假日及賠償等的條例。在李登輝總統的支持下，終於在同年3月制定了《二二八事件處理及補償條例》。可惜只規定二二八為國定和平紀念日，但不放假，另外不肯寫賠償，只寫補償，因為國民黨仍拒絕承認做錯事。

1997年2月我們再組團回國，拜會了李登輝總統、廖正豪法務部長及多位立法委員，我一再強調及要求，二二八必須制定為國定紀念假日，但只有敷衍的回應。2月24日上午我們也去拜會台北市長陳水扁，我發言請求阿扁把台北市在二二八放假一天。雖然只是地方政府的舉動，不過如果有一個開始，可以繼續全國性假日的推動。萬萬沒想到那天下午，阿扁就宣布台北市的機關及學校在二二八放假一天。國民黨發現這將引發大家討論，為什麼只有台北市二二八可以放假，也不願意讓阿扁搶了放假的功勞。立法院立即在隔天跳過一讀，直接進入二讀及三讀，修改二二八條例，規定二二八為國定假日。

2000年阿扁選上台灣總統，他和張俊雄行政院長為了推動週休二日，要以取消二二八假日和國民黨交換取消一些其他的假日。我知道後感到非常失望，沒想到辛辛苦苦從國民黨爭取到的二二八國定假日，竟然民進黨要來取消。2001年2月我們再組二二八返鄉團，由我擔任團長，向阿扁總統、張俊雄行政院長、陳定南法務部長、立法委員等等一再陳情不要取消二二八放假，但沒有結果。

我不死心，發動簽名，希望能夠扭轉阿扁及張俊雄的政治炒作。我走訪很多泛綠知名人士及阿扁之友會的成員，請他們簽名，陳情阿扁總統不可取消二二八假日。2001年5月阿扁總統出訪中南美洲五國，我帶了一百多份的陳情書趕去薩爾瓦多，親自交給正在那兒訪問的阿扁總統，並向他說明不可取消二二八假日的理由。詳情請看我在《自立晚報》的投書〈須取消二二八休假嗎？〉及呈送阿扁總統的〈請勿取消二二八國定假日的陳情書〉。感謝國民黨不要阿扁有政績，而「逢扁必反」，所以沒通過週休二日兼取消二二八等假日的提案。2002年2月游錫堃繼任行政院長，才決定不再取消二二八假日。2004年舉行「二二八　百萬人手護台灣」的歷史性壯舉，大大提高阿扁的聲勢，沒想到這二二八放假幫助阿扁險贏總統連任。

2004年3月19日阿扁和呂秀蓮在台南市中槍時，我正好站在金華路四段和文賢路的十字路口，要為他們歡呼。見到阿扁的選舉戰車在我們面前突然停住，阿扁微彎腰抱著肚子，有兩個白衣的醫生爬上車，然後車隊急駛而去。我弟弟王克紹醫師是醫界聯盟台南市的副會長，他立即趕去奇美醫院。他用手機在吵雜中跟我用台語說：「阿扁昏落去，呂秀蓮中四介。」我想：「一切都完了。」所幸我弟弟是要說：「阿扁壔（蹲）落去，呂秀蓮中膝蓋。」上帝真的在保佑台灣。請看我的分析〈扁呂遭槍擊事件—讓證據說話〉。

2008年2月我寫一封公開信，控訴國民黨是二二八殺害台灣菁英的主謀。我募資，並請二二八關懷總會具名，在《聯合報》刊登四分之一頁的大廣告。請看〈二二八遺屬給馬英九的公開信〉一文。

除了二二八紀念假日和賠償，二二八的真相一直被遮掩，沒有進行轉型正義的工作。我們欣喜地見到小英總統在2016年5月20日總統就職演說嚴正宣示：「我們將從真相的調查與整理出發，預計三年之內完成台灣自己的轉型正義調查報告書。」為此我們必須推動促進轉型正義的法律。我和二二八關懷總會會長陳儀深及立法委員陳亭妃很快在2016年6月7日在立法院召開記者會，呼應小英總統，催促制定轉型正義條例及要求國民黨不要杯葛。

我不能讓我父親在二二八犧牲得沒有意義，因此我把他的故事整理寫下來。我爬梳報紙、書籍，也和媽媽及親友長談。我父親喜歡寫作，不過當我父親被逮捕後，我母親擔心社會主義書籍、父親的文字或與日本人的信件都可能被國民黨拿來誣控我父親，因此她把一大堆書籍及文件都燒掉。所幸我還是搜集到不少我父親的詩和文章。該書也收錄我寫的〈中國國民黨是二二八慘案的主謀〉，亦即我對國民黨的控訴。經過三年的努力，我終於完成《期待明天的人：二二八消失的檢察官王育霖》這本書，於2017年1月出版。

在2019年2月的「海外二二八遺屬返鄉團」由我再度擔任團長，拜會了小英總統、蘇貞昌行政院長及其他政府部門。我們在2月26日由王定宇立法委員陪同，召開記者會，要求民進黨政府落實轉型正義，移除中正紀念堂內的黑銅像。我在2月28日的「二二八中樞紀念儀式」以〈台灣會不會再發生二二八？〉為題發表演講。本書有收錄該演講稿。

令人扼腕的是轉型正義變成虎頭蛇尾。《促進轉型正義條例》中最核心的就是第5條：「出現於公共建築或場所之紀念、緬懷威權統治者之象徵，應予移除、改名，或以其他方式處置之。」在所有威權統治的公共建築中，最大的表徵就是中正紀念堂內的黑銅像，公然侮辱二二八及白色恐怖的被害人及家屬，也違反人類的良知及公義。現在那黑銅像仍然站在那裡嘲笑我們，有志之士還得繼續努力。請看〈中正紀念堂的黑銅像應移除〉及〈促轉會的未竟工作〉這兩篇。

為了讓年輕人多瞭解二二八的歷史，我提議並召集二二八家屬和支持者，於2020年2月27日召開記者會，推動成立「台南二二八紀念館」。請看我寫的〈成立「台南二二八紀念館」建議案〉及記者會的相片。很感謝台南市長黃偉哲大力支持，促成這樁美事。這紀念館也特別介紹三位有名的台南二二八受難者：林茂生、湯德章及王育霖。我也建議及幫忙成立「台南市二二八關懷協會」。

由於我父親喜歡寫詩及對台灣詩和歌謠有研究，在台文筆會、台灣羅馬字協會等社團的推動下，訂我父親被無情逮捕的3月14日為「台灣詩人節」，緬懷我父親為台灣的犧牲。每年在這一天都有吟詩活動。

小英總統於2017年的二二八慘案七十週年紀念會上強調，要讓二二八事件中「只有受害者，沒有加害者」的狀況得到改變。現在促轉會已經結束營運，但加害者仍然混沌不明，轉型正義不了了之。要定一個人有罪，我們必須詳列罪行及證據。我有責任去研究及釐清誰是我父親的主要加害者。做這樣的研究要費很多的精神、腦力及時間。本書收納我已完成的五份研究報告：〈如何證明蔣介石是二二八元凶？〉、〈蔣經國誣告林茂生向美國要槍枝〉、〈陳儀的真實面目〉、〈白崇禧在二二八的兩面手法〉及〈陳逸松的兩面性〉。每篇個別明確證明這些人是二二八的加害者，敬請閱讀。

七、積極參與台灣社團

台灣人參加台灣的社團會增加台灣意識，我鼓勵大家，自己也加入很多社團。我非常支持「台灣人公共事務會」（FAPA）的工作，也擔任過FAPA聖地牙哥分會會長。曾走訪美國國會議員及在家為國會議員辦募款餐會。也參加台灣人教授協會、人權協會等。

我參與發起「美國台灣研究院」，也是現任董事及研究員。這研究院主要向美國智庫提供台灣的資料及觀點。曾經安排蔡英文博士舉行座談會，讓美國智庫人士瞭解台灣政府的立場。我們另外邀請來演講有美國在台協會薄瑞光大使、莫健大使、林信義行政院副院長、民進黨國際事務部副主任賴怡忠博士及美國和台灣的學者。

「聖地牙哥台灣中心」極具規模，建物有365坪（13,000平方英呎）。「聖地牙哥台美基金會」向台灣鄉親募款來購買地產及經營這台灣中心。這中心辦很多活動，每年5月都會配合亞洲傳統月辦園遊會，服務聖地牙哥的台灣人。也頒發獎學金給本市高中生和參與救濟活動。我擔任台美基金會的董事很多年及兩屆的董事長。

2017年7月美西台灣人夏令會在聖地牙哥舉行，我擔任夏令會理事會的理事長。我們邀請到僑務委員會委員長吳新興、台裔美國國會議員劉雲平、不當黨產處理委員會主任委員顧立雄、立法委員蔡易餘、陪審團協會創會理事長鄭文龍等人來當講員。在很多同鄉共同努力下，把這個夏令會辦成功。

我當過南加州南一中校友會會長，並從2001年起一直負責南加州南一中校友會獎學金的募捐，到現在已連續超過二十年。在

2022年我們匯給南一中母校新台幣73萬6千元，頒給46位應屆畢業生每位1萬5千元。當這些學弟即將邁向新的里程時，肯定他們的成就及勉勵他們。

在2016年南一中頒贈「校友傑出成就獎」給我，鼓勵我繼續為台灣貢獻及服務。我到了不少地方演講，涵蓋二二八及台灣政治的議題。我們夫婦除了捐款給台灣人社團及選舉活動外，我們喜歡幫助人，資助過幾位青年學生、傳教士、孤兒院及有需要的家庭。

尤其在二二八慘案方面，除了1998年參與成立「二二八司法公義金」，2015年在聖地牙哥台灣中心設立「王育霖檢察官紀念基金」，每年頒獎金2,000美元給一位值得敬佩的台灣男士。在成功大學台灣文學系也設立「王育霖　詩人／檢察官獎」。2022年在美國又設立可減免所得稅的「台灣二二八慘案教育基金會」，推動有關二二八的工作，尤其要以英文向國際人士介紹二二八慘案。

八、人的盡頭就是上帝的起頭

我們一生會遇到很多難關或感覺徬徨無助，很多事情也超過我們能力所能夠控制。尤其這一生之後，我們將要往哪裡去呢？這世界有一個主宰，就是上帝。耶穌愛我們，祂會洗淨我們的罪惡，讓我們能夠和上帝和好。無論什麼事情，我們都可以向上帝禱告及祈求。閱讀《聖經》可以發現很多人生的答案。

我在南一中及台大時，就一直參加校園團契，也經由函授課程認識《聖經》。在出國之前我接受洗禮，這給我很大的信心，有勇氣邁向一個陌生的美國。雖然我沒有父親的支撐和引導，但上帝照顧我及基督愛我。在此收集我寫的短文：〈我們要向山舉目〉、〈在此有愛〉、〈什麼是基督徒？〉及〈保我將來歌〉，給大家思考。

我和太太淑惠都是虔誠的基督徒。在芝加哥「芝城台灣基督教會」我擔任同工及參與建堂事工。那時教會的招牌是淑惠用毛筆寫在木板，再由會友刀刻而成。1979年10月我們搬到聖地牙哥，陳今在牧師及幾位教友剛開始一個查經班，我們在第二個星期就加入，欣喜找到一個屬靈的大家庭。隔年2月成立布道所，1982年4月正式成立「聖地雅歌台灣基督教會」。我就一直在這教會服事，當執事與長老、教成人主日學、參加聖歌隊等等。

由於我房地產開發的經驗及對這教會的委身，就持續負責建堂事工，到2022年已長達三十六年。教會先以美金39.6萬元買了一個尖屋頂的房子，地很大約有2甲（5英畝），改建成一個溫暖的小教堂。經過十三年那塊地竟然賣了美金193萬元。上帝知道我們這個很有愛心的小教會能力有限，特別幫助我們建堂的事工。後來我們以美金93萬元買了1.6甲（3.78英畝）的土地。必須推土整地、開拓停車場及建255坪（9,117平方英呎）的副堂、教室、辦公室等，共費美金250萬元。讓台灣鄉親可以在這教堂禮拜、祈禱及親近神。由於教會的成長，現有場所不夠用。我們正積極籌建主堂及增加教室和停車場。我們也有長期的計劃建宣教中心、宿舍和籃球館。詳細的建堂工作，請看〈靠信心建造聖殿〉。

我的興趣非常廣泛。在事業、教會及台灣人事務之外，喜歡寫作、攝影、看球賽、旅遊等。我把一些攝影的作品展現在書上，讓這本書不那麼單調。謝謝您們的觀賞。

太太淑惠曾有她自己的生意，經營Baskin-Robbins 31冰淇淋店連續三十三年之久。她總是無怨無悔地付出，大大地支持我。

我稱讚她是：「最好的太太、最好的媽媽及最好的阿嬤！」

我們育有一男一女，兩位都當醫生。他們都有美滿的家庭，且各生三個孩子。我們最快樂的時間就是和六個孫子女玩在一起。上帝祝福我們事業順利及全家和樂，讓我們感恩不盡。

九、人生經驗談

沒有父親的關愛和教導，必須自己多摸索、多觀察、更堅強及加倍努力。老實說，努力讀書是一個成功的捷徑，但是成功的方法仍然非常多。從南一中初中開始我就加入基督教的校園團契，也研讀《聖經》，當我感覺孤單或遇到挫折時，我可以向天父禱告，感覺天父陪伴著我和照顧我。年輕人也可以尋找一個指導者，常與他溝通，請提供意見。

來到國外會碰到歧視的問題，當對方是知識水準低，就避開不去跟他計較，但有些時候必須理直氣壯，據理力爭。如果你的上司交待你工作，你可以做得比他的期待更好，你就會得到重視。必須多動腦筋，多方推敲，想出最好的解決方案，那你一定會成功。人際關係很重要，多來往及多請教，不可高傲。很多人失敗是因為欺騙，一個謊言常要十個謊言來遮掩，誠實以對是最好的處理方式。

當你開始工作，就必須存一些錢，要了解今天存一塊錢，經過一段長時間會變成十塊錢。要有投資的概念，不過要避開一些道聽途說、輕易賺大錢的方法。我們很困難預測五年以後的事情，一個今天很好的投資方式，可能在將來變成不好。投資的最大原則就是分散風險，每一項投資都可能失敗，所以你要有失掉投資金的心理準備。非常成功的投資家巴菲特就認為，買股票的指數股是一般人非常好的方式，因為分散風險。大家都知道賺錢不容易，可是很多人卻把大筆的資產敗壞掉，最大的原因就是貪心，有些人借錢買股票，結果虧得一塌糊塗。一般人應該只在買房地產或汽車才借錢，在出問題時可以賣掉還錢，信用卡的利率很高要盡量每月還清。

成功的標準是在你對社會有多大的貢獻，一個公平、和樂、民主且自由的社會需要大家秉持公義及出錢出力。

▲ 筆者與夫人林淑惠僑居美國加州聖地牙哥。

詩集

「國王的新衣」，攝於聖地牙哥Birch水族館。

二二八

蔣軍登陸南北殺
菁英數萬熱血灑
慘訓莫忘民主夢
蓬島不再二二八

▲ 「冬去春來」，攝於聖地牙哥Warner Springs。

彼款國旗

青天白日見黨旗
滿地紅血佪害死
為咱子孫就志氣
打拚建國出頭天
（台語）

▲ 霧社原住民抗日羣像。

彭明敏參選總統

中國欺壓文武來
林郝串通欲送台
島民心驚李連呆
彭謝膽敢立台海
（1996）

▲ 「青翠欲滴」，攝於西雅圖Olympic國家公園。

賀張燦鍙當選台南市長

無懼牢獄勇回鄉
殷勤耕耘為民想
選民惜才眼明亮
建國在望喜洋洋
（1997）

▲ 「華冠奪目」，灰冠鶴Crowned Crane，攝於聖地牙哥野生動物園。

賀阿扁當選總統

宋氏厚黑騙台灣
連戰萬金總統換
愛台人士奮不斷
阿扁當選舉世歡
（2000）

▲「喜氣洋洋」，攝於聖地牙哥海洋世界。

馬英九的祖國

生於九龍慕英國
備有綠卡逃美國
蓬萊養大賤台灣
終極統一跪中國

▲　「星星點點」，攝於聖地牙哥Birch水族館。

習皇帝

一帶一路　國庫乾枯
窮兵黷武　百姓不顧
習皇無德　自由為何
人民共和　慘遭腰折

▲「非洲殺人王」，在非洲一年河馬約奪五百人命，攝於南非。

小英總統

小英總統人人愛
萬粒飛彈顧台海
民主科技世界知
經濟起飛投資來
（台語）

▲ 「祥鹿迎櫻」，攝於南投縣杉林溪森林生態渡假園區。

思鄉

三十寒暑盡出洋
兩鬢浮白倍思鄉
明眸嬌聲竟難忘
且待倩影夢中恍

▲ 「人間仙境」，攝於新竹山上人家。

秋風

秋風瑟瑟了無痕
情人沓沓空餘恨
斜倚欄杆淚難忍
敢盼春曉扣心門

▲ 「飛瀑靜影」，攝於南投縣杉林溪森林生態渡假園區。

保我將來

人生有悲傷有苦難
耶穌有盼望有平安
懇求聖靈惦我心內
天父疼心保我將來
（台語）

▲「翩翩起舞」，攝於加州Santa Barbara植物園。

評論

「讓我想一想」，攝於聖地牙哥動物園。

「二二八」五十週年祭

五十年前的美麗島是籠罩在 一片悽慘哀嚎之中，有父母在尋找兒子屍體的，有妻兒孤苦伶仃嗷嗷待哺的。在那時期，蔣介石的軍隊從基隆、高雄分別登陸，展開一連串無情的殘橫暴行。一群又一群的年輕人在軍隊的掃射下而仆倒。蔣介石更有計劃地逮捕槍殺台灣的知識分子及知名人士。犧牲的有法官、檢察官、律師、醫師、國大代表、參議員、教授、老師、銀行家、媒體人士等等。

花蓮的張七郎醫師身兼國大代表，連同兩個兒子一家三口同時遇害，實在慘不忍睹。先父王育霖檢察官個性耿直、不畏權勢，敢辦貪污、走私等大型案件，更要求司法改革，也遭中國國民黨乘機謀殺滅屍。那時犧牲的台灣菁英人數難以計數，估計有三萬人左右。

「二二八慘案」之犧牲對台灣的民主運動有不可磨滅的貢獻。讓台灣人看清偉大祖國殘酷的真面目。唯一的選擇是台灣人勇敢站起來，追求民主及自由！如今中國用飛彈、軍機威嚇台灣，也竭力圍堵台灣的外交出路，處心積慮地要吞噬台灣這塊寶島。我們可以預見，萬一中國統治台灣，台灣人在壓迫下會起來反抗，那時很可能再有一次血淋淋的「二二八慘案」發生。我們這一代的責任就是要起來保衛這個美麗島，避免殘酷的歷史重演。

「二二八慘案」是台灣歷史上最大也最慘痛的事件，我們應該以國定假日來紀念。蔣介石誕辰的10月31日及黃花崗七十二烈士的3月29日，現在都是國定假日。蔣介石暴行纍纍，殺害那麼多台灣人，我們實在不應該再避諱，而應廢除這個紀念他的節日。

只有死七十二人的黃花崗起義是屬於辛亥革命的一部分，辛亥革命已有雙十節及元旦（開國紀念日）來紀念。我們何不廢除其中的一個節日，改來紀念這個對台灣更有歷史意義的「二二八慘案」呢？

在這五十週年大家鄭重追思「二二八慘案」之際，特作詩一首：

〈二二八〉

蔣軍登陸南北殺
菁英數萬熱血灑
慘訓莫忘民主夢
蓬島不再二二八

（1997年2月參與海外二二八遺屬返鄉團而作）

▲ 「小小羅漢顧金爐」，攝於南投縣杉林溪鄰近。

從血腥的國旗看到二二八

1947年3月的一個下午，從台北往南港的路上，有一婦人揹著一個嬰兒，撐著傘慢慢地走著。那是一個下著細雨，冷風吹拂的陰雨天。只見這婦人逢人就問：「先生，請問叨位有人看到屍體？」終於問到一位擔著籃子賣菜的老人家。他說：「妳往前走約十五分鐘，在溪邊有些人聚集的所在就是。」到了那兒，有五、六人遠遠圍觀，橋邊有八具屍體，都是被國民黨軍隊所殺。有的被刺刀所殺，有的被槍彈所殺，屍體及地上都是血，慘不忍睹。這婦人看到這情景大哭出聲，丟下傘，跑上前去，一個又一個屍體仔細察看，卻都不是她的丈夫。

回程，這婦人感到筋疲力竭，卻又因奔波了一天沒找到丈夫的屍體，不禁湧出一絲希望，也許丈夫沒被殺，不久會回來。路上有些國民黨軍隊在檢查來往的行人及車輛，他們布帽子上有著青底白日的小徽章，路邊有輛軍用十輪大卡車，車上飄著一面中華民國的國旗。看到軍人，這婦人趕緊擦乾眼淚，但看到那面鮮紅的國旗就禁不住想起那些全身血跡的屍體，不由得顫抖起來。以上是描述當年我母親一聽到有屍體出現，就迫不及待尋求日夜思念的丈夫的情形。

我的父親王育霖檢察官，從日本東京大學法學院畢業，在大學三年級就已司法官高等考試及格。他想要當檢察官，但檢察官有指揮警察等職權，所以日本人不願意讓台灣人擔任檢察官。所幸受到東京大學法學院院長特別推薦，成為第一位在日本當檢察官的台灣人，且剛畢業就被分派到京都任職。我父親熱愛台灣，在台北高等學校讀書時，就寫〈台灣歌謠考〉，長達13頁，來探討台灣歌謠的歷史變遷、分類及表達方式。大戰期間，在日本京都特別照顧台灣的留學生。戰後，更擔任台灣同鄉會會長，在動亂中照顧台灣同胞的生活及安排回台灣的船票。

大戰結束，我們回到台灣，父親在新竹地方法院任檢察官一職。他辦案勇於負責，毋枉毋縱，不懼權勢，不為利誘，在新竹任內辦了很多大案件，有走私、貪污、謀殺等。最後一宗救濟物資貪污案件，因為牽涉新竹市市長郭紹宗陸軍少將，沒人願意接辦。我父親不願見到貪官污吏逍遙法外，毅然承擔下來，並積極查訪證人，蒐集證據。不料道高一尺，魔高一丈，終被迫辭職。暫時在台北建國中學及延平學院教書，也擔任林茂生先生所辦《民報》的法律顧問及撰寫社論和司法評論。當時他並沒有參與二二八的活動，卻在1947年3月14日遭國民黨的軍隊押走。那時父親29歲，母親26歲，我兩年九個月大，弟弟才三個月大。國民黨殺了人，卻不把屍體發還喪家埋葬，極不人道。

中華民國國旗的左上方，那「青天白日」原是中國國民黨的黨旗，剩下的「滿地紅」則是二二八慘案時，台灣人在全島各地所流的鮮血，這面國旗敘述在中國國民黨統治下，台灣鮮血橫流的情形。我在這兒呼籲，把這面殺害台灣人、侮辱台灣人的國旗換下來，改成一面有和平、有活力及有希望的新國旗。在此特別寫下這首詩，大家互相勉勵。

〈彼款國旗〉
青天白日見黨旗
滿地紅血個害死
為咱子孫就志氣
打拚建國出頭天
（台語）

（本文發表於1998年3月8日《自由時報》自由廣場）

▲「惺惺相惜」，攝於聖地牙哥Birch水族館。

為何支持陳水扁？

自從第二次世界大戰結束以來，很多有志氣的台灣人不斷地為台灣的民主政治及獨立自主而努力，很多人更因此而坐牢，甚至犧牲寶貴的生命。這幾十年來台灣民主政治也一步一步慢慢地在進步。尤其從1996年起就可以由人民直接選台灣總統，這是二十年以前很多台灣人不敢夢想的事。這個權利得來不易，我們應該要珍惜。

在2000年的台灣總統選舉，主要候選人將是陳水扁、連戰及宋楚瑜。這不像1996年的總統選舉，李登輝有著大部分台灣人的認同，並且在中國飛彈威脅之下，大家傾向支持在位的強人。在這一次的選舉，這些候選人實力比較相近，是一個群雄逐鹿、難分勝負的局面。

連戰代表中國國民黨來競選總統。他的父親連震東，是屬於「半山仔」，也就是台灣人在中國投靠中國國民黨，二次大戰以後來台灣，幫助中國國民黨統治台灣。「半山仔」為了表現他們的忠貞，常常比外省人還苛待台灣人。事實上，在二二八慘案時，會有這麼多台灣的菁英遭受殺害，與「半山仔」的提供名單及資料很有關係。連戰的母親及太太也都是外省人。連戰本人自認是中國人，不是台灣人。李登輝有相當程度的台灣意識，連戰可說沒有台灣意識。

如果連戰當選明年的台灣總統，那就是台灣的民主運動大開倒車。世界各國將會說，台灣人喜歡中國國民黨的持續統治。而且連戰做完第一任總統以後，以在任總統的聲望，媒體的曝光及資源的運作，很可能連任總統；也就是說，連戰可能一當就是八年。八年以後，中國會有多強盛，中國國民黨會有那些騙取民意的新措施，及民進黨能否推出一個很有希望的總統候選人？這些事情很難預料，我們只得把握住這次總統選舉的機會。

宋楚瑜不念中國國民黨對他特別恩厚的栽培，要脫黨來競選總統。他主要是代表新黨的勢力。宋楚瑜原是靠著中國國民黨競選機器及大量政府的金錢來贏得台灣省長的選舉。他早有野心要當總統，所以在省長任內不遵照預算，全島到處大量散財，得到不少人的支持，但是這種買來的支持是靠不住的。這些人很快會發現，連戰在競選期間是新的散財童子，他們會轉去支持連戰。如果讓這種製造省政府大量財政赤字的人去當總統，台灣的未來實在不堪設想。中國國民黨與黑金掛勾及打壓自己同志等壞事，不少是由宋楚瑜主導的；沒想到他現在卻用這些來罵中國國民黨。他當新聞局長時，負責查禁《美麗島》等刊物及減少台語電視節目。他本來主張與中國三通和一個中國政策；但現在變了面貌，愛台灣愛得不得了。他實在是厚黑大師。

民進黨已推舉陳水扁出來競選總統。他將代表大部分反對中國國民黨及新黨的人競選總統。讓我們來探討為什麼要支持陳水扁。下述的一些理由可以充分看出來：

1. 他是民進黨各派系一致推崇的領導人。

許信良雖在台灣民主運動上有一定的貢獻，而且也擔任過民進黨黨主席，不過他卻得不到民進黨內一致的愛戴和尊敬。他的人品及政客的形象受到很多人的批評。他得不到民進黨的支持，就脫黨競選總統，完全沒有少數服從多數的民主政治素養。很可能中國國民黨方面的人給他大量的錢，慫恿他參加競選，以便攻擊陳水扁及分散他的選票。陳水扁則是得到民進黨內不同派系一致的支持。他在台灣的立法委員、國大代表、縣市長選舉中，全力為各地民進黨的候選人助選，到處受到轟動性的歡迎。在總統競選時，民進黨黨員及民進黨同情者，應可以群策群力，大大推動助選工作。如果能夠全體動員起來，我們一定可以贏得這次的總統選舉。

2. 他得到不同族群及小數國民黨人的支持。

要做全國的領袖就必須兼顧台灣各種不同族群的需要。陳水扁在擔任台北市長任內，對客家文化及原住民交化一再提倡。他要我們不能強調閩南話，而忽略客家話。外省人要改稱為新住民。陳水扁特別要求大家要用愛心來包容不同的族群和文化。台北市長任內的政績是有目共睹的。中國國民黨以前推動不了的，他卻能。他把台北市的市政、交通、捷運、色情、教育等問題大大地整頓起來，得到很多國民黨人及新住民的支持。

3. 他是國際知名，也了解國際政治。

「中華民國」的國名在世界各地遭到中國一再無情地打壓，外交一籌莫展。當台北市長的陳水扁卻一再出擊：到世界各國訪問、在台北市舉行各種國際會議、受到美國《新聞周刊》（Newsweek）及《時代雜誌》（Times）的推崇、得到很多美國政府官員及國會議員的重視。要爭取國際上對台灣的支持，連戰及宋楚瑜是遠遠比不上陳水扁的。

4. 他能改造腐敗的政府。

李登輝領導的政府是貪污及腐敗。台北市的捷運系統竟耗費137億美元的天文數字，一半以上的錢都是被貪污了。奇怪的是大家都知道貪得不像話，那些貪污的中國國民黨官員卻都沒事。陳水扁把這個捷運的爛攤子，終於整頓起來，擔任市長一年三個月就讓捷運的第一條木柵線順利通車。政府的工程常會一拖再拖及一再追加預算，所以陳水扁對於大工程不斷地督導及施壓力，使很多工程提前完工。台北市的區公所把櫃檯降低、配置人性化、還奉茶給來辦事的市民；這種革命性的改變，絕對不是中國國民黨的官員可以做到的。陳水扁的施政講求效率、起用年輕人、追求新的理念、獎罰分明及猛抓貪污。陳水扁能夠把極端複雜、黑金掛勾的台北市整頓起來，因此我們極需要他來改造台灣的中央政府。

5. 他不畏權勢，只為理想而努力。

很多青少年都逗留在電動玩具店及不良場所，有些更吸毒及犯罪。因此陳水扁大力取締沒有執照的電玩店；對於有執照的店，則派警察檢查出入的顧客及勸青少年回家。同時增加很多健康的青少年活動。結果讓台北市的青少年犯罪率下降很多，許多家長感謝他這些措施。我們知道台灣是一個充滿色情的花花世界，但是台北市從1996年9月24日起頓時改觀。很多酒廊、理容院、賓館、舞廳、妓女戶都關門大吉。男人也比較不在外邊花天酒地，而回家與太太、小孩們共享天倫之樂。我們知道這些行業本來賺錢很多，黑金大力支持。那期間找人關說、威脅利誘、報章雜誌藉故攻擊等等，壓力大得難以形容；但是陳水扁為了教育青少年及改造社會風氣，毅然承受壓力，絕不肯妥協讓步。這種有理想、不畏權勢的人，才配做台灣人的總統。

6. 他是磨練過的選舉戰將。

陳水扁在1981年最高票當選台北市市議員，在1985年高票落選台南縣長，在1989年當選立法委員，在1994年當選台北市長及在1998年落選台北市長。反看連戰，他的職位沒有一個是他競選贏得的。他平步直上，完全是靠著金錢及黏著李登輝而來。他的父親是高官的富豪，連戰本人是公子哥兒。在1997年，我參加「美國二二八受難者家屬返鄉團」，出席在台北市二二八紀念公園舉行的「二二八　五十週年紀念會」。連戰在紀念會已經開始，才在一群人簇擁下大搖大擺進場。先跟第一排握手，然後上台照著講稿單調地唸，唸完又一群人簇擁馬上離開，可以說官架十足。至於陳水扁，早就到場與大家寒暄。他的演講是不看講稿就滔滔而講，語氣誠懇，有高有低，全場的人都受感動。在台灣的選舉常常是哀兵必勝，同情票很多。陳水扁沒選上台南縣縣長，卻得了立法委員及台北市長。這次他失去了台北市長的連任，讓很多人都打抱不平，認為這樣一位有理想、有作為的人才，是不應該落選的。他如果是連任台北市長，現在一定是忙碌在複雜及爭論不斷的台北市政上，反而不能到處做草根性的競選準備工作。要贏一場全國性的選舉，必須有好的選舉策略，組成有效的助選團體，發動群眾造勢，充分掌握民意的動向，吸引媒體的注意及整個競選組織的靈活運轉。在這些方面，沒有幾個人可以比陳水扁做得更好。

民主政治有兩個特質：以多數人為贏及改變緩慢。多數人同意的人或政策，並不一定是最好的，但我們卻必須接受這種結果。很多正確的方向及注重將來的政策，常被認為屬於極端，而不為大多數人接受。就以台灣獨立來說，很多人知道這是應該要走的一條路，但又怕驚動現在的穩定和繁榮。要達到台灣獨立，就必須一再教育群眾，並且一步一步緩慢地把大家引導到這個方向。第一步要走的就是贏得這次台灣總統選舉。我們如要更改憲法、國旗、國歌、國名、司法制度、政策、政府結構等等，我相信要去策動陳水扁來變更比較容易。如要找連戰或宋楚瑜，那可就免談了。

陳水扁明確地主張「台灣未來要不要獨立應該經過公投決定」及「台灣的前途是由台灣人民來決定」。他最近為了競選，說了一些中間選民可接受的話。他主張要族群和諧及正視現實。他說：「台灣是主權獨立的國家，依現行《憲法》，國號叫中華民國。」民進黨及建國黨都是勉強在中華民國法律下參加選舉。我們雖不喜歡，卻也得拿中華民國的護照及身分證。正視現實並不是就不改變不合理的現實。事實上在1997年6月陳水扁在洛杉磯二千人的競選台北市長演講會上，就把台獨的理念講得清清楚楚，指出這是我們將來必須走的一條路，但不可操之過急。

這次總統選舉，如果少了您支持陳水扁的一票，連戰及宋楚瑜就多了一票的勝算。如果你在競選期間攻擊陳水扁，那就是在幫中國國民黨及新黨，他們應該來謝謝您了。但是等選舉過後，陳水扁如有不對的地方，我們應該指出來。我們更要督促他領導大家，把台灣建立成一個有盼望且獨立自主的國家。

大部分人口多的縣市，都已由民進黨的人擔當縣市長。大家都看到這些地方政府有長足的進步。「綠色執政，品質保證」絕對不是空談的。以這樣的優勢及政績，我們應有很大的機會贏得這場與中國國民黨的大決戰。中國國民黨在金錢上雖占絕對優勢，可以大量廣告及買票。但是我們從這些民進黨縣市長的當選上，可看出金錢並不是萬能。而且愈重要的選舉，選民愈重視候選人的形象及才能。話雖然這麼說，在金錢上也不能差中國國民黨太多。全國的競選工作及廣告費用是非常龐大驚人的，而且越早捐錢可越早提高聲勢，吸引更多的捐錢。

這次台灣總統的選舉是這半世紀以來，第一次給台灣人有真正的機會把政權從中國國民黨手中奪回來。如果失去這一個機會，那可能還等八年才有下一個機會。打贏這場選戰是每一位愛台灣的台灣人之歷史責任。我在這裡呼籲大家，盡量地捐錢出來，也希望共同回台灣助選。更請您登記為選民，在明年3月投下這個決定台灣前途的神聖一票。

有幸回台灣助選

從1999年7月我寫了一篇〈為何支持陳水扁？〉起，我便積極參與阿扁競選總統的助選和募款，也於2000年2月回到台灣助選。我深深感受到3月18日阿扁當選總統時，台灣人民歡欣鼓舞、雀躍興奮的盛況。

阿扁為二二八慘案做了很多事情，讓我一直非常感激。先父王育霖畢業於日本東京帝國大學，因為成績極為優秀，成為第一位在日本當檢察官的台灣人。二次大戰後，回到台灣在新竹地方法院當檢察官。那時新竹市長郭紹宗陸軍少將被控貪污救濟物資，沒人敢辦，先父毅然接下這個案子；也可能因此在二二八慘案時被人殺害。

在1997年2月，我們組了「美國二二八遺屬返鄉團」回台灣參加二二八慘案五十週年的紀念活動。那時，我們有好幾項訴求，我認為最重要及可行性高的一項是：「訂2月28日為國定紀念假日」。我們拜會過李登輝總統、廖正豪法務部長及很多位立法委員。我一再發言強調國定紀念假日的訴求，但所得到的都是推托之詞。

最後於1997年2月24日上午，我們去拜會台北市長陳水扁先生。我希望他能讓台北市政府在2月28日放假一天，至少有一個開始，以後再繼續爭取。萬萬沒想到，那天下午阿扁就宣布全台北市機關及學校在2月28日放假。執政當局知道2月28日是否要放假的議題是不能公開來討論的。試想，3月29日放假是紀念在黃花崗犧牲的七十二位中國人；而二二八慘案時犧牲大約三萬的台灣人，怎可不設為國定紀念假日呢？同時執政當局也不想讓阿扁得到訂2月28日為紀念假日的功勞，所以隔天2月25日上午立即在立法院二讀及三讀通過訂2月28日為國定紀念假日，立即送行政院院長及總統簽字，在一天之內完成這個法案。看不出他們竟然有這麼高的效率。如果沒有阿扁的智慧及勇氣，也許2月28日到今天還不能放假。

阿扁也把台北市中心的新公園改成二二八和平紀念公園及建立了二二八紀念館。教育部編的教科書對二二八慘案的描述不多，且內容不正確。阿扁卻聰明地編了補充教材《打開心內的門窗》來教育學生們。很多父母親為了使他們的孩子比別人的孩子知道多些，還特別帶孩子們去參觀二二八紀念館。既然阿扁為二二八慘案做這麼多的事情，我和我弟弟王克紹醫師當然全力以赴，來為阿扁助選。我是擔任聖地牙哥阿扁後援會總幹事，我的弟弟是擔任台南市阿扁之友會副會長及台南市競選總部委員。

聖地牙哥的台灣人非常熱烈地支持阿扁來競選總統。在2000年2月7日我們辦了募款餐會，由李鴻禧教授做專題演講。餐券一張由200美元起到10,000美元。94戶的台灣人一共捐出20萬美元，平均每戶捐2,100美元，實在難能可貴。

募款餐會後我立即回台投入助選活動。於台南市二二八紀念會上，我發表演講，主要內容是說明執政者為了鞏固它的政權，在二二八慘案時期是用約二十萬發子彈，現在改用銀彈，但它的黑金本質卻沒有變。我也和海外後援總會的總幹事郭漢甫兄共同起草整版的報紙廣告，上面列有來自世界各地51個後援團體。廣告上的標題是：「回到故鄉，真好！」以及「我們回來了，為的是了一大心願，投一票給真正愛台灣的台灣之子—陳水扁。」短文以海外的觀點勸大家支持阿扁，也抨擊買票是違法，買票的候選人在道德上、法律上及資格上絕對不可以擔任台灣的總統。

在台北市我參加了兩場阿扁親自授旗的誓師大會：一是給海外各後援會，另一是給世台會及各國的同鄉會。這兩場都吸引很多媒體的注意。海外的後援會重組成北部、中部及南部三團，深入地方做長時間的助選工作。世台會在高雄市開年會，然後乘巴士北上，沿途做助選及拜會的活動。

我參加後援會的南部團，我們自備宣傳車及傳單，也向各地競選總部借調戰車（宣傳車）。我們的宣傳車從2月中就在南部的大街小巷奔波助選。海外後援會到一個鄉鎮就開始徒步遊行分發傳單，幾天下來很多人腳都酸痛。擴音器大聲地喊出：「海外的台灣人一波又一波趕回來，為阿扁助選及請投阿扁一票。」、「海外的鄉親自掏腰包，買飛機票回來，每一票都非常神聖寶貴，請一定去投票，請投給陳水扁。」、「坐飛機回來的海外同鄉誠懇地拜託你們投給阿扁。」及其他有關政黨輪替、黑金政治等喊話。站在戰車的高台上，迎著強風，搖搖晃晃，口吶喊著，手搖著旗子，也蠻累的。最值得記憶的是當車隊開到阿扁的故鄉，官田鄉西庄村時，全村的人跑出來歡呼迎接，爆竹聲不斷，那種熱情的場面很令人感動。

我們與台南市張燦鍙市長合拍廣告片，也陪他沿街拜票。我們參加各地晚上的造勢活動，到台上拜託大家一定要選阿扁。最讓我忘不了的是3月12日在高雄市的超大型造勢晚會。出席人數也是前所未有的三十五萬人，由南部各縣市來的遊覽車就有好幾千輛。表演台有三層樓之高，上面可站一千人以上。上邊更架起兩座大螢幕，螢幕上端高達六層樓。旗幟飄揚，煙火及雷射光交叉閃爍。爆竹聲、喇叭聲及三十五萬人的呼喊，更是驚天動地。台上的演講引起了一波一波的回響。在現場所經驗的興奮及震撼絕對不是我的筆墨所能形容的。島內外也馬上傳出阿扁會當選了。

3月18日傍晚，我在台南市競選總部和大家一起看選舉結果的發布。在馬路上架起兩個螢幕，宣傳車興奮地公布結果，到處人山人海。大家的心情及喊聲隨著開票的結果而起伏。後來穩定地領先，終於傳出阿扁當選了。呼喊聲、爆竹聲及喇叭聲交織成最美妙的交響樂。大家互相握手，互相祝賀。尤其總部這些日子共同奮鬥的工作人員及助選員更是興奮。大家喊著「我們贏了！」、「阿扁，當選！當選！」等。

真的應驗了李鴻禧教授在聖地牙哥的募款餐會所說的，我可以向我的兒孫誇說，當年阿扁當選總統時，我有在現場、我有參與那場激烈的選戰、我曾盡了一份力量。這次回台灣為阿扁助選的過程實在是我一生最美好、最快樂及最有意義的時刻。

（本文發表於2000年4月1日《台灣公論報》）

▲「一帆風順」，2018年台灣燈會攝於嘉義。

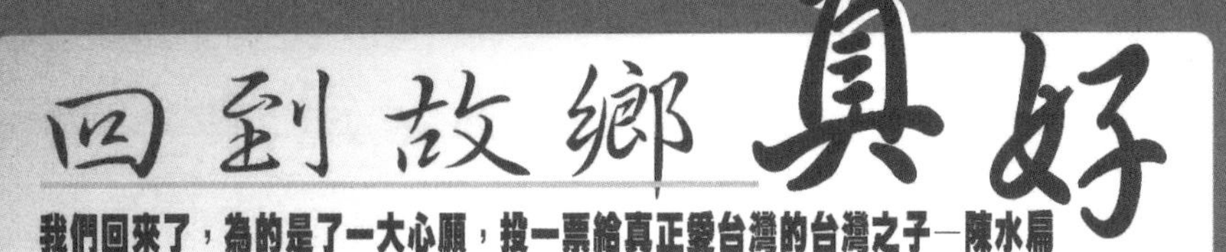

我們回來了，為的是了一大心願，投一票給真正愛台灣的台灣之子—陳水扁

阿扁是國際公認的亞洲最優秀領導人之一，他在美國也得到很多政府官員及國會議員的重視，海外的鄉親都以他為榮。

連戰及他的父親兩代為官，卻家財萬貫。對這些錢的來源，連戰像宋楚瑜一樣，說不清楚，講不明白。台灣有黑金氾濫，銀行呆帳成堆，政府負債累累，社會沒有公義，土石流嚴重，環保破產等等問題。連戰及宋楚瑜歷任政府高官，對這些問題應負很大的責任。這兩位沒有能力的候選人，現在才來大喊改革，實在太遲了。

在海外的鄉親關心台灣的安全，因而促成「台灣關係法」，以美國的法律來保障台灣的安全。「台灣關係法」規定，如果台灣遭受攻擊或圍堵，美國便需要保護台灣。現在美國航空母艦在台灣附近巡弋就可證明。美眾議院最近更以77%壓倒性多數通過「台灣安全加強法」，更進一步保障台灣的安全。事實上，美國的軍力在幾天之內便可把中國沿海的飛彈基地及大型軍艦摧毀。雖然美國要和中國做生意，但絕不會放棄保衛台灣的原則。美國總統柯林頓一再強調：

(一) 台灣海峽兩岸的問題，必須和平解決。
(二) 中國不可動用武力。
(三) 台灣未來的決定，必須台灣人民同意才可。

現在三組候選人對中國的政策相差不多。要與中國談判，連戰個性軟弱欠缺勇氣，很可能投降而已。國共和談在歷史上有很多次，國民黨都失敗。唯有阿扁的聰明才智方能開拓出較好的談判空間。請台灣鄉親唾棄國民黨的恐嚇牌。

由於連宋積怨甚深，海外鄉親認為，如果連或宋當選，均會造成台灣內部的不安。攘外必先安內，選阿扁最安心。

買票是先進民主國家沒見到的問題。這次台灣總統的選舉已經有買票的消息。買票是違法的！這種候選人在道德上、法律上及資格上絕對不可以擔任台灣的總統。我們呼籲所有的鄉親，本著良能良知絕對不要投給買票的候選人。

親愛的台灣鄉親們，懇請您們把寶貴的一票投給：陳水扁 ⑤ 呂秀蓮

造勢大會

3/11 台中市(文心路、向上路口)
3/12 高雄市(美術館前廣場)
3/17 台北市(中山足球場)

民主進步黨陳水扁總統競選總部
電話：(02) 2516-8688 傳真：(02) 2518-1706
捐款帳號/戶名：陳水扁/華南銀行敦化分行
帳號：130100010668 郵政劃撥帳號：19374523
阿扁網站：www.abian.net

海外陳水扁競選總統後援會總召集人 吳澧培
北美洲台灣婦女會會長 黃靜枝
世界台灣客家聯合會會長 劉水城
全美台灣客家會 張穎生
台灣人公共事務協會會長 陳文彥
日本阿扁之友會會長 陳明裕
智利阿扁之友會會長 陳吉明
加拿大大溫哥華阿扁之友會會長 葉振南
加拿大大多倫多阿扁之友會會長 張柏榕
澳大利亞阿扁之友會 陳冠文
紐西蘭台僑協會及阿扁之友會 許允棟
全美台灣人權協會 吳意和
全美台灣文物資料中心 魏妙丰
北加州陳水扁呂秀蓮後援會 張信行
南加州陳水扁呂秀蓮後援會 郭漢宵
北美洲台灣人醫師協會 林榮松
北美洲台灣工程師協會 徐告郎
北加州台灣同鄉聯合會 陳嘉郡
德州達拉斯陳水扁後援會 簡綉香
大紐約紐澤西陳水扁後援會 李正三
加州聖地牙哥陳水扁後援會 范清亮
西雅圖陳水扁後援會 林昇衛
亞特蘭大陳水扁後援會 張信雄
休士頓陳水扁後援會 陳明昭
波士頓陳水扁後援會 李集三
堪薩斯州陳水扁後援會 陳麗英
北卡三角州區陳水扁後援會 劉格正
北卡夏樂市陳水扁後援會 李芬芬
東田納西陳水扁後援會 李豐隆
中佛州陳水扁後援會 廖蕙澄
西佛州陳水扁後援會 黃世傑
阿拉巴馬州白明罕後援會 何康深
紐約州首府陳水扁後援會 黃密美
紐約州雪城後援會 李俊廷
紐約州水牛城後援會 蕭奕義
賓州大學城後援會 張坤文
明尼蘇達州後援會 柯慶昌
底特律市後援會 葉致平
俄州多利多後援會 程蘭如
俄州哥城後援會 劉俊宏
印第安那州印城後援會 呂淑姬
中肯塔基州後援會 潘明道
密西根州安雅堡後援會 梁丁貴
密蘇里州聖路易後援會 王元和
科羅拉多州後援會 洪銘蒔
亞利桑那州鳳凰城後援會 潘建宇
猶大州鹽湖城後援會 黃元宏
奧略岡州大波特蘭區後援會 吳秀惠
加州貝城後援會 張福彬
夏威夷後援會 陳國文
加州首府後援會 郭郁江

海外陳水扁競選總統後援會

▲ 筆者參與起草2000年海外助選團的報紙廣告及傳單。

台灣外交及僑務政策之建言

在2000年3月18日台灣人終於打倒中國國民黨的專制統治，陳水扁選上台灣總統，達到政黨輪替。大家興高采烈之際，我警覺到國家百廢待舉，阿扁和民進黨的責任龐大，而國民黨仍然控制著立法院。我們身處海外，對於台灣的外交和僑務工作一向有很多的不滿和抱怨。我們應該把這些問題整理出來，送給阿扁政府參考。

我召集了共11位的學者、專家以及關心台灣的人，組成「聖地牙哥台灣外交及僑務研討會」。從2000年3月至5月召開一系列的研討會，嚴肅地討論各種議題，並分頭尋找資料和研究，終於共同完成《台灣外交及僑務政策之建言》的報告書。

其目錄如下：

第一章　引言

第二章　台灣外交政策

壹、外交問題的陳述

貳、外交的基本原則

參、外交的實際策略

肆、外交執行方案的建議

第三章　台灣僑務政策

壹、沉重的歷史包袱

貳、政策的缺失

參、僑務執行方案的建議

第四章　結論

我擔任召集人，要規劃及整合這份報告的意見和寫作。我負責寫第一章的引言及第四章的結論。這報告相當長，也不是我個人的作品，在此我就轉載引言和結論與大家分享。

……

第一章　引言

在中國政府無情的打壓、國際社會無理的漠視以及駐外機構陳腐的思維下，台灣的外交可說是節節敗退，沒有幾個真正友好的國家，國際組織的參與也乏善可陳。台灣的僑務委員會則常與台僑社團對立，而得到優惠的華僑社團有些卻與中國相呼應，危害台灣的主權與利益。此時正當新政府登場，外交及僑務需要大力改革，以符合新時代的要求。

當日本在二次大戰戰敗放棄台灣的佔領以後，中國國民黨從1945年10月開始在台灣進行長達數十年的極權統治。所幸有志氣的台灣人鍥而不捨地努力，經歷一連串的犧牲與迫害，迫使中國國民黨逐步開放民主給台灣人民。終於在2000年3月18日的總統直接選舉中，選出民進黨的陳水扁先生為總統，順利完成政黨輪替的民主真諦。旅居國外的台僑為台灣的民主進程有不可磨滅的貢獻，所以阿扁總統說：「台僑是台灣民主之父」。

新當選的阿扁總統廣納不同的意見，實行全民政治。旅居美國的台灣人為阿扁歡欣鼓舞之餘，也極想提供意見給新的政府。尤其在外交及僑務方面，我們有切身的感受，更擁有比較深入的經驗與見解。因此，在聖地牙哥成立「台灣外交及僑務研討會」，有很多教授、博士及有志之士參加，開了一連串的會議，終於完成這份《台灣外交及僑務政策之建言》，提供給新政府做施政的參考。

我們須要探討過去問題癥結的所在，制定明確的新政策及切實地執行各項方案。為了要突破中國的外交封鎖，我們應該發動全方位的外交：組織靈活的駐外單位，結合台灣的民間組織及認同台灣的海外僑民，來爭取友邦、非政府組織及外國朋友的支持和合作。

……

第四章　結論

由以上的章節，我們知道台灣的外交及僑務問題很多，新的阿扁政府要把台灣帶向光明及有尊嚴的將來，必須要深入地思考，積極地及果敢地制定明確的政策，更要有前瞻性地領導外交部、僑委會、海外僑民團體及台灣的民間團體，進行全方位的外交，方能突破中國的外交封鎖。全方位的外交是有目標、有策略、有組織、有督導及有考核的，絕對不可流於口號或雜亂無章。

我們應以互惠的原則，來促進與友邦的經濟、政治及文化交流。以我們的長處，譬如人權、民主、法制、科技、資金、貿易、環保、教育、音樂、藝術等等來與友邦合作及贏得他們的尊重及支持。

在僑務政策上，要揶開沉重的歷史包袱，針對僑民結構及外交目標，做有效的改革。僑務委員及僑務顧問必須要能認同台灣，輔助當地的僑民及宣達政府的政策。僑務委員會的母語教育，也須兼顧台語及客語。宏觀電視及宏觀報應有台僑的參與，並加入台灣本土化的教育及文化，以及引導僑民幫助全方位的外交。

外交及僑務政策的改革不是容易的工作，很多舊勢力及既得利益階級會出許多反彈的聲音。一方面我們必須做疏導及教育的工作，另一方面則須果敢及有智慧地來推動新的作為。我們相信，台灣的未來是有希望及光明的，因為我們是站在公義及真理這邊，而且政府及人民將同心合作，努力不懈。

▲ 「翼下挾著小鳥跑」，攝於澳洲Tasmanian植物園。

二二八慘案與天安門事件

在北京發生的天安門事件與在台灣發生的二二八慘案有很多相似的地方。

一、都是人民要求改革而引起的

獨裁統治過度腐化或太壓迫人民時，人民自然會要求改革。這不是革命，而是合理的訴求。可是獨裁者所擔心的是威權受到挑戰，害怕不能永遠統治下去，他們就製造理由來做鎮壓及殺害的藉口，亦即誣指抗爭為叛變或顛覆政府。

二、都是用軍隊鎮壓及殺害無武裝的人民

對示威的群眾，政府可以用無武裝的警察或軍隊及催淚彈來驅散，也可採取短期監禁來控制場面。但這兩個前後期的中國政府卻下令軍隊血腥鎮壓。為了怕有些士兵不忍心，中共特別調動外地的軍隊來殺北京的群眾；蔣介石的軍隊則被告知：「台灣人不是中國人。」

三、死傷的大部分是年輕的菁英

在天安門廣場被機關槍掃射及坦克車輾斃的人大部分是大學生，尤其是北京大學的學生。二二八慘案中犧牲的台灣人也有很多大學生及年輕的知識分子，日本東京帝國大學及中央大學畢業的台灣人被關或被殺的不少。

四、都是有計畫的謀殺

天安門事件是鄧小平等人開會決定以後，由軍事單位策劃進行；二二八慘案也是蔣介石及他的幕僚研討以後，由上海及福州調來大軍。

五、都是和平時期的大屠殺。

不同國家或民族在戰爭時期有大屠殺的情事。二次大戰時，我們就看到南京大屠殺及德國納粹對猶太人的大屠殺。可是二二八慘案發生時，大戰已結束一年六個月，而遭國民黨的軍隊所殺害；六四天安門事件更不用說。

我的父親王育霖檢察官以非常優秀的成績從日本東京大學畢業，成為第一位在日本擔任檢察官的台灣人，大戰結束就馬上回到台灣，在新竹地方法院擔任檢察官。不料為了要查辦新竹市長貪污案件，而在二二八慘案時為蔣介石的軍隊所殺害，被害時年紀才28歲。

（本文發表於2001年2月28日《自由時報》自由論壇）

▲「仰首志高」，攝於聖地牙哥野生動物園。

須取消二二八休假嗎？

二二八休假的演變是相當的戲劇性。從1947年二二八慘案發生，到1986年鄭南榕、陳永興、李勝雄等不怕死的台灣人突破禁忌為止，中國國民黨政府是以恐嚇及監牢來嚴禁二二八慘案的談論，當然別想休假來紀念了。當二二八慘案的悲慘真相公開以後，二二八受難者的家屬就一再要求訂二二八為國定紀念假日，可是國民黨政府以工商界不會贊成增加一個假日為理由來拒絕。

直到1997年2月24日上午，一群由美國返鄉的二二八受難者家屬去台北市政府拜訪現在的總統—當年的台北市長陳水扁先生。他們在到處被拒絕後，請求陳市長在二二八那天讓台北市政府放假，希望能夠有一個開始，以後再每年向政府爭取。陳市長回答說，當天下午市政府會討論這個問題。沒想到那天下午陳市長就宣布台北市的機關學校在二二八全部休假。國民黨政府不願意讓大家公開來討論二二八是否該休假，也不願讓陳水扁搶了放假的功勞。國民黨立刻於隔天（2月25日）在立法院跳過一讀，進入二讀及三讀，修改《二二八事件處理及補償條例》來通過二二八休假，馬上送李登輝總統簽字，在一天之內完成立法程序。銀行、海關等單位臨時要放假，使工商界措手不及，那時政府被罵了一頓。二二八受難者的家屬非常感激阿扁勇敢及有智慧的幫忙。

三年之後，民進黨政府為了每兩週放一次兩天的週末改為週休二日，必須減少一些紀念假日。國民黨本來就不喜歡人民放假來紀念二二八，希望把它淡忘，因此想趁機取消二二八假日。然而二二八的放假是經過立法程序來訂的，不像其他的假日行政院有權變更。2000年3月18日阿扁當選為新總統，因此蕭萬長行政院長趕快在下台前，於四月向立法院提出《二二八事件處理及補償條例》的修正案，要取消二二八的休假。

2000年5月20日阿扁上任總統以來，與立法院的關係一直是喧嚷不停，尤其核四的對峙，也就沒有機會處理這個提案。在阿扁總統的指示下，張俊雄行政院長就積極在立法院運作，要改成週休二日及取消二二八的放假。不知是蒙核四或「逢扁必反」的恩賜，立法院也一直沒有處理這個案件，因此趕不上取消2001年的二二八休假。為此阿扁總統還公開批評張俊雄行政院長沒有效率。誰能料到促成二二八假日的阿扁總統，不到四年卻要來取消二二八的休假呢？

國民黨及民進黨的當權者都以工商界抱怨假日太多做取消二二八休假的理由。事實上，假日太多可以想方法來補救。首先，讓我們檢討2001年的一些公定假日：

1. 春節連續八日休假

由1月21日（星期日，農曆十二月二十七日）起至1月28日（星期日，農曆一月五日）連續八天放假。1月20日（星期六）補上班一日。當政府及銀行長時間停止運作，很多問題都發生了。在墾丁外海的阿默高斯號貨輪擱淺發生在春節前，等春節八天休假後，漏油已經變成不可收拾的大災難。去年12月送給行政院一個單位的公文，直到今年2月才回覆。經查詢原因，說是元旦休假及春節八天休假，使公文積壓很多。台灣是一個貿易大國，當全世界都在忙著做生意，我們卻連續休息八天，是貿易上的一大損失。大家同一時間要渡假，旅館根本不夠；結果很多人跑到國外渡假，幫助中國、日本、美國等的經濟。台灣如果要學先進國家星期六及星期日休息；則應該知道，美國人在過最大的節日聖誕節後，隔天便須上班。要休假須用自己的假期或公司決定停工。

很顯然可以縮短春節的休假，而不必取消二二八假日。

2. 民族掃墓節

祭祖掃墓是非常重要，但這個休假有點奇怪。各個族群掃墓日期並不一致，而且是一段時間，不是特定的日子。如果先人的墓在台北及台南兩地都有，也不能一天兩處都跑。要從北部去南部掃墓的話，很可能選一個週末去，不太會在掃墓節那天來回跑。國民黨保留這一個假日，可能要大家去慈湖祭拜蔣介石，因為這一天是他的逝世紀念日。

3. 端午節

中秋節是團聚的日子，所以有放假的必要。端午節已不很重要，也很少人自己包粽子了。況且祭祀的屈原還比不上孫中山先生的重要；連孫中山先生的忌日都不休假，端午節應可以考慮不放假。

4. 少休息一個星期六

為了春節休息八天，今年春節前的那個星期六須要工作。既然因為春節長假而工作積壓很多，我們可以在春節過後那一個星期六也工作。當然還可以選其他的星期六來工作。

從以上的分析，我們清楚地知道行政院可以調整其他的假日，沒有必要取消二二八的休假。這個取消二二八休假的提案原是國民黨執政時提出來的，阿扁新政府竟然忘記重新評估，只會依樣畫葫蘆。很多人不滿阿扁新政府放棄停建核四，但我們也看出阿扁新政府是經過長時間的努力，鬥不過立法院才放棄的。至於取消二二八休假，並沒聽到新政府反對的聲音，非常令人失望。

有人說二二八還是紀念日，只是不放假而已。我們可以反問，如果雙十節只紀念不放假，你會覺得如何？筆者是一個二二八受難者家屬，當二二八訂成國定紀念假日，我們感到這些二二八受難者是被提升到烈士的地位，他們為台灣流的血並沒有白費。為了二二八歷屆政府做很多事情，但沒有一件是比二二八休假影響大，意義深遠。要把二二八休假取消，好像是否定二二八的犧牲，再一次羞辱二二八的受難者。

從二二八時期的三十二條要求，我們知道台灣人為了地方自治等民權而受到大規模的殺害。台灣人並沒有忘記二二八，悲憤圖強，終於贏得民主及自由。二二八是台灣最慘烈的犧牲，也是最重要的歷史，我們一定要放假，才能記取二二八的教訓及參與二二八的紀念活動。想讓二二八繼續放假，只要行政院撤回這個修正案便可。

（本文發表於2001年3月21日《自立晚報》）

▲ 「形影相親」，攝於聖地牙哥動物園。

迎接陳總統訪問中南美洲

陳水扁先生剛剛就任台灣的新總統滿一週年，就於2001年5月21日啟程，進行第二波的外交出擊。這是一次非常成功的外交突破。在中國的壓力下，歷任來自台灣的總統過境美國時，不准在紐約有活動的。然而剛上任的美國布希總統一方面不肯屈服於中國蠻橫的威脅，另一方面必須重視第一位由民主改革成功所選出的台灣總統，因此布希總統相當禮遇陳總統，也同意陳總統過境紐約及休士頓。

陳總統抵達紐約時，一千多位台灣人冒著大雨，站三個多小時，為了要歡迎這位舉世矚目的台灣總統。阿扁總統也不負眾望，在安全人員的反對下，衝出來向歡迎的民眾揮手致意。他訪問紐約證券交易所，這是全世界最大的金融中心。他也參觀舉世聞名的紐約大都會博物館。21位美國眾議員等開完會議在黃昏時，坐專機由華府趕來紐約拜見這位他們所景仰的台灣總統，也展現他們熱情的歡迎及強力的支持。這些忠誠的美國朋友回到華府的家都已三更半夜了。旅美台灣人多年來對國會議員的努力在此充分地表現出來。紐約市長朱利安尼也來拜見陳總統，並贈紐約市的鑰匙做紀念。雖說是「過境紐約」，實在應該改稱「拜訪紐約」了。

筆者從美國回到台灣參加5月17日及18日的第三屆全球僑務會議，趕回聖地牙哥已是5月20日晚上。檢現一下公司的業務，又於5月22日早上出發去薩爾瓦多迎接陳總統。筆者所參加的團體是海外阿扁之友會，共有一百九十多位成員由全世界各地飛到薩爾瓦多市。最大的迎接團體是全球各地的台灣商會共有五百多位代表。另外薩爾瓦多本地的台灣商會、台僑、華僑及薩爾瓦多的朋友們也都一起來迎接陳總統。

陳總統的專機於5月23日下午抵達薩爾瓦多的飛機場，接受隆重的獻花及軍禮迎接。我們則在總統下榻的大酒店前列隊，等了約三小時，總統的車隊終於在下午5時左右抵達。將近一千人搖旗吶喊熱烈歡迎陳總統，充分表現出薩爾瓦多人及海外台灣人對陳總統的熱情及支持。陳總統也從禮車下來與大家握手，感謝大家對他的愛護。

陳總統抵達薩爾瓦多的第二天早上主持中南美洲台灣商會聯合總會代表聯席會議的開幕典禮。中午是薩爾瓦多各社團公宴歡迎陳總統。在「台商之夜」晚宴快結束時，忽傳來消息，陳總統要與阿扁之友會的朋友們見面。大家坐遊覽車來到總統住的大酒店已是晚上九時半。總統這一天已趕完14場的活動，還是不累，臨時追加這第十五場。興致勃勃的陳總統說，像他這樣又緊湊又長時間的行程，年紀大的總統可能會沒命了。

陳總統這次到中南美洲訪問，最重要的目的是於第三天參加「中美洲九國高峰會議」。只有台灣雖不是中美洲國家但仍受邀參加，成為區域外觀察員。這些友邦非常推崇台灣民主政治的成就，也願意幫助台灣加入國際組織。趁著陳總統開高峰會議，我們去參觀「台灣慈濟基金會美國分會」為薩爾瓦多地震災民蓋的平民住宅。整個社區規劃完整，全部將建一千棟住宅。一些慈濟人向公司請假，自己掏腰包由美國坐飛機來這貧窮的國家辛苦工作，實在令人由衷佩服。我們也參觀馬雅文化的古蹟及享受太平洋邊的海鮮大餐。

第四天亦即5月26日，我們又列隊在陳總統下榻的大飯店前歡送陳總統，又是一場歡呼吶喊、興高采烈的場面。陳總統也與大家一一握手致意。陳總統接著去拜訪瓜地馬拉、巴拿馬、巴拉圭及宏都拉斯。大部分的朋友在隔天整裝離開薩爾瓦多，回到僑居地。小部分趕去下一站為陳總統壯聲勢。有些紐約的朋友則晚幾天，由紐約直接去最後一站宏都拉斯，為陳總統這次到中南美洲的訪問劃下美好的句點。

這些僑居海外的台灣人自己花1,000到2,000美元，並罰站了好幾小時，年紀最高有80歲，有些人也不算是有錢人。然而這麼多台灣人卻來到中南美洲，以行動向全世界表示，這位由真正民主政治所選出來的陳總統是深得台灣人的擁護，應該得到各國的支持。

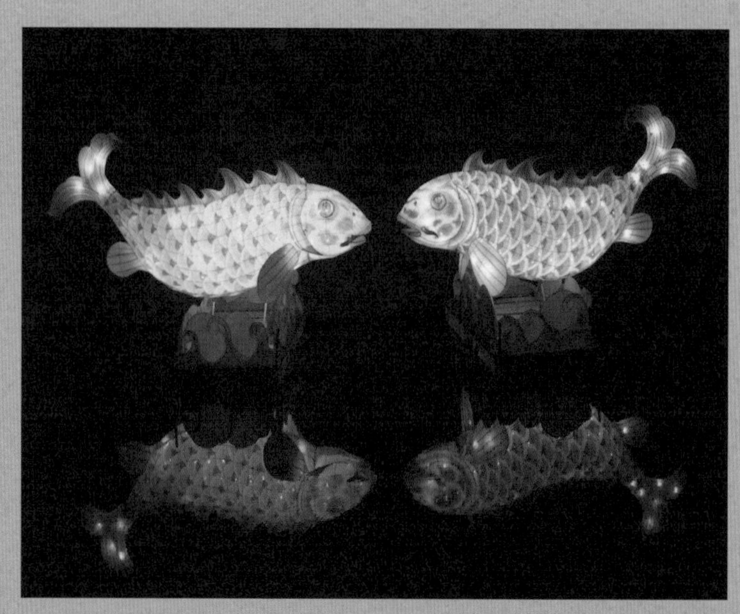

▲ 「鯉影輝漾」，攝於南投縣杉林溪森林生態渡假園區。

請勿取消二二八國定假日的陳情書

謹呈　陳總統

最近內政部突然宣布明年春節要連續放假九天及取消二二八的休假，令二二八受難者家屬非常震驚及不能瞭解。這和陳少廷國策顧問及二二八基金會李旺全執行長先前給我們的傳話完全不一樣。他們說，行政院雖不撤回取消二二八假日的修正案，但將壓制這修正案，不讓它轉到立法院院會表決。等到年底，這修正案便自動消失。本來我們已停止陳情的活動，現在只好再展開。很多愛台灣的人也不同意內政部這個提案。

春節的九天連續休假有下列的害處：

1. 當全世界都在忙著做生意，我們卻關門休息九天，讓外國人沒法訂貨及與我們聯絡，是貿易上的大損失。
2. 既然這麼長的假期，大家須出外旅行。對經濟情況不好或失業的家庭增加很多心理壓力。
3. 大家同一時間要渡假，國內旅館根本不夠，迫使大家去國外旅行，幫助外國的經濟，減少國內的消費。有幾位僑務委員認為，內政部這個提案是因為政府官員為了自己去國外旅行而訂的。
4. 家人長時間聚在一起，常會引起爭吵，尤其經濟情況不好的時候。長時間休息也會悶得發慌。
5. 軍隊備戰及動員能力會減少很多，政府的應變能力也一定大打折扣。去年墾丁外海的阿默高斯號貨輪擱淺發生在春節前，等春節八天休假後，漏油已經變成不可收拾的大災難。
6. 公文來往及各種工作會積壓起來。去年12月給行政院一個單位的公文，到今年2月才接到答覆。據查原因，說是元旦及春節八天休假的緣故。

7. 美國人過最重要的聖誕節後，隔天還得上班，要休假必須用自己的假期。我們也可學美國，不要大家一起放大長假。

從以上的論述來看，我們應該縮短春節假期，而不必取消二二八的休假。

跟人談論二二八休假的問題時，我發現有如下不同的反應：

1. 大部分的人認為，二二八是台灣歷史最重要的日子，一定要訂為紀念假日，休假日太多的問題必須另外想法解決。
2. 有幾位甚至不敢相信，國民黨訂的二二八紀念假日，民進黨新政府竟然要取消。
3. 有幾位則認為，他們對陳總統及張俊雄院長討好都來不及，怎可拂逆總統及張院長的意思？
4 有些相信新政府一定有苦衷，我們應該服從新政府的決定。

雖然看法不同，支持二二八假日必須保留的人佔有九成以上。

在此，恭敬地呈上一些陳情書，敬請鑒察：

1. 二二八受難者家屬的代表呈送謝長廷主席的請求書。一共有26位代表簽字及附有兩份剪報。第一份的是1993年2月27日，張俊雄院長任立法委員時，向行政院提出的緊急質詢：
「二二八事件在台灣近代歷史上佔有不可磨滅的地位，為期子孫能記取歷史傷痕及教訓，並方便從事追思活動，行政院應儘速明定二二八和平紀念日為國定假日，放假一天。」
他當年認為只紀念不夠，一定要放假；沒想到當上行政院長以後態度全變，竟然說「只紀念，不放假」。第二份剪報是拙作〈須取消二八休假嗎？〉，前已呈送給您。

2. 李鎮遠、辜寬敏、姚嘉文、楊基銓、高俊明、黃天福及陳少廷等七位資政與國策顧問聯名的建言。他們說：
「二二八訂為國定假日乃有其神聖莊嚴的歷史和意義。若只因假日太多而加以取消，恐不易被接受。」
3. 吳澧培資政給您的建言。他特別指出一個未來的問題：
「二八休假的取消勢必引起每年於二二八時節，受難家屬及疼愛台灣人士再提休假的訴求。屆時，難免怨尤您的政府取消二二八休假，令後代對您誤解。」
4. 楊貴運及梁榮茂兩位國策顧問的簽名信。信上強調：
「二二八是唯一屬於本土的紀念假日。只紀念而不放假將大大地降低二二八的重要性及減少二二八的紀念活動。對於民進黨的未來傷害極大。在與中國的互動中，台灣人更應記取二二八的教訓。」
5. 一共56位僑務委員也都有簽名信給您。在我所認識且支持新政府的人中，有百分之九十願意簽名。我沒有與其他派別的僑務委員談論二二八休假的問題。信上說：
「我們認為，行政院應趕緊把取消二二八休假的修正案撤回，以免在年底選舉時，大家紛爭不休。」
6. 南加州阿扁之友會有72位會員呈送給您他們的簽名信。南加州僑務委員在第五項已提過，沒在此重複計算。如此踴躍的草根性支持，實在出乎意料之外。
7. 美國二二八受難者家屬返鄉團於今年2月27日去拜會監察院及立法院，陳訴我們的要求。錢監察院長及饒立法院副院長都已行文行政院來支持我們的放假訴求。

既然有這麼多為您器重的資政及國策顧問和許許多多支持您的人向您陳情，我們懇切地盼望，您讓二二八繼續留為國定紀念假日。

最讓我擔心的問題是在野黨會利用這個課題做年底選舉的一個戰略。據在台灣二二八社團的代表說，王金平立法院長已應允支持二二八受難者家屬的訴求。二二八社團也準備成立「保護二二八紀念假日聯盟」及募款在報紙連續登廣告。我勸大家等一段時間，陳總統不久會憐憫我們的陳情。

二二八在台灣歷史的重要性，可比雙十節在中華民國歷史的地位。這兩個日子都應休假紀念，也不可移到星期一，以便放長假。二二八的紀念活動大部分是民間自動自發來做。如不休假，主辦人須上班，便很難辦活動。同時很少人能夠來參加，絕不會有今年您所主持二二八紀念會的盛況。二二八的休假讓我們父親的犧牲提升到烈士的地位，現在要把休假取消，好像是在侮辱二二八的受難者。

敬愛的陳總統，為了二二八休假我可能有冒犯您的地方，敬請原諒。如果您設身處地來想，也許您會更激烈一些。無論以後發展如何，我是您永遠的支持者。為了台灣的未來，我們絕對需要您連任下一屆的總統。

恭祝　鈞安

職僑務委員　王克雄　謹上

2001年5月

為何泛藍逼著要三通？

在2002年6月初，國民黨及親民黨立法委員強行要修改《台灣地區與大陸地區人民關係條例》，以便開放民間兩岸直航。親民黨主席宋楚瑜也在5月31日提出「一中屋頂、兩府兩席、三段三通、不獨不武」的主張，要求在一個中國的架構下，經過三通，讓兩岸越走越近，達到最後的整合。很多泛藍立委更是一再到中國穿梭活動，賺取經濟利益，更以獲得中國領導人接見為榮。回到台灣，則要求新政府大幅開放到中國投資及立即推動三通。

我們應該了解在這些動作的背後，泛藍陣營有如下好幾項自私的動機：

1. 三通可以減少台灣人對台灣及民進黨的認同

一旦三通，台灣人到中國的次數將從現在的一年300萬人次增加到500萬人次，還會隨時間而增加。兩岸密集的來往，將大大增加中國對台灣的文化、社會、經濟、政治、教育等等的同化及影響。台灣在美國強大的武力保護下，中國知道沒辦法硬拿台灣，所以必須加強統戰的手段。首先要模糊台灣人與中國人的區別，減少台灣意識，也就可以減少台灣人對民進黨的向心力及支持。

2. 三通可讓泛藍成為台灣的發言人，增加在台灣的聲勢

很多心在中國的立法委員已經成立一些團體來附合中國的統戰論調及對台灣的政府施壓。這些有台灣海峽兩岸聯合經貿協會、海峽論壇、立法院跨黨派大陸台商權益促進會、兩岸人民服務中心等等。五月底中國國台辦主任陳雲林隔海喊話，要台灣的企業界人士，代表政府去談三通，存心要避開海基會來矮化台灣新政府。這次華航空難後，中國竟然只和泛藍的海峽兩岸聯合經貿協會接洽及讓他們去北京把中國有關華航客機失事前後的雷達錄影和文字資料帶回台灣，可見中國刻意栽培這些泛藍的團體。

3. 三通可讓更多的金錢捐給泛藍的陣營

中國為了主導台灣的政治，經由非法管道來扶養中國所喜歡的政黨或候選人的消息時有所聞。三通以後，兩岸經貿更頻繁來往，中國要支助金錢更容易，也更難被發覺。中國在美國對民主黨的非法政治捐獻，已經被美國政府查出來。顯然這是中國一貫的技倆。在中國的台商，或是出於自願或是在中國政府的威脅利誘下，在選舉時，將會有大量政治獻金捐給泛藍陣營。愈多資金流到中國，對泛藍愈有幫助。

4. 三通可讓更多台灣人到中國及中國人到台灣，進而左右台灣的選舉

由台灣去中國經商、就業、就學、依親及退休的人數極多，應有五十萬人以上。在中國鼓勵下，將會有很多人回來台灣投票選舉總統。我們知道泛藍和泛綠在台灣相當勢均力敵，大量由中國回來的台灣人將起關鍵性的作用，甚至決定台灣的前途。這些年來，台灣人與中國大陸人結婚已經有十四萬對。這些台灣人的配偶是否該發給身分證成為台灣人呢？當這些配偶成為台灣人以後，他們住在中國大陸的父母親是否需要來台灣接受扶養呢？當這些父母親成為台灣人，是否他們其他的子女、孫子女等也可申請入籍台灣？十四萬配偶可能演變成五、六十萬中國人來到台灣。另外開放中國人來台灣貿易、投資、就業、就學、觀光等也會帶來為數眾多的中國人。一方面這些人會要申請為台灣公民，另外也夾有大量的中國特務人員。在選舉時，他們將積極為泛藍陣營助選。

很明顯三通將大大地幫助泛藍奪回政權。怪不得於6月4日，中國國民黨主席連戰再疾呼要三通、要直航及要啟動兩岸協商大門。三通將加速台灣的資本流向中國及失業增加，也使台灣被中國同化，更影響台灣的選舉，終於讓泛藍贏得台灣的總統選舉。當泛藍取得政權以後，會承認「一個中國」及接受某種形式的「一個兩制」，迫使台灣走向一條淪落為中國一省的不歸路。

（本文發表於2002年6月20日《太平洋時報》）

▲「水濺虹現」，攝於津巴布韋，維多利亞瀑布。

見證阿扁總統榮獲國際人權獎

趁阿扁總統參加巴拿馬開國一百週年慶典而過境美國時，國際人權聯盟特於2003年10月31日頒發人權獎給他。國際人權聯盟已有六十二年的悠久歷史，獲得這個崇高的人權獎有南非前總統曼德拉、韓國前總統金大中、波蘭團結工聯、俄國著名良心作家沙卡洛夫、西藏精神領袖達賴喇嘛等。阿扁總統能夠得到人權獎，不只是他個人的奮鬥與成就而得到褒獎，也是台灣人不畏中國國民黨的迫害，不斷追求民主、自由及人權受到世人的肯定。

海外的台灣人知道這個好消息，大家非常興奮，互相邀約共赴這個盛會，作者也從聖地牙哥飛去紐約參加。人權獎頒獎暨募款餐會是選在紐約最高級、最有名的華爾道夫大飯店（The Waldorf-Astoria），顯然國際人權聯盟非常重視這次的頒獎盛會。餐會出席人數超過一千人，很多美國的政治人物及社會名流來參加。海外台灣人則從亞洲、歐洲、南美洲、加拿大及美國各地趕來。如果你知道出席的人每人須繳500美金的門票，就可知道一千多人的場面是極為難得的。這是國際人權聯盟最成功、最盛大的頒獎暨募款餐會。沒想到阿扁總統在國外有這麼大的魅力。

泛藍的陣營竟然用污衊抹黑來攻擊，先說人權獎是用錢買來的，因此受到國際人權聯盟的嚴正駁斥。後來更說國際人權聯盟的主人之一雷伯特（Rebaut）將與阿扁總統同座一桌，是要做軍火買賣。那有人公然在大庭廣眾下，談軍火買賣？這種「逢扁必反」及「憑空捏造」的一貫技倆，實在是台灣政治不安定的主要原因。當年中國國民黨執政時，連戰與宋楚瑜都參與很多破壞台灣人權的運作。他們花再多錢也拿不到人權獎。因為阿扁總統勇於擔任美麗島軍法大審判的辯護律師，曾經為爭取言論自由而被判刑入獄，阿扁總統夫人也因為政治車禍而半身不遂等等，所以大家欽佩阿扁總統的勇氣，要來欣賞他的風采及聽他的演講。

阿扁總統領完人權獎後，發表長達31分鐘的演講。這是首次他被允許在美國做公開演講。阿扁總統特別指出，他的總統就職演說就已強調「人權立國」的目標。他在總統府設立「人權諮詢小組」及由行政院設立「人權保障推動小組」，他已提出「國家人權委員會組織法」草案及籌建「國家人權紀念館」。

阿扁總統提醒美國人，在1979年美國國會通過的《台灣關係法》明言：「全體台灣人民人權的維護與增進，在此明訂為美國的目標。」（註：這不是國際條約而是美國國內的法律，美國總統必須遵守）他也指出，美國為了保障人民自由的權利，特別修改《聯邦憲法》，增加《人權憲章》。同樣為了增加人權條款，他須「催生台灣新憲法」，希望在理性辯論的過程中，激盪出一本新《憲法》，作為台灣長治久安的憲政發展基石。

阿扁總統脫稿對在外邊示威的中國人說：「你們走錯地方，而且找錯對象。」人權是普世價值，是沒法反對的。他們應該向中國政府說：「台灣能，為什麼我們不能？」美國國會為了歡迎阿扁總統過境訪問，特別決議表示歡迎及支持，而且是以416票對0票全數通過。旅居美國的台灣人實在應該多多支持及感謝一些友好的參眾議員。當美國人在歡迎阿扁總統時，一些在華爾道夫大飯店外邊示威的中國留學生竟然高喊：「陳水扁滾回去」、「消滅陳水扁」等。他們來美國讀書竟然沒學習到人權、互相包容、互相尊重等民主的精神，更敢「乞丐趕廟公」，真是蠻橫無理。

我和很多台灣人兩次站在華爾道夫大飯店的對街搖旗歡呼，來迎接阿扁總統及送他去巴拿馬。他不顧安全人員的反對，兩次都特別過街來與大家握手問候。阿扁總統在巴拿馬參加巴拿馬開國一百週年慶時，還與很多國領袖及美國國務卿鮑爾見面。尤其更與巴拿馬總統莫絲科索簽了「台巴自由貿易協定」。這是台灣簽的第一個自由貿易（Free Trade）協定，能夠突破中國封鎖，積極參與國際經濟社會，意義極為重大。阿扁總統回程停留阿拉斯加，承蒙阿拉斯加州長穆考斯基以盛大儀式表示熱情歡迎。

這一次阿扁總統的外交出擊，可說是成果豐碩完美成功，充分看出台灣與阿扁總統得到很多國際的認同與支持。確實如阿扁總統所說的，是一趟「欣榮之旅」。美國在台協會主席夏馨女士指出：「阿扁總統訪問成功是因為有秘密天使的保護，而美國總統布希就是台灣的神秘守護天使（Guardian Angel）。」我們非常感謝布希總統及美國人民的禮遇及支持。

（本文發表於2003年12月聖地牙哥台灣同鄉會鄉訊）

▲「慶祝美國國慶」，攝於聖地牙哥La Jolla。

扁呂遭槍擊事件—讓證據說話

2004年3月19日下午1點45分在台南市金華路三段，陳水扁總統及呂秀蓮副總統掃街拜票時遭受槍擊。那是本屆台灣總統選戰的最後一天，選情極為緊繃的時刻，隔天就要進行選舉了。3月20日的選舉結果為：扁呂6,471,970票及連宋6,442,452票，僅差29,518票，亦即差0.228%。有些人認為這次槍擊案給扁呂加分很多，以致左右這次總統選舉的結果。泛藍人士及媒體人就大肆懷疑槍擊一事，並認為是一場陳總統精心設計的「陰謀」，來拉抬選情。

陳文茜、張昭雄、趙少康、李敖等人提出一大堆疑點來佐證這個「陰謀論」。經過媒體一再炒作及泛藍支持者一再鼓吹，很多人就相信這個「陰謀論」，情緒非常激動。我們看到暴民在泛藍立法委員帶頭下，攻擊地檢署及中選會。很多連宋支持者在總統府前的廣場持續抗爭達八天之久，並在3月27日達到最高峰，約有五十萬人之多。大家群情激昂，大罵阿扁總統，要求立即驗票及堅持選舉無效。整個台灣在擔心是否會造成一發不可收拾的大暴動。中華人民共和國也附和說，如果台灣局勢失控，他們將「不會坐視不管」。4月10日泛藍又在總統府前抗爭，到後來場面火爆，有些警察及民眾受傷流血。

這些日子藍綠雙方人馬心情比較平靜了。愈來愈多的調查報告也公布出來，使我們對這個槍擊案有較明確的認識。讓我們以理性及客觀的態度來探討，大選以來，連宋支持者所提出的那些疑點：

1. 為什麼不選較近的成大醫院，而送距離5.8公里的奇美醫院？

首先我們須瞭解現場：金華路三段是鞭炮連天、煙霧瀰漫，阿扁總統熱烈地向夾道的民眾揮手。中槍時，尚以為被炮竹所傷。後來看到阿扁的衣服有血，吉普車的擋風玻璃也有彈孔，但不敢立刻停車，怕槍手還在附近。車隊轉入文賢路才停車，召集隨行的醫師上吉普車查看，車隊又繼續前進。醫師發覺事態嚴重，必須即刻送醫院。那時車子已在文賢路走一段路，離奇美醫院已少於五公里。在郊區整個車隊就以每小時一百多公里的高速度，沒幾分鐘就到醫院。成大醫院是在市區裡且在鐵路的另一邊，如要轉去成大醫院，則會因汽車擁擠，反而多費時間。

2. 陳文茜說，當天上午國安局人員先去奇美醫院要求「淨空」，及當天下午也被預告「會有大事」，可見是一個預謀。

奇美醫院已證明當天醫護人員的排班與平常沒兩樣，也嚴正否認收到任何預警的消息。陳文茜竟無法向檢方提供消息來源，顯然有人在造謠。

3. 為何沒脫夾克就做X光攝影及X光斷層掃描檢查？

阿扁總統是毅力堅強的人，他不願被擔架抬著進去，強忍著痛他自己走入奇美醫院急診室。奇美及總統隨行的醫師詳細檢查傷口，發覺只是皮肉傷，並無傷及腹腔，血壓及心跳等也都正常。即依照一般手續，先照相、清理傷口及進行縫合手術，以免繼續流血。就奇美醫院來說，這不是大手術，在急診室做就可，大可不必像張昭雄所說，非進開刀房不可。手術完，就送X光室檢查。照X光並不需換醫院的病人服，何況以總統之尊，大家更不會做這種要求。X光片上發現有一白點。經X光斷層掃描，才知道總統背面的夾克內有一彈頭，不是在身體裡面。至此，醫療程序才算完成。

4. 為何奇美醫院到下午5點多才召開記者招待會，說明詳細情形？

阿扁總統是在稍過下午2點抵達奇美醫院，經過縫14針的外科手術、X光攝影及X光斷層掃描的檢查，到下午4點即一切就緒。因為總統府新聞官的要求，有關總統的新聞都必須由他們安排，所以才在5點多共同做記者招待會，解說總統、副總統受傷的詳細情形。從中國國民黨時代起，我們都知道有關總統的消息，都必須由總統府的新聞官統籌處理，此次也不例外。

5. 阿扁總統有沒有真的受傷？如受傷，傷口是刀傷還是槍傷？

竟然有人懷疑沒有受傷，實在太侮辱阿扁總統了。阿扁的傷口深2公分、寬2公分及長11公分，位置在肚臍下方3公分的地方。據我弟弟王克紹外科醫師說，刀傷是V字型，而彈傷是U字型且有燒灼的痕跡。他確認阿扁的傷口絕對是彈傷，台南地檢署檢察官也如此認定。

6. 陳文茜在槍擊那天指責奇美醫院更改病歷及製造阿扁總統的傷痕。另外有人質疑，是副總統的隨扈在車上對阿扁總統開槍。

3月19日陳文茜指責以後，當日深夜奇美醫院立即召開記者會，院長詹啟賢醫師嚴正駁斥這些無理及無證據的攻擊。阿扁總統的槍傷只傷及皮肉，算是輕傷，就在奇美醫院的急診室進行縫合手術。急診室內有十多人很吵雜，根本不可能在那兒做手腳製造傷痕。另外值得注意的是，雖然奇美集團的董事長許文龍先生支持阿扁總統，奇美醫院院長詹啟賢醫師卻是國民黨的高層，曾擔任衛生署署長，絕不是泛綠的人（他三年後擔任馬英九競選總統的執行總幹事）。陳文茜等人竟然不惜污蔑自己人。阿扁是台南縣人，所以台南縣的支持率比其他縣市高，但也只有64.8%。

台南縣的奇美醫院大概有三分之一的人支持連宋，決不是像連宋支持者所攻擊，一間全屬於泛綠的醫院。在金華路的現場，光天化日下，一大堆攝影機及照相機猛照阿扁總統，而且車速蠻快晃來晃去。就是再高明的魔術師也不能讓你在亮光下四面八方拍照而不露出馬腳。更別說副總統的隨扈在車上向阿扁總統開槍，製造正好掠過肚皮的槍傷，也剛好傷了呂秀蓮。如果阿扁總統一死，泛綠必須重新決定候選人，誰也不能保證呂副總統會成為總統候選人。

7. 為什麼台南地檢署檢察官顧榮松與郭珍妮，被延至下午3點多才准進入，與阿扁總統談話？

當然醫護人員要先做手術及檢查等等，都做完才讓檢察官問話。提出這樣的疑問實在不應該。

8. 陳文茜說，彈頭與彈殼不相吻合，是否造假？

檢察官已證明，彈頭及彈殼相吻合，而且兩顆子彈都是同一人製造的。很顯然陳文茜做了惡意及不實的指控。

9. 為什麼槍手不射擊要害部位？怎麼射擊技術這麼差？

第一槍射中吉普車擋風玻璃的右上角。如果子彈直走就射中阿扁總統，所幸子彈遇到玻璃折射，而射中呂副總統的膝蓋。第二槍是等吉普車開到槍手面前，從總統的側面開槍。因為車速相當快，所以瞄準在前邊一些，以致子彈進入肚皮肥肉的地方，鑽行11公分，才穿過襯衫而停留在夾克內。土製的子彈火藥不足，這顆子彈才沒繼續前進，而傷及呂副總統。照3月20日一位槍擊專家在電視上的分析，他認為槍手的技術相當不錯。因為手槍比較不準，通常是瞄準身體而不是頭部。而且槍手擔心阿扁總統可能穿著防彈背心，所以瞄準下腹部。這位專家也說，要殺一個人比較容易，要故意只掠過肚皮肥肉的位置，那就不太可能了。

10. 為什麼阿扁總統那天沒穿防彈衣？

關於這個問題，阿扁總統本人可能要負最大的責任。阿扁總統喜歡和人民親近，在這次選舉造勢中，他很多次走入人群與大家握手，安全人員很困難保護他。在南台灣的大太陽下非常熱，所以他不要穿防彈衣。如果槍手知道他沒穿防彈衣，那就可瞄準上半身，很可能阿扁總統就沒命了。

11. 為什麼國安局沒有立即封鎖現場？

首先國安局大都是軍人，他們的任務之一是保護總統及副總統的安全。現場蒐證工作屬於檢察官、刑事局及台南市警察局。槍擊案發生時，阿扁總統尚認為被炮竹所傷，等看到流血及玻璃上的彈孔才瞭解遭槍傷。金華路三段及四段很長約有四公里，槍擊後警方不知道現場在哪兒，所以沒法封鎖現場。後來在金華路三段高島健康生活館前撿到兩顆彈殼，知道那兒是槍擊的地方，才封鎖現場。

12. 是為了啟動「國安機制」，迫使二十萬軍警人員不能去投票。

國安機制雖有啟動，並無升高層級。軍隊誰可投票、誰不能投票，在兩個月前就已規劃，並沒因槍擊案而增加留守人力。事實上這次大選只留守九分之一軍力，比上幾次大選少很多。關於警察方面，內政部長余政憲指出，因啟動國安機制而支持的警力兩千多人都在3月20日凌晨返回原駐地，有充分的時間去投票，顯然這個指控不能成立。

以上12個疑點我們做了分析及解答。可以瞭解這個槍擊案絕對不是自導自演的苦肉計，想以這個「陰謀」來贏得總統選舉。事實上，國安局為了避免槍擊案責任指向泛藍陣營，雖然還不知道誰是槍手及誰是幕後唆使者，射擊當日立即宣布，這和政治因素完全無關。國際鑑識權威李昌鈺博士及由他委託先來台灣的三位美籍鑑識專家已經公布一些初步的報告。他們認為阿扁總統的傷口是新的槍傷，而且X光片也沒問題。也就是說，那不是在奇美醫院急診室製造的傷口或是舊的傷痕。他們也證實子彈都是從外邊射向吉普車，一顆彈頭上還黏有阿扁總統衣服的纖維。他們用雷射光做彈道重建，也證明彈道及槍傷都是互相符合及真實的。李博士原由中央警官學校畢業，後來留學美國成為非常成功的刑事鑑識專家，他更是泛藍的強力支持者。很可惜的是很多連宋支持者不肯接受李博士的結論，還是堅持這個槍擊案是偽造的。泛藍陣營為了鼓動群眾的情緒，而想否定一件確實發生、阿扁總統遭有心人槍殺的事件。事實將會勝於雄辯，中國國民黨及親民黨的誠信可能因此遭受相當的打擊。

3月19日槍擊後，大堆媒體馬上宣稱是大選賭盤的組頭所為。《臺灣時報》所附的獨家報導周刊的全版大標題更寫：「瘋狂組頭逞兇，總統遇刺內幕」。事實上組頭主要賺那百分之十或更多的抽頭，無論哪方贏他們都賺。賺賠率一般以雙方對押的錢來定。據報載，桃園的賭盤在選前一天封盤時，如連宋贏，則押10,000元可賺2,000元，如扁呂贏則押10,000元可賺40,000元。組頭大都不是很有錢的人，不可能自己押上太多錢的。如果組頭殺了阿扁總統，大選必然取消，賭款必須退回，組頭就賺不到錢，反而虧了一大堆費用。有人說，嫁禍組頭是為了避免連宋支持者遭受指控。在二二八全台灣手牽手活動以後，阿扁總統的支持度直線上升，雖三一三泛藍大型造勢活動有些成績，仍然阻擋不了泛綠的攻勢。阿扁在台北市參選二十幾年，從沒見過這麼多台北市民出面支持他。客家人在民進黨幾年來深入耕耘下，也很多轉向支持阿扁總統。綠營看到造勢一再人山人海，愈來愈有信心，選前最後一天的估票更要贏連宋十七萬票。如果你是一位住在南台灣的連宋支持者，看到泛綠這種氣勢你一定非常擔憂連宋會選不上。激進的連宋支持者說不定要槍殺陳水扁，在最後一天阻擋他當上總統。槍手應該是一位非常痛恨阿扁總統的人，才會出此下策。大選之後，有些泛藍人士非常氣憤阿扁總統，就揚言要殺他。親民黨李桐豪立法委員居然要求決議：「全國老百姓碰到陳水扁就可以槍殺他。」我們知道在選前，很多偏激的連宋支持者就很恨阿扁總統，氣到要殺他也是有可能的。不過這只是臆測，我們必須耐心等到警方抓到兇手，才會知道真相。

這次槍擊案暴露一項非常令人嘆為觀止的事情，那就是有心人可以製作一大堆沒有證據的疑點，亂下結論，甚至說謊：這是一樁阿扁總統的「陰謀」，以苦肉計來拉抬選情。更宣傳得讓很多人相信。他們忘了「大膽假設」之後，必須「小心求證」。本來媒體及政治人物不可以亂放消息，除非你有確切的證據。這些不實的言論終於釀成台灣嚴重的不安及族群對立，實在令人遺憾。台灣人民應該接受法院驗票的結果，放棄選舉的激情，共同為美好的未來奮鬥。最後引用一些國外的評語作本文的結束。前美國駐聯合國代表科克派屈克女士在華盛頓「台灣總統選舉回顧」的座談會上說得非常真切。她說：這個槍擊事件是一個「真正的暗殺」，並且認為這次選舉是一個「公平的選舉」。前美國在台協會主席白樂崎先生則在會上指責連戰，說他煽動群眾情緒是「不幸之舉」，因為經濟是台灣的生存命脈，把群眾帶上街頭是「極危險的」。

（本文發表於2004年5月聖地牙哥台灣同鄉會鄉訊）

▲「上帝的創作是無與倫比」，攝於亞利桑那州下羚羊狹縫峽谷。

▲「上帝的創作是無與倫比」，攝於亞利桑那州下羚羊狹縫峽谷。

能為二二八做些什麼？

我由美國趕回台灣參加2004年2月28日下午2時28分的「二二八　百萬人手護台灣」的歷史性壯舉。從台灣頭到台灣尾，二百多萬的台灣同胞串連成五百公里的人龍，大家同時牽手歡呼。有呼口號，有唱歌，有跳舞，熱情洋溢，不分族群，大家共同認同寶島台灣這塊土地。那種場面實在令人感動得要哭出來。本來不太好的阿扁氣勢因此大為提升，並幫助阿扁險勝台灣總統的連任。由此可看出二二八國定假日的重要性。如果您知道，在2001年阿扁總統和張俊雄行政院長曾為了推動週休二日，要以取消二二八放假來和中國國民黨交換。所幸國民黨「逢扁必反」，二二八假日才得保留下來，台灣實在太幸運了。

我的父親王育霖檢察官畢業東京帝國大學法學部法律學科。因為成績優秀，我的父親成為第一位台灣人在日本擔任檢察官。二次世界大戰後，我們立即搬回台灣，我的父親並在新竹地方法院擔任檢察官。二二八慘案時，我的父親不幸遭受蔣介石的軍隊逮捕及殺害。蔣政權殺人滅屍，不肯把屍體發還喪家埋葬，實在泯滅人性。「百萬人手護台灣」的壯舉是紀念二二八最美好的活動。我相信二二八先賢先烈的血沒有白流，二二八的慘烈犧牲幫助塑造了台灣魂，台灣人要當家作主，絕對不可忘記二二八。

過去已有很多紀念二二八的活動，讓我們共同來思考，我們還可為二二八做些什麼？我在此提出一些建議：

一、堅決反對兩蔣二度國葬

李筱峰教授新近所著《台灣人應該認識的蔣介石》一書描述很多蔣介石的惡行劣跡。該書指出，二二八時，在台灣行政長官兼台灣警備總司令陳儀身邊、負責收發信件的舒桃親眼見到蔣介石的電報上寫：「格殺勿論」及「可錯殺一百，不可錯放一人」。蔣介石派二十一師來台灣，向台灣民眾進行無情的大屠殺，並有計劃地逮捕及謀害台灣的菁英。兩蔣對台灣的獨裁統治及迫害人權的惡行是難以計數。台灣人良善不向兩蔣鞭屍，但絕不容許用國葬的方式，要全國人民向這兩位暴君來致哀。這是公然侮辱在二二八犧牲的台灣先烈們。阿扁總統為了討好泛藍陣營，已同意兩蔣二度國葬。有正義感的台灣人應該把反對的聲音發出來。兩蔣的棺木之所以還沒入土，是因為他們不肯認同台灣，等著要葬在中國大陸。為什麼不順著他們的心願運去中國呢？如果中國政府拒絕，那就葬在金門。金門在地緣上是屬於中國大陸的一部分，比台灣靠近他們的家鄉，更可幫助金門的觀光事業。假若要舉行國葬的話，反對兩蔣的台灣人都應該把車子開去參加，用汽車的喇叭聲抗議這種毫無公義的國葬。

二、設立國家級二二八紀念館

阿扁擔任台北市長所辛苦設立的台北市二二八紀念館，竟然被馬英九市長一再糟蹋。於1999年11月在該館歌頌蔣介石，更於2000年8月在該館公然追念陳儀，實在侮辱全體台灣人。台北市政府也忽略二二八紀念館的經營，毫無建樹可言。台北地區為中央政府所在地確實需要一座國家級二二八紀念館，這也是阿扁總統曾對二二八受難家屬所承諾的。但後來被縮水，併為擬議中「國家人權紀念館」的一部分。這種做法是不清楚二二八慘案對台灣的歷史、民主、社會、文化、藝術、台灣意識、大中國情結等等的沖激及重要性。一定要設立獨立的國家級二二八紀念館，才能突顯這一段台灣最重要及最慘痛的歷史。二二八事件紀念基金會曾要求馬英九市長把台北市二二八紀念館轉由中央來經營，但不為馬市長接受。

三、二二八基金會不可廢除

「財團法人二二八事件紀念基金會」是在1995年中國國民黨執政下，李登輝總統公布成立，並訂2月28日為國定紀念日，但不放假。不過，該會有存立期間之限制，將於2010年7月解散。二二八基金會是唯一有關二二八慘案的中央機構，除了處理二二八賠償工作外，尚須辦理紀念活動、文宣活動、教材及著作之補助、事件之調查及考證等等。二二八慘案在台灣歷史上的地位絕對值得設立永久性的機構，也可由二二八基金會經營國家二二八紀念館。

四、更正「二二八事件研究報告」

十多年前，中國國民黨統治下的行政院出版了「二二八事件研究報告」。該報告為加害者規避責任，且與有些新近發現的資料不符合。行政院應該出版新的研究報告來更正以前的謬誤，並確實釐清責任問題及找出禍首元凶。

五、加強二二八的教育

學校的教科書對二二八慘案的描述很簡略，也不敢批評當時的執政者。教育部及二二八基金會應該修改教科書、發行補充教材、加強師資訓練及增進二二八慘案及台灣史的研究。

二二八慘案雖是台灣歷史上最為慘痛的事件，但值得安慰的是這慘案影響深遠，塑造了台灣的主體意識，讓台灣人認同這塊土地，並認清中國的陰險及殘酷。台灣人是不會被打倒的，將勇敢地挺立在這世界上。

（本文發表於2005年4月聖地牙哥台灣同鄉會鄉訊）

繼續為加入WHO而努力

每年五月是世界衛生組織（WHO）開世界衛生大會的時候。為了促進台灣成為WHO的觀察員，台灣內外很多團體及政府機構都在運作。2007年4月7日在聖地牙哥由台灣人公共事務會（FAPA）聖地牙哥分會、台灣婦女會聖地牙哥分會、北美洲台灣人醫師協會及台灣中心共同舉行座談會，邀請前洛杉磯台灣會館董事長林榮松醫師來演講：〈台灣入世衛組織的心路歷程〉。

首先我們應該瞭解台灣最大的目標是加入聯合國，方法是先當聯合國觀察員。WHO是聯合國的附屬組織，如果能成為WHO觀察員，則可自動也當聯合國觀察員。我們也就可以瞭解中國為什麼會如臨大敵，全面打壓台灣加入WHO了。

林醫師在1997年台灣人醫師協會第一次組團叩關WHO時，就參加日內瓦的造勢活動。他這十年來大聲疾呼，要大家為加入WHO來支持及打拚，他的精神實在可佩。他用很多幻燈片讓同鄉瞭解造勢的熱情及世衛大會開會的情景。我們也看到日內瓦秀麗的風光。他不勝感慨地指出，在中國的壓力及威脅下，大部分的國家不肯站在人道及醫德來幫助台灣。大家每次都傷心及憤慨地離開日內瓦。

2003年台灣從香港傳染來SARS時，WHO在中國的阻擾下，不能幫助台灣。世界各國也看到中國隱瞞疫情的野蠻行徑。在FAPA主催下，美國眾議院難能可貴以416票對0票，授權國務院協助台灣以觀察員的身分參加WHO。日本也好不容易改變立場，與美國共同在2005年支持台灣。不過美國並沒有以其影響力大力來催票，結果台灣的議案還是列不上大會的議程，而在大會的臨時提議時，正反各限定只兩國發言而結束。

這些年來台灣一直在申請做WHO的觀察員，而每年都失敗。今年陳水扁總統決定，乾脆以台灣名義申請成為WHO的會員國。這樣做的三大考量是：第一、民調高達94.9%支持參與WHO會員案，並以台灣名義加入。其次過半數立法委員也要加入WHO為會員，不要觀察員。第三、觀察員或會員的入會都極為困難，那何不改一個新的戰略，突顯台灣的國家地位，也給中國壓力。

我們是站在真理與人道這邊，缺少台灣這一環，對全世界的防疫工作影響極大，因此只要我們繼續努力，我相信在不久的將來，台灣一定會成功地進入WHO。

（本文發表於2007年5月聖地牙哥台灣同鄉會鄉訊）

▲「慶祝美國國慶」，攝於聖地牙哥La Jolla。

二二八揮舞毛巾活動

在2004年的二二八節日，全台灣有將近二百萬人大家手牽手，從台灣頭到台灣尾串成一條人龍。把大家愛台灣這塊土地與保護台灣的決心，提升到最高點，也幫助阿扁贏得台灣總統的連任。這是一個極為成功的群眾運動。到底是什麼原因可以讓這個運動喚起全國的響應呢？我想到以下的一些因素：

1. 這個運動將會創造金氏世界紀錄，讓人想要參與。
2. 不強調政治，而要族群大團結，所以藍綠雙方都願參加。
3. 大家都認同台灣這塊土地。
4. 有新鮮感。

想要在2008年的二二八節日再有同樣成功的群眾運動，將非常不容易。最近很多美國人在籌劃「全國揮舞毛巾運動」（National Wave），要在2008年7月4日美國國慶日的晚上同時間，紐約21點，而洛杉磯18點，全美國大家同時揮舞毛巾約15分鐘。那時候很多人在觀賞煙火，場面將會很壯觀。

我們也可為明年的二二八假日設計類似的活動，利用禁歌演唱會及施放煙火來帶動全台灣人民的參與。主要的計畫如下：

1. 主題：加入聯合國。可以由文建會與其他政府機構，或由民間來推動。
2. 地點：全國各縣市，大都市可在兩個以上的地點同時進行。
3. 時間：2008年2月28日晚上。
4. 音樂會：舉辦禁歌演唱會，邀請電影名星、歌星、電視名人、運動健將、模特兒、政治人物與夫人等來演唱。中間穿插加入聯合國的訴求與戒嚴時代的故事。銀幕可轉播在主要大都會現場的節目。

5. 煙火：在音樂會的末了施放煙火，並同時配放音樂帶，可以吸引很多人。
6. 揮舞毛巾：在音樂會的高潮及施放煙火時，大家揮舞毛巾。
7. 毛巾：毛巾上印有主題的文字，但不可太多；毛巾質地要好，大家願留著使用。如果經費允許，可贈送毛巾給參加的民眾。
8. 贊助：贊助廠商的標記可印在毛巾上，在文宣與廣告列名贊助廠商，也可在音樂會上宣布當地的贊助廠商。
9. 金氏紀錄：現在尚無這種紀錄，但將向金氏世界紀錄公司申請列入。

我相信這個計畫可以帶動全體台灣人，營造另一個成功的群眾運動。

▲ 「軟絲」，攝於加州蒙特利水族館。

二二八遺屬給馬英九的公開信

馬英九先生：

2008年元月1日，你在台南縣新營市向二二八受難者家屬說：「唯有找出更多真相才能告慰先人在天之靈。」現在有如下的真相，請你公開答覆。

1947年2月27日在台北市引爆了二二八事件。從那年3月10日開始，我們的父親或親人連續被有計劃地逮捕。他們很多也沒參加二二八的活動，卻被列在要逮捕的名單。到底是誰在很短的時間提供這些名單？我們新近獲悉大溪檔案有一份很重要的文件：憲兵司令部與中統局在當年3月11日給蔣介石的情報，裡面有如下的記載：「9、10兩日國軍陸續開到，警察及軍士即施行報復手段，毆打及拘捕暴徒，台民恐慌異常。台灣省黨部調查室曾建議警備部，應乘時消滅歹徒，並將名冊送去。警備部10日晚起開始行動，肅清市內奸徒。」

原來是中國國民黨台灣省黨部提供名冊，有計劃地殺害這麼多台灣的菁英。把法官、檢察官、律師、醫師、教師、牧師、畫家、國大代表、參議員、報界人士等等全都列上黑名單。這不是一頁的名單，而是很多頁的名冊，由國民黨內的半山們所製作。那時候屬訓政時期，國民黨是「以黨治國」及「以黨領軍」。此事充分證明中國國民黨早就搜集要殺害的「名冊」，等蔣介石的援軍開到，就命令警備總部「乘機」消滅這批無辜的台灣菁英，亦即中國國民黨是二二八事件中殺害台灣菁英的「主謀」。

既然有以上的真相，你代表中國國民黨，請回答下列的要求：

1. 承認中國國民黨是二二八事件中殺害台灣菁英的主謀。

2. 我們要求中國國民黨立即將這本殺害台灣菁英的名冊與受難者的資料及檔案全部公開。
3. 中國國民黨謀害這麼多人，卻要全民買單，實在沒道理。我們也要求從中國國民黨的黨產支付政府為二二八事件所付的賠償金。
4. 要求你釐清誰是涉案人員。中國國民黨與涉案人員應負刑事與民事的責任。

請不要再用漂亮的言詞來矇騙二二八受難者遺屬，請拿出具體的行動來。

台灣二二八關懷總會　總會長 周振才　敬啟

（筆者撰寫此公開信並募資，由台灣二二八關懷總會具名，於2008年2月26日《聯合報》刊登1/4頁廣告）

▲「夫妻臉」，攝於加州Santa Barbara。

二二八遺屬給馬英九的公開信

馬英九先生：

今年元月一日，你在台南縣新營市向二二八受難者家屬說：「唯有找出更多真相才能告慰先人在天之靈。」現在有如下的真相，請你公開答覆。

一九四七年二月二十七日在台北市引爆了二二八事件。從那年三月十日開始，我們的父親或親人連續被有計畫地逮捕。他們很多也沒參加二二八的活動，卻被列在要逮捕的名單。到底是誰在很短的時間提供這些名單？我們新近獲悉大溪檔案有一份很重要的文件：憲兵司令部與中統局在當年三月十二日給蔣介石的情報，裡面有如下的記載：

「九、十兩日國軍陸續開到，警察及軍士即施行報復手段，毆打及拘捕暴徒，台民恐慌異常。台灣省黨部調查室曾建議警備部，應乘時消滅歹徒，並將名冊送去。警備部十日晚起開始行動，肅清市內奸徒。」

原來是中國國民黨台灣省黨部的調查室提供名冊，有計畫地殺害這麼多台灣菁英。把法官、檢察官、律師、醫師、教師、牧師、畫家、國大代表、參議員、報界人士等等全多列上黑名單。這不是一頁的名單，而是很多頁名冊，十天中也不可能調查這麼多人。那時候屬訓政時期，中國國民黨是『以黨治國』及『以黨領軍』。此事充分證明中國國民黨早就蒐集要殺害的〈名冊〉，等蔣介石的援軍開到，就命令警備總部乘機消滅這批無辜的台灣菁英，亦即中國國民黨是二二八事件中殺害台灣菁英的主謀。

既然有以上的真相，你代表中國國民黨，請你回答下列的要求：

1. 承認中國國民黨是二二八事件中殺害台灣菁英的主謀。
2. 我們要求中國國民黨立即將這本殺害台灣菁英的名冊與受難者的資料及檔案全部公開。
3. 中國國民黨謀害這麼多人，卻要全民買單，實在沒道理。我們也要求從中國國民黨的黨產支付政府為二二八事件所付的賠償金。
4. 要求你釐清誰是涉案人員。中國國民黨與涉案人員應負刑事與民事的責任。

請不要再用漂亮的言詞來矇騙二二八受難者遺屬，請拿出具體的行動來。

台灣二二八關懷總會 總會長 周振才 敬啓

▲ 筆者控訴：中國國民黨是二二八慘案殺害台灣菁英的主謀，並募款在《聯合報》刊登此公開信。

人人投票救台灣

2008年1月12日立法委員選舉結果令很多愛台灣的人驚訝與痛心。民進黨僅得27席，只占立法院的23.9%；中國國民黨71.7%，可完全掌控國會。然而，含民進黨與台聯的「泛綠」在區域立委共得39.1%及在政黨票得40.4%；就立委選舉而言，得票率並不是那麼差。民進黨在第五屆區域立委只拿33.4%，第六屆35.7%，而本第七屆還進步到38.2%，並沒有大失民心。問題是出在那不公平的單一選區兩票制。民進黨應背敗選的責任，但卻不必苛責。

如果馬英九順勢選上總統，中國國民黨將會全面開放中國貨進口、認證中國的大專學歷、讓中國新娘的親戚移民來台、解禁中國書刊、允許人民幣的兌換與流通、加速產業外移中國、核准中國人來台就業、開放兩岸全面通航等等。中國移民來得愈多，國民黨的選票也愈多，可確保國民黨的政權。中國移民卻會搶走我們的就業機會與壓低薪水。馬英九一旦選上，一定急著要與中國訂和平協定，問題是馬英九會同意中國的要求「台灣是中國的一省」。如果馬英九當完兩任八年總統，他為了轉任沒任期限制的台灣特首，會想盡辦法實現「終極統一」的夢想。

台灣大部分的媒體被泛藍掌握，一再唱衰台灣的經濟，可是事實不見得如此。外銷訂單從2001年的1,300億美元跳升到2005年的2,500億美元。剛公布2007年第三季國民生產總額（GDP）成長率6.92%，是三年來的新高；全2007年估計可達5.46%，在已開發的國家中是相當不錯。原本六個虧損的國營企業，如台糖、唐榮及台鹽等，皆改造而重生，不僅員工免於失業危機，每年更為國家創造大幅盈餘。失業率也由2002年的5.17%，降至2006年的

3.89%。失業問題主要由傳統產業出走中國而造成，我們應該要責怪那些逼著政府大大開放產業外移的人。

中國國民黨變賣非常多的黨產，投入這次立法委員與總統的選舉，廣告充斥所有的媒體，樁腳遍布全台灣，賄選問題層出不窮等等。我們能夠容忍台灣的總統被用金錢收買嗎？我們有尊嚴和理想，絕對不投票給買票的人。很多人看到中國國民黨的電視廣告感到噁心，因為那是在花我們的錢，大部分中國國民黨的黨產原來屬於國家及全體人民的。這六十年來，很多台灣人犧牲生命、被關監牢與不斷地奮鬥，我們今天才享有民主、自由和主權。怎能夠在我們的手中斷送掉呢？後代會有機會選台灣的總統嗎？讓我們勇敢站起來，互相鼓勵，有錢出錢，有力出力。為了救台灣，人人都要去投票，投給謝長廷與蘇貞昌。

（本文發表於2008年2月聖地牙哥台灣同鄉會鄉訊）

▲「調皮小猩猩」，攝於聖地牙哥動物園。

馬英九的祖國觀

馬英九在1950年出生於英國殖民地九龍。當時的香港與九龍在英國人的統治下，愈來愈繁華，如與中國共產黨的大陸相比，可說是天壤之別。很多住在香港與九龍的人以殖民政府發給的英國海外公民護照為榮；有些人更想盡辦法去拿英國本國公民的護照。英國可說是他們精神上的祖國。馬英九既然生在大英帝國統治的地方，以「英國的九龍」來命名馬英九就很自然了。馬英九的第一本護照應是英國海外公民護照。他有資格拿這護照，如沒拿才奇怪。

馬英九長大於台灣，但以僑生的特權進入台大法律系。他父親馬鶴淩先生當時擔任中國國民黨知青黨部的書記，馬英九也就被推薦為台大代聯會秘書長。馬英九那時候追隨蔣介石與蔣經國「漢賊不兩立」的立場，堅決反共，絕不妥協。馬英九發表文章，主張資深立委與萬年國代都不應退職。他也許是擔心，如台灣人選上立委或國大，都將嚴重威脅外省權貴的既得利益。他也為中國國民黨三十幾年的戒嚴找了很多理由。對於總統的選舉，他極力主張委任直選，反對總統直選。當年馬英九還年輕，沒想到思想卻老頑固，竭力護衛中華民國的法統及外省權貴的利益。

馬英九是很有表現的中國國民黨黨工，因此拿了國民黨的中山獎學金去美國留學。他自稱沒有全時間讀書，在美國「奉命研究遇上台獨暴行之策略」，「多處搜集資料」，且屢次獲海工會的獎勵，更自認「特約為黨國服務」。海工會就是中國國民黨在海外作監視及打小報告的組織。怪不得很多文章都說，馬英九是「職業學生」，亦即「爪耙子」。很多公費留學生都有人格與自尊，不會像馬英九去做「爪耙子」的事情。他在台大參加保釣運動且大罵「美國帝國主義」，但一到美國就立即申請永久居留權，可能用他的英國護照，因此留學三年就拿到綠卡，也為生於美國的大女兒申請美國護照。令人難以置信，馬英九竟寫文章強調不要談綠卡及不要留在美國，他實在是一個偽君子，也是一個沒有原則的人。中山獎學金規定須回國服務，他為了能夠隨時搬回美國，當然不會向美國大使館申請放棄綠卡。馬英九回到台灣在總統府擔任蔣經國的翻譯，蔣經國最痛恨拿綠卡這種牙刷主義的人。據媒體報導，馬英九隱瞞蔣經國綠卡的事情。馬英九使用不同的生日與英文名，可能要騙美國移民局，好能繼續持有綠卡。綠卡是一種「準國籍」，是永久居留美國的移民身分，住五年就可成為美國公民。馬英九首先不承認有綠卡這回事，但在謝長廷要公布事證下，不得不召開記者招待會來承認。可見馬英九是一個沒有誠信的人。

2000年陳水扁選上台灣總統，馬英九非常失望。看到對岸的中國經濟與軍力愈來愈強盛，也就背棄蔣家父子堅決反共的立場，開始傾向中國。2001年台北市舉辦亞洲杯女子足球賽，擔任台北市長的馬英九放任12面中國五星紅旗在場揮舞，卻嚴禁民眾帶中華民國國旗入場。他不斷向北京送秋波，竟公然說：「希望國青團未來能出一個胡錦濤！」國青團是中國國民黨效法共青團所成立的青年組織。2005年馬英九接受美聯社訪問時說：「目前還不清楚統一要花多久的時間，……當然我會盡一切努力來達成此一目標。」台灣與中國統一，也就是實質上台灣被併吞。馬英九父親馬鶴凌先生的骨灰罈上，更刻印：「化獨漸統，全面振興中國。」還沒見過有人把政治口號寫在骨灰罈上。馬鶴凌先生要馬英九絕不可鬆懈「中國統一的大業」，馬英九能不孝嗎？

馬英九的祖國觀一直在修正，要尋求一個更有勢力的祖國，換句話說，是一個投機性的祖國觀。馬英九擔任台灣的總統這三年，他積極開放台灣市場給中國、認證中國的大專學歷、開放中國學生來台就學、允准中國人來台就業、放寬中國人入籍、產業外移中國、銀行資金登陸等等，要迫使台灣快速走向統一的不歸路。如果馬英九連任台灣的總統，他會毫無顧忌地完成「終極統一」的夢想，以便轉任沒有任期限制的「台灣特首」，繼續掌握台灣的統治大權。特作詩一首來描述馬英九的祖國觀。

〈馬英九的祖國〉
生於九龍慕英國
備有綠卡逃美國
蓬萊養大賤台灣
終極統一跪中國

（本文發表於2011年12月22日《台灣公義報》）

▲ 「馬不知臉長」，批評馬英九亂開支票。林淑惠作。

政治是為誰的經濟服務？

從美國回到台灣參加2014年11月的九合一選舉，作者看到鴻海的董事長郭台銘大力為連勝文、胡志強及楊秋興等國民黨候選人站台。他一再疾呼「政治要為經濟服務」。請問，他的目的是要為一般中下階級的經濟服務嗎？還是要為財團及富豪的經濟服務？

以2012年為例，鴻海在中國就僱用超過80萬人，但在台灣僱用人數只有7,000人，只占鴻海集團總僱用人數的0.87%！根據郭恭克研究鴻海財報發現，截至2014年第三季為止，鴻海集團（連同兩岸母子公司）總負債為新台幣1.29兆元，與台灣母公司在去年底的負債1.24兆元接近，可見鴻海舉債或融資來源，主要是台灣母公司向本土金融機構借貸。鴻海竟然是拿台灣的錢去為中國創造就業機會！在國民黨的撐腰下，鴻海可說是台灣民營企業中負債總額最高的公司。大家可以瞭解為什麼郭台銘要竭盡所能為國民黨助選及捐款。為了操縱政治，「經濟要為政治服務」了。

這些跨國大公司借走銀行大部分的錢，馬英九也放任銀行借錢給中國的企業，造成台灣中小企業困難借到錢。中小企業一向提供台灣大部分的就業機會，沒有投資與週轉金，中小企業怎能生存？台灣人怎能有就業機會？

中國國民黨實質上是一個大財閥。2011年，台灣內政部公布「民國99年政黨財務決算報告」，國民黨收入新台幣35.3億元。根據國民黨申報資料，來自中央投資公司等股利收入，約28.99億，占總收入的82%。台灣前十多名的大公司平均分紅約股價的2.5%，若以此來推算國民黨投資事業的價值，其總值約達1,160億元。中國國民黨既然是一個大財團，也就一再照顧財團與富豪的利益。

這些黨產主要是中國國民黨利用威權體制，以非法或有爭議性的手段所取得，應該還給人民。馬英九在2005年8月19日首度當選國民黨黨主席就任演說時，為了2008年總統大選，當時提出明確的黨產「處理時間表」，強調黨產問題務必在2008年前就要清理完畢。當然全國人民都被馬英九騙了。新任的國民黨黨主席新北市長朱立倫，曾經擔任國民黨黨改會「黨產小組召集人」，現在也表態要歸還黨產。事實上，他們都在耍「拖延戰術」。

請看這些年來中國國民黨報給內政部的股利收入：

2010年　$28.99億元

2011年　$14.66億元

2012年　$17.83億元

2013年　$9.82億元

足見國民黨急速地脫產中，已處分三分之二的資產，價值約達767億元。這麼龐大的資產是不是轉移到中國，為中國製造就業機會呢？移到國外，新的政黨財產法就管不到。選舉時可從國外匯入來買票，不容易查出錢的來源。這就是馬英九所標榜的「黨產歸零」。

見證中國國民黨的落敗

2016年1月16日晚上我在故鄉台南看台灣總統及立法委員的選舉開票，見證了中國國民黨的慘敗及民主進步黨贏得全面勝利。國民黨從1945年二次大戰結束起佔據台灣，在1947年二二八慘案屠殺約三萬的台灣人，持續暴凌台灣共達七十年。那天開票時，目睹民進黨的選票愈來愈多，我們愈來愈興奮，本土台灣人終於擊垮可惡的國民黨，漂亮地贏得台灣的總統府與立法院。

民進黨的總統候選人蔡英文及副總統候選人陳建仁得到689萬票，大贏中國國民黨的朱立倫及王如玄所得的381萬票。有趣的是四年前馬英九與吳敦義也得689萬票，相較之下這次國民黨失去308萬票，45%的原先支持者唾棄了國民黨。這是第三次政權輪替，足見台灣的民主政治相當成熟。在立法院113席中，民進黨大幅成長獲得68席超過半數，國民黨只剩35席不到三分之一，時代力量5席，親民黨3席，無黨團結聯盟1席及無黨籍1席，而在台灣政治光譜極端的台聯黨與新黨連一席也沒有。很多位趾高氣揚一再連任的國民黨立委在這次選舉落馬，而很多位新進年輕人卻選上立委，這是台灣國會第一次政黨輪替。民進黨現在掌控政權、國會及極大部分的地方政府，亦即完全執政。蔡英文準總統一再提醒民進黨人要「謙卑、謙卑、再謙卑」及「人民把權力借給民進黨，也可隨時取回。」

大選失敗後，中國國民黨陷入相當混亂的局面。國民黨主席的候選資格很嚴格，用來確保只有少數的權貴才可以當主席。黨內的青年人要求放寬資格，但黨中央不肯。國民黨內的選舉主要是由外省退伍軍人所組成的黃復興黨部在控制，極力排擠本土派，因此幾乎只有外省人才可當黨主席或出來競選總統，更極力傾中。如果外省籍及傾中的洪秀柱當選國民黨主席，很多位本土黨員可能會離開國民黨，國民黨將會更新黨化、更傾中及更離開台灣的主流民意。新國會將會積極追討黨產，希望沒有黨產的國民黨不再危害美麗的台灣。

在這次總統與立委的大選，我負責「聖地牙哥小英後援會」，很多聖地牙哥同鄉在2015年5月30日參加小英來洛杉磯的造勢大會。我於12月20日回台灣助選，更在2016年1月8日參加「海外小英後援會」，充分感受到台灣人選舉的熱忱與興奮。來自各國的後援會成員有一百六十多人，一律穿鮮豔的綠色夾克非常醒目，分乘五輛遊覽車，浩浩蕩蕩南北奔波助選。我們參加很多場的造勢晚會，像參加嘉年華會，穿插很多表演節目：有唱歌、原住民舞蹈、年輕的搖滾樂、太鼓、兒童表演等等。造勢現場都是人山人海，很多觀眾看不到舞台，只能看大銀幕。立委候選人及知名人士的演講都非常精彩動人，我們後援會的代表有時也上台排列，全體不斷地高喊凍蒜，情緒高昂。除了選前最後兩晚，小英都是大進場，亦即從前面中間甬道走入，大家擁擠要和小英握手，小英凍蒜聲不絕於耳。這時台上都會排列很多人，等待及歡迎小英。各地造勢會排列的人不同，有中央研究院士與教授組成的學者團、企業界支持者、代表不同專業的不分區立委、各社團領導人等等。小英的演講是整個晚會的高潮，群眾呼喊回應，震撼整個會場及台灣的人心。

在這次大選的前夕，僅16歲的周子瑜被迫在電視上自白她是中國人，她神情淒苦，很讓人同情。周子瑜為台南市人，是一個又唱又跳的旅居韓國藝人，非常可愛討人喜歡。在一個節目上她手搖國旗，表明她來自台灣。台灣歌星黃安常高呼要中國來統一台灣，他就指控周子瑜是台獨。導致周子瑜的樂團在中國的許多表演被取消，樂團也就要她公開道歉與表白。很多人在電視或網路看到可憐的周子瑜覺得很憤慨，拿台灣的國旗怎會受到中國這麼無情的打壓？有些本來不回鄉投票的人，就趕回家投票。國民黨與馬英九一直高舉九二共識，但1992年那時台灣傳真給中國是「一個中國，各自表示」，中方並沒回覆，也就是雙方沒有達成共識。周子瑜事件表明中國完全否定了國旗所代表的中華民國，亦即戳破九二共識。沒想到這個事件意外提升民進黨的得票率，上帝真的護佑了台灣。

（本文發表於2016年2月10日《太平洋時報》）

▲ 美國海軍航空隊慶祝成立一百週年，攝於聖地牙哥。

抗議！對全世界有正義感人士的呼籲

我來自美國加州聖地牙哥，趕來參加2018年在日內瓦，抗議不准台灣參加WHA的開會。5月20日上午WHA舉辦了慶祝成立七十週年的路跑活動，來自台灣及世界各國大約一百七十位台灣人也參加路跑。

主辦單位不准我們穿寫有關台灣的T-shirts。瑞士警察來干涉，要我們脫掉或蓋住T-shirts。來自洛杉磯的林榮松醫師被迫當眾脫衣，露出上身，反穿T-shirt。歐台會會長傅佩芬的德國人丈夫拒絕脫，結果被警察逮捕，送上警車，後來在警察局釋放。

這位德國女婿在警察局仍被要求脫去T-shirt，不然要罰款500法郎以上。如果主辦單位WHA不讓我們參加路跑，警方也許有權把他帶離現場。可是在警察局時，警方沒有權力要求他脫下T-shirt，這是他的言論自由。請律師們研究一下。如訴訟需要費用，可以來籌募。

21日（星期一）上午9時半台灣政府辦了一個國際記者會，我們也去參加。我找到一位瑞士的女記者來採訪林醫師及這位德國女婿。這位記者很驚訝，有這種事情發生。

聯合國的《國際人權宣言》包含四大自由：言論自由、信仰自由、免於貧困及免於恐懼的自由。我們穿T-shirts是屬於言論自由的範圍，也是大部分國家的《憲法》所賦予的權利。在中國的指示下，WHA竟然實行中國的檢查制度，迫害台灣人的人權。

我們應該活用這個事件，來突顯中國的打壓及WHA的惡行：

1. 向報紙或社群媒體投書。
2. 寫信給各居住國的政府及議員，要求他們維護人權。
3. 要求WHA解釋，也應該向台灣人道歉。

我們不能容許「WHA for all, but not 23 million Taiwanese.」

（本文發表於2018年5月31日《太平洋時報》）

▲ 2018年5月瑞士警察蠻橫命令林榮松醫師脫去T-恤衫。劉淑娟於現場拍攝。

台灣正名的另一條路

自二二八大慘案以來，台灣人努力要推翻中國國民黨的獨裁統治，前仆後繼，不怕犧牲，終於在2000年民進黨的陳水扁選上總統。那是一場公開且公平的民主選舉，所選出來的政府有代表全體台灣人民的正當性，這就是民族自決，這就成立一個新且獨立的國家。民族自決是指：「根據聯合國憲章和國際法，在沒有外部壓迫或干擾的情況下，人民可以自由決定他們的政治地位，並自由謀求他們的經濟、社會和文化的發展。」這民族自決只有原則，並沒有規定實現的方式。這民族自決也否決先前任何對台灣主權的要求，亦即「台灣是中國的固有領土」不能成立。然而沿用下來這個「中華民國」的國名有其歷史包袱，很多台灣人不喜歡，所以台灣只有正名的問題，已經沒有獨立的問題。

要更改國名必須經由現有的民主程序來決定，但現行的《公民投票法》卻不准變更國名，這有其歷史淵源。陳水扁總統在2000年的就職典禮必須發表「四不一沒有」，內容是「不會宣布獨立，不會更改國號，不會推動兩國論入憲，不會推動改變現狀的統獨公投，也沒有廢除國統綱領與國統會的問題。」同樣的，蔡英文總統在2016年就任時也必須宣布「維持現狀」。這些都是來自美國的壓力。至於《公投法》，蔡同榮立委在世的時候，曾向陳儀深教授坦白說起2003年公投法在立法院通過時，由於美國與中國的壓力，陳水扁總統要求他撤案（見2018年9月25日《自由時報》）。2017年《公投法》部分條文要修正時，美國在台協會理事長莫健竟然到立法院遊說。美國如此做是要維持台海的和平。

現在喜樂島明明知道蔡英文總統必須「維持現狀」，仍一再攻擊蔡英文，要逼她修改公投法，甚至不要支持她連任總統，也將民進黨當主要敵人。筆者旅居國外，看到台灣人如此不能團結，勇於內鬥，實在痛心。事實上，《公投法》不能違反憲法，我們必須要修憲，而修憲需要多數人同意，亦即中國國民黨肯支持才行。

很少人知道希臘的正式國名是the Hellenic Republic，但在聯合國通用Greece，亦即有兩個國名。筆者在此提議「中華民國亦稱為台灣」的修憲案。以後我們對外可稱為台灣，也可叫做中華民國。如此我們可以尊重那些對中華民國有很深感情的人。由於照顧藍綠兩陣營的關注，希望有四分之三立法委員支持這個修憲的建言。

蔡英文總統在2018年8月過境洛杉磯時，上千的台灣鄉親熱烈去歡迎她。在餐會講台的上方就寫著「歡迎中華民國（台灣）蔡英文總統」，亦即中華民國也稱為台灣，不過這是沒有正式通過的偷跑。因為外國人不使用中華民國，如果台灣也是國名，我們對外就可以不提中華民國，只叫台灣。

（本文發表於2018年10月5日《自由時報》自由廣場）

台灣會不會再發生二二八？

敬愛的蔡總統、蘇院長、鄭部長及各位來賓，
大家平安！

我要請台灣人思考一個問題：「台灣會不會再發生二二八？」、「台灣會不會再發生二二八？」萬一台灣被中國統一，台灣人是慣於抗議、示威、批評政府及言論自由。北京的獨裁者習近平會允許嗎？再來一次大屠殺，就會安靜好幾十年。

歷史會重演，六四天安門事件就是二二八大屠殺的重演。請看：

1. 都是中國的獨裁者所做違反人類的殘酷屠殺。二二八是在南京的獨裁者蔣介石，六四是在北京的獨裁者鄧小平及李鵬發動的。
2. 都是在和平時期發生，不是戰爭的時期。
3. 都是因為要求民主及反貪腐而引起的。
4. 都是軍隊屠殺無武裝的百姓。
5. 被殺的大都是青年人。很多人都被滅屍，來掩蓋屠殺的證據。
6. 屠殺的震撼都成功地壓制了反對聲音。
7. 都長時間被封鎖消息、不准談論、不可紀念。二二八被封鎖四十年；1989年發生的六四已封鎖三十年，還在繼續。

二二八受害約有二萬八千人，依美國政府的估計，六四被害死約有一萬人。

我們知道中國一向不遵守什麼協議，也善於狡猾欺騙。敬愛的台灣人，為了子孫們的安全和幸福，我們絕對不可以和中國簽什麼和平協議。我們要好好地保衛台灣，也要阻止中國的滲透。

台灣不孤單，我們有美國和日本的支持。聯合台灣和美國的飛彈，我們可以很快把大部分的中國軍艦打沉。我是今年「海外二二八遺屬返鄉團」的團長。如果中國敢攻打台灣，我和副團長廖英豪及一些團員會像當年的猶太人一樣，趕回來和大家並肩保衛我們的家鄉。那些失敗主義者或投降主義者根本沒有資格當台灣的總統。

要抵抗中國的侵略，就必須靠我們勇敢精良的台灣軍隊。萬一他們為國光榮犧牲，全國要如何紀念他們呢？國民革命忠烈祠並不適合，因為那裡供奉約四十萬名的國民革命軍，亦即國民黨黨軍。我們支持鄭麗君文化部長把中正紀念堂轉型。台灣已有好幾個有關人權的博物館，況且台灣現在不欠缺民主與自由。我們建議把中正紀念堂改為台灣忠烈祠。在台北市中心、總統府前、有寬廣的綠地及已經建好的紀念堂這是最好的忠烈祠，來紀念台灣的勇士。

根據夏威夷大學的政治學學者盧梅爾（Rummel）的報告書，蔣介石是20世紀第四大殺人魔，僅次於史達林、毛澤東與希特勒。兩年前，新竹的高中生扮演納粹，引發國際軒然大波，總統府還須表示：「這是對遇過戰爭迫害的猶太人極其的不尊重，是對歷史的無知，將請行政部門追究校方責任，並向相關國家道歉。」西方人有強烈的公義之心，為了怕歷史重演及記取教訓，絕對不允許紀念希特勒或納粹。

盧梅爾的報告指出蔣介石殺了約一千萬人。這些被蔣介石殺的，台灣人還算少數，日本人也不多，主要還是中國人。所以中國人極為痛恨蔣介石，中國人把蔣介石趕出中國大陸。蔣介石不只是台灣歷史上的大罪人，他更是中國歷史上的大罪人。有良知的人都應該反對用一個這麼龐大的中正紀念堂來紀念殺人魔蔣介石。謝謝。

（本文為2019年2月28日在二二八中樞紀念儀式的演講稿）

▲「二二八紀念碑」，攝於台北市二二八紀念公園。

辣台妹走出去

敬愛的小英總統平安：

您最近的選戰主軸是在宣揚您的政績，效果相當不錯。然而我們看到郭台銘提出要國家養育零到6歲的小孩，馬上得到極大的迴響。韓國瑜也會像他選高雄市長一樣，推出很多新的點子。主要是大家要看未來的總統將怎麼做。您可能要準備及研究一些新的點子，在適當的時機公布出來，吸引媒體的注意和大家的討論。我提議在美國紐約市設立台灣博物館（Taiwan Museum），在本文最後幾段會詳細討論。大家從這個新點子就可看出您將領導大家向國際進軍，亦即「辣台妹走出去」。

我也建議其他新的點子，提供您參考：

1. 台灣防蚊中心。比如說滅蚊燈效果不好，有需要多做研究，也要發展其他滅蚊的方法。開發新的殺蚊藥，減少對環境及人類的傷害。用小無人飛機去追殺蚊子。蚊子會傳染很多種不同的疾病，我們可以出去幫助全世界。
2. 台灣傳染病防治中心。登革熱、SARS、肝病等等都需要加強研究，才能提升台灣的生化科技水準。我們也要有能力製造疫苗。目標是成為世界級的防治中心。
3. 台灣癌症研究中心。癌症的研究也需加強。標靶藥物很貴，我們可以提供世界性的醫療服務，以量及科技來壓低費用。
4. 台灣機器人研發中心。機器人的開發非常適合於台灣的工業形態，必須加緊腳步做研發的工作。
5. 台灣人工智慧研發中心。這是未來科技的走向，我們不能落後。

6. 台灣5G通訊研發中心。我們要取代華為公司的地位，與外國大公司合作。
7. 興建現代化的郵輪碼頭。也可以考慮郵輪免費停靠，來招攬遊輪。
8. 成立軍事器械貿易公司。用來販售台灣生產的武器及裝備。

我們有網站公布假消息的反駁，但很少人在看。我們也有反駁假消息的Line，但轉傳不多，而且都在綠營裡，藍營看不到，傷害已造成。您也要準備應付網路對您大量抹黑。我建議：

1. 對製作假消息及大量轉傳者馬上提告，並要求法院停止他們使用網路。
2. 遇到假新聞，由政府立即在各大報登廣告及電視發布反駁新聞。並警告轉傳也可能被提告。唯有如此藍營才會看到，且不再轉傳。
3. 臉書曾消除很多假帳號。應發掘韓國瑜選高雄市長時的假帳號，以行政命令要求消除。有必要時，請求美國幫助。

我們知道台灣要加入聯合國確實不容易，因此我們極需要尋求突破的方法。可在聯合國總部的所在地—美國紐約市，設立台灣博物館，成為進軍聯合國的灘頭堡。最好地點選在靠近聯合國總部，從聯合國總部就可以看到我們的國旗及現代化的台灣博物館。

我們這個台灣博物館將是高水準、現代化及數位化，讓人感佩台灣人的科技及成就。將會展出二二八大慘案，講解中國軍隊殺戮無數台灣人的史實，喚起外國人對台灣的同情。很少外國人知道台灣的二二八大慘案，一旦瞭解以後，他們大都會認為中國沒有資格來統一台灣，也清楚為什麼台灣人不要被中國統一。接著說明台灣人一再為民主自由的奮鬥及犧牲，推翻獨裁統治，終於達成民族自決，成為一個主權獨立的國家。也要各國人士瞭解中國政府的殘酷、欠缺民主、剝奪人民自由及踐踏人權，因而認清中國的真面目。我們更要說出中國如何打壓台灣，喚醒外國人的良知和良心，進而支持台灣。台灣博物館以招攬外國人來參觀為目標，努力成為紐約市的一個重要觀光景點。

願上帝祝福您連任及保護台灣！

王克雄　敬上

2019年8月27日

▲「五彩繽紛」，攝於高雄市美濃民俗村。

和平中立不是護身符

呂秀蓮於2019年9月17日宣布將代表喜樂島聯盟參加台灣總統選舉。在參選聲明上主要提到要「超越藍綠」及「和平中立」。這兩個口號是什麼意思？要如何達成呢？

「超越藍綠」，就是不要綠色也不要藍色。綠色支持台灣是主權獨立的國家，但中國不喜歡，也就一再打壓台灣。呂秀蓮強調要與中國謀求和平，不可能再主張台灣主權獨立，更不可能支持台灣獨立了。這些日子呂秀蓮一再接觸藍營的人士，並上親藍的政論節目。事實上，呂秀蓮扮演著兩面人的角色，對綠營的人給綠面具看，對藍營的人給藍面具看。

習近平在2019年1月2日的「告台灣同胞書」提出：「和平解決台灣問題的政策主張和『一國兩制』科學構想，確立了『和平統一、一國兩制』基本方針，進而形成了堅持『一國兩制』和推進祖國統一基本方略。」習近平定意推動祖國統一，台灣必須接受一國兩制才會有和平。呂秀蓮可以不順從習近平的要求嗎？「和平中立」是一個妄想。呂秀蓮和喜樂島只是編些騙選票的廢話罷了。

台灣成為中立國，那麼國名是台灣、中華民國或中華人民共和國？如用台灣或中華民國，中國絕對不會同意。也許中國會同意台灣屬於中華人民共和國，可以暫時一國兩制，類似香港一樣。不過，我們都知道中國經常不遵守條約或協定，也像香港不久一國兩制就消失了。

台灣成為中立國也就是不參與美、日的陣營，如此一來美國就不會保護台灣，也不會賣先進武器或提供製造武器的新科技給台灣。1996年飛彈危機，柯林頓依照《台灣關係法》，立即派遣兩個航空母艦戰鬥群來保衛台灣，中國才取消侵略台灣的意圖。這二十多年來台海的和平也是依靠美國的保護。如果美國不再保護，那就相當於邀請中國攻打台灣了。

二次大戰時期荷蘭、丹麥、挪威、瑞士等國都是中立國，結果除了瑞士以外都被德國佔領。德國也要侵犯瑞士，但瑞士威脅將把很多隧道炸毀，如此希特勒拿到瑞士也沒有用。希特勒要侵略就侵略，管你什麼中立國。呂秀蓮以為宣布台灣為中立國，中國就不會侵略台灣，這實在是癡人說夢。

（本文發表於2019年9月28日《自由時報》自由廣場）

▲「油頭滑臉」，攝於聖地牙哥動物園。

韓國瑜稱中國是爸爸，台灣人是王X蛋

2019年10月27日韓國瑜舉辦青年論壇，現場有學生提問，若當選是否會簽《和平協議》？草包韓沒有直接回答這個問題，卻用「王X蛋跟爸爸」來形容兩岸關係。他說：「什麼叫王X蛋？我罵你王X蛋；什麼叫爸爸？叫爸爸，就要什麼給什麼。」他竟然侮辱台灣人為王X蛋。因為不聽中國的話嗎？中國是爸爸，只要乖乖叫爸爸，要什麼就給什麼。顯然他認為完全順從中國的要求，中國就會給糖吃，包括《和平協議》。草包韓認賊作父，根本沒有資格當台灣人。台灣不會屈服於中國的恐嚇，台灣人有尊嚴，也有決心，要確保台灣的民主與自由。

楊秋興說，韓國瑜2001年到2009年被起底在北京大學念政府管理學院博士班長達九年，管理學院是專門培養高級幹部的機構，這段期間韓國瑜一直騙稱是「潦倒落魄在山上修行」帶過。其實是在中國接受訓練，今已露出馬腳，這才是真正問題的嚴重所在啊！事實上在那段潦倒期間，草包韓的資產增加很多，不知錢從哪裡來？他有能力在2011年買七千二百萬元的大豪宅。大紀元在2019年10月17日報導說，已移民海外的前中共機密檔案管理人爆料稱，港、台多名政要、名人為中共秘密黨員。林鄭月娥於1998年入黨；基督信仰為掩蓋，仕途由中共扶持。韓國瑜於2002年經連戰引薦入中共。一個中國共產黨員可以選台灣總統嗎？

草包韓於2018年12月25日才上任高雄市市長，立即在隔年3月22日到香港、澳門與深圳訪問。先是班機抵達香港時，與香港中聯辦官員在機場會晤，接著更直奔西環，與中聯辦主任商談。當時被評論為：「不是韓國瑜拜會中聯辦，而是中聯辦召見韓國瑜。」郭台銘曾好意勸草包韓不要進入中聯辦，顯然韓有非進去不可的苦衷。那時中國共產黨很可能當面指示草包韓要競選總統。

草包韓回到台灣就開始選總統的運作，到了4月30日國民黨內終於有了共識，國民黨主席吳敦義也就正式和草包韓見面。當天中央通訊社關於「吳韓會」的報導：「國民黨將針對2020總統提名另訂特別辦法，將韓國瑜、鴻海董事長郭台銘等可能參選的人都納入初選，且改採全民調也是目前共識。」

一位總統要帶領台灣人民往前邁進，他首先要有聰明智慧決定國家政策，而且有毅力、不會退縮才能當大家的領導人。草包韓除了不學無識以外，對中國畢恭畢敬，絕對不敢批評中國。知道香港青年為了抗議「反送中」，而被打、被關及被殺害，他都裝作若無其事。現在更原形畢露，侮辱台灣人為王X蛋，及抱中國的大腿，乖乖地叫爸爸。如果草包韓選上總統，就成為擁有絕對權力的台灣三軍統帥。他知道困難連任總統，可能會下令三軍不抵抗，讓中國人民解放軍進入台灣，他就可擔任終身的台灣特首了。

（本文發表於2019年10月27日《自由時報》自由廣場）

成立「台南二二八紀念館」建議案

主旨：

為成立「台南二二八紀念館」一案，呈請台南市黃偉哲市長採納及支持。

說明：

二二八慘案已經過近七十三年，當年台南縣市有許多的菁英蒙難，如湯德章律師及候補省參議員、黃媽典台南縣參議員、林茂生台大文學院長及國民參政員、王育霖檢察官、沈瑞慶新台日報社長、賴松輝後壁國小校長等。另外二二八時期被關或通緝的民意代表有陳華宗台南縣參議長、吳新榮台南縣參議員、蔡丁贊台南市參議員、黃百祿台南市參議員等。以上只列出一些，事實上台南縣市共有30人蒙難、12人失蹤及145人被關與刑求，共有187人。雖然受難者的冤屈已獲政府公開平反，但是仍有一些受難者的生平事蹟與受害過程並未釐清，他們的犧牲不能被遺忘，需要紀念及尊崇。如要設立受難者個人的紀念館不容易，因為經營費用高，來參觀的人也有限。另外許多社會大眾，尤其青年學子們，未能明確及深入了解事件的過程、記取事件的教訓。身為台灣民主聖地的台南市，有必要成立一個「二二八紀念館」，做為轉型正義的最佳指標、台灣歷史教育的場所及觀光的景點。

在湯德章紀念公園旁邊的舊台南市議會是台南市古蹟，也是一個二二八的遺址。當年湯德章、蔡丁贊等市參議員在此被捕，這個二二八遺址本就應該保留來紀念二二八慘案。事實上二十多年前張燦鍙先生擔任台南市長時，在這舊台南市議會內就已設立「二二八紀念室」，後來不知何故廢止。有人建議把舊議會改為圖書館，可是觀光客不會去看圖書館，反而浪費這個民生綠園文化園區的美好中心地點。這建築物很大，二二八紀念館可包含圖書館，一方面使歷史的人、地、事連成一貫，另一方面也可服務市民。辦法如下：

1. 舊台南市議會是一個二二八遺址，當年湯德章先生和好幾位市參議員在此被捕。這地點更鄰近湯德章被槍決的紀念公園，也是台南歷史文化的中心。尤其這舊議會的建築物正在翻修，可成為「台南二二八紀念館」最佳的場所。
2. 向立法院、行政院、文化部、行政院所屬二二八紀念基金會等機構請求資助。
3. 邀集受難者家屬及學者專家，提供當事人相關文物、台南的二二八歷史與有關研究資料，做為館藏內容。
4. 內容主要分成三大部分：（1）二二八歷史的解說和呈現（2）台南二二八受難、被關或通緝之民意代表的事蹟、文物及貢獻。（3）其他受難者的事蹟、文物及貢獻。
5. 一方面以靜態的解說、相片、圖畫、文物等來展示及陳列；另一方面以影音媒體及藝術等方式來呈現。
6. 這紀念館也設有圖書館、會議廳、講堂等來為市民服務。
7. 舉辦演講、座談、講習、表演、二二八紀念會等各項活動，達到歷史教育及民主傳承之功能。
8. 定期舉辦全國中學及大專的二二八徵文及畫圖比賽。
9. 宣傳成台南市的文化觀光景點。

提案代表：

王克雄（受難者王育霖檢察官長子）
王克紹（受難者王育霖檢察官次子）
林詠梅（受難者林茂生台大文學院長之獨生女）
沈澄淵（受難者沈瑞慶《新台日報》社長之子）

賴澄江（受難者賴松輝後壁國小校長之子）
湯聰模（受難者湯德章律師之子）
王定宇（立法委員）
林俊憲（立法委員）
李啓維（台南市議員）
蔡筱薇（台南市議員）
沈震東（台南市議員）
穎艾達利（台南市議員）
陳正雄（前台南一中教師、文史工作者）
李文雄（莿莿文化館長）
劉南芳（成功大學台灣文學系教授）
蔡奇蘭（台江詩社長）
蔣為文（成功大學台灣文學系教授）
鄭邦鎮（前臺灣文學館長、前台南市教育局長）

（本建議案發表於2020年2月27日之記者招待會）

▲ 「萬紅蔽天」，攝於台南市林初埤木棉花道。

二二八、六四、香港

很榮幸有機會在共生音樂會上和我們青年人來探討1947年發生的二二八慘案、1989年發生的六四天安門事件及去年在香港發生的反送中事件。不要以為這些事件都相隔三、四十年，一個在台灣、一個在北京及另一個在香港，好像風馬牛不相干。如果您了解二二八當年的獨裁者蔣介石不在台北，是在中國南京，統治整個中國。六四時，中國的獨裁統治者鄧小平與李鵬是在北京。對香港的鎮壓也是北京的習進平在主導。這三個事件都是由中國的最高獨裁統治者所策劃及執行的。中國獨裁者的陰險及殘酷在這些事件上可說是發揮到極致。我們必須體認，歷史是會重演的。

二二八慘案

談到二二八慘案，很多人是在聽故事，但對我家卻是無可彌補的傷痛，先父王育霖檢察官在二二八時被中國國民黨逮捕、謀殺、滅屍。我父親在15歲時得到肺結核病，必須休學一年，不知能不能痊癒，想到變成留級生，會被人恥笑，就非常頹喪。他的媽媽剛過世三個月，在一個舊式的台灣大家庭裡沒人關心他，他感覺極為孤單，非常思念媽媽，甚至想要到媽媽那裡，跟她在一起。然而他覺悟到：「最能達成媽媽遺志的，不是要自殺。是的，我要努力用功成為真正偉大的人。……已經不顧世上的輕視、嫉妒與無情。有的，只是期待那光明的未來。」我父親的故事我寫在《期待明天的人：二二八消失的檢察官王育霖》這本書。我今天帶10本書捐給共生音樂節，一本訂價是380元，這裡可以賣200元來幫助共生音樂節。

我父親是一個有志氣、有毅力的人。他自許要走的路是：「正義！堅強！帶給所有人幸福！」很難得的是他真的努力在這樣做。在日治時期，他認為要靠法律才能保護台灣人，所以他選擇讀法律，而且一定要進最好的大學—東京帝國大學，他說：「就是要啃石頭，我也要進東大！」果然父親進入東大，而且還沒畢業家就考上司法官的高等考試。

我父親是第一位台灣人在日本當檢察官。戰後回到台灣，在新竹地方法院任檢察官。他要起訴新竹市長郭紹宗瀆職案：郭市長原是陸軍少將，有大官在支持，父親卻不顧上級的壓力，認為貪官污吏一定要嚴辦，不怕會失去職位，結果被迫辭職。父親辭了新竹檢察官搬到台北，在《民報》寫社論和司法評論。有一篇評論是〈何謂法治國〉，要國民黨遵守法治。另一篇〈法律是打不死的〉，要求大家守法。為了維護人權，他寫了一本書《提審法解說》，提醒人民有權要求法院，將被關的人24小時內從軍警手中，轉送司法機關，不可私自刑求關人。那時父親和一些法律人籌備召開一個全島性的會議，討論台灣的司法問題，希望有些共識，來要求國民黨政府，保證不干涉司法人員執行任務。因為這樣的呼籲，促成了官方「台灣省司法會議」，從1946年12月22日開始連續五天。這幾年來很多人大聲疾呼要求司法改革，沒想到我父親七十多年前就勇敢地在蔣介石獨裁統治下要求司法改革。他可說是「台灣司法改革的先鋒」。

二二八慘案發生前台灣的情況可由那時流行的口頭禪知道一些。美軍轟炸「驚天動地」、日本投降「歡天喜地」、國民黨官員一來「花天酒地」、機關改用外省人政治混亂「黑天暗地」及工廠關門物價飛漲「呼天喚地」。在中國統治台灣十三個月中，米漲價4.8倍，白糖暴漲22.3倍。台灣人對台灣行政長官陳儀的腐敗統治已經是忍無可忍了。

1947年2月27日緝煙警察打菸販林江邁女士的頭，以致流血，而引起了台灣人群情氣憤。隔天2月28日遊行到行政長官公署，現在的行政院，陳儀竟然下令從樓上開槍掃射，殺死好幾位群眾。台灣各地就都起來抗議遊行。

2月28日陳儀宣布臨時戒嚴，當天也電告蔣介石。陳儀的侍衛舒桃作證說，3月1日蔣介石立即回電，命令陳儀「對群眾格殺勿論」，且有小字「可錯殺一百，不可錯放一人」。3月3日蔣介石立即命令江蘇崑山的駐軍「開台平亂」，也於3月5日通知陳儀：「已派步兵一團並派憲兵一營，勿念。」同一天參謀總長陳誠報告蔣介石：「已令廿一師劉師長率師部及一四六旅之一個團即開基隆。」、「著憲兵第四團駐福州之第三營即開台灣歸制。」及「著憲兵第廿一團駐福州之一個營即開基隆。」

中國國民黨的軍隊從3月8日起絡續登陸，船還沒靠岸就開槍，從基隆殺到台北。基隆港海水變紅，浮著很多屍體。士兵被告知「台灣人不是中國人，殺、殺、殺。」加上原本在台灣的軍隊，在台灣各地展開了無情的大屠殺。建國中學、成功中學、泰北中學、中山女中、靜修女中、開南商工、台北商業學校、台北工業學校、延平學院等校的師生挺身而出，台南成大和中學很多學生去支援嘉義，高雄中學學生也奮勇抵抗。當年出來遊行及抗爭的很多是中學生及大學生，也因此死傷很多。

中國國民黨台灣省黨部借這事件要消滅台灣人中有領導能力的菁英。國民黨內的半山連震東、劉啓光、林頂立、游彌堅、黃朝琴等人製造一份二百多名的黑名單。吳濁流感慨地說：「只因這份黑名單，悲劇的歷史上演了，美麗的福爾摩沙為此流血。」

警備總部從3月10日晚開始抓人，先父並沒參加二二八的活動，卻於3月14日在台北家中被逮捕，一去不回。因為國民黨知道那是非法謀殺，所以要滅屍，也否認有逮捕人。

3月17日蔣介石立即派國防部長白崇禧和兒子蔣經國來台灣「宣慰」台灣同胞。台灣警備總部請示白崇禧如何處置被逮捕的人犯，他為了「鎮懾」台灣人，竟然違法下令「用軍法自行審理」，也就是同意把這些台灣菁英由軍方處決。蔣經國抵台隔天立即拍發電報給蔣介石誣告：「親美派—林茂生、廖文毅與副領事葛超智，請美供給槍枝及金錢，美允金錢。」台大文學院院長林茂生就這樣被害了。白崇禧與蔣經國表面上是「宣慰」，實質上是做非法大謀殺的勾當及督導軍隊的運作。

我母親和林茂生先生等人的太太向警備總部及白崇禧國防部長陳情，居然回覆沒有逮捕這些人，還說可能是被暴徒打死。其實這些人都被列在「台灣省二二八事變正法及死亡人犯名冊」上，慘遭殺害。我父親和很多受難者在正法名冊上的犯罪事實欄是空白，亦即無罪。原來暴徒就是這些國民黨的黨軍！不把屍首發還喪家埋葬，可見國民黨的官員及軍人是多麼慘無人道。國民黨竟然把法官、檢察官、律師、文學院院長、中學校長、醫師、銀行家、國民大會代表、省參議員、市參議員、報界人士等等誣控為歹徒，真是可惡。中國國民黨假藉二二八的動亂有計劃及凶狠地謀害這麼多台灣菁英，國民黨就是這大謀殺案的主謀！

二二八大屠殺孕育了強烈的台灣意識，有不少勇敢的台灣人一再起來抗爭，為台灣的自由與民主被關或犧牲性命。台灣的自由與民主是經過很多血與淚才得到的。

六四天安門事件

中國的無產階級文化大革命從1966年開始，發動紅衛兵，大亂中國十年，直到1976年毛澤東過世才結束。鄧小平於1977年9月首次提出要進行「撥亂反正」運動，就是要平反從中國建國以來，歷經反右運動，到文化大革命，對很多冤枉及錯判的案件需重新判決。胡耀邦追隨鄧小平，出任中共中央委員會總書記，負責這些平反的工作，頗獲好評。他在1989年4月15日過世。年輕人追悼胡耀邦的活動竟然成了1989年民主運動的導火線。4月中旬起北京市主要由北京大學、清華大學、中國法政大學、北京師範大學等學校的學生，在天安門廣場展開要求民主及言論自由的運動。獲得全國的響應，各地四百多個城市也有規模不一的抗議活動，示威活動不斷升級並且擴大，持續兩個多月。1989年的這一系列民主運動簡稱為「八九民運」，而六四天安門事件是八九民運的悲慘結局。

當時擔任中共中央委員會總書記的趙紫陽採取溫和路線，但不能控制情勢。強硬派反撲，最後作為軍方最高領導人的中央軍委主席鄧小平及國務院總理李鵬決定採取果斷行動，以武力解決示威。5月20日，中國政府正式宣布實施戒嚴，並且從五個大軍區中動員了至少三十個師的兵力。多達25萬名士兵被送往首都北京市進行部署，有一部分軍隊則藉由空運和鐵路運輸前往各自的目的地。調動這麼多外地的部隊，是防備北京的部隊不敢對學生和群眾施暴及怕北京的部隊造反。

1989年6月3日晚間至6月4日凌晨，人民解放軍、武裝警察部隊和人民警察在北京天安門廣場對示威集會進行武力清場。很多學生認為他們是和平示威，勇敢面對軍隊，不肯撤離。解放軍就進行無情的大屠殺，部隊開槍、坦克車推進、軍用大卡車跟在後面載走屍體、接著消防車清洗血跡。2014年美國白宮解密文件顯示有10,454人死亡及4萬人受傷（白宮的報告乃引述自戒嚴部隊的消息人士所提供的中南海內部文件）。2017年底，英國國家檔案館解密的文件顯示，有中國國務院的成員稱1989年天安門事件至少造成1萬名平民死亡。

六四事件是中華人民共和國歷史上的一個轉折點，它的爆發標誌著1980年代鄧小平、胡耀邦、趙紫陽等人在中國推動的政治體制改革失敗，趙紫陽、鮑彤等中共改革派高層被撤職。國際社會對此事件普遍表示了譴責和制裁。六四事件是鄧小平決定的一個重大殘酷決策，他是這個重大決策的領導者、組織者、計畫者、實施者及最高統帥。六四事件也直接導致了中華人民共和國改革開放減緩甚至停滯，直至1992年鄧小平南巡後才重新開始，但只重視經濟的改革及開放，仍然封堵政治改革。

比較二二八與六四

歷史是會重演的，六四天安門事件就是二二八慘案的重演。請看：

都是中國的獨裁者所做違反人類的殘酷屠殺。二二八是在南京的獨裁者蔣介石所發動，而六四是在北京的獨裁者鄧小平及李鵬所主導。

1. 都是在和平時期發生，不是戰爭時期。
2. 都是因為人民要求民主及反貪腐而引起的。
3. 都是軍隊屠殺無武裝的百姓。
4. 被殺的大都是青年人。
5. 很多人都被滅屍，掩蓋屠殺的證據。
6. 屠殺的震撼都成功地壓制了反對的聲音。
7. 都被長時間封鎖消息、不准談論、不可紀念。二二八被封鎖四十年；1989年發生的六四已封鎖三十年，還在繼續。

香港反送中事件

2018年初，香港人陳同佳在台灣殺害同來旅遊的懷孕女友，並棄屍後逃回香港。雖然加害者與受害者皆為香港人民，但台灣和香港並無引渡條款，造成即使當事人認罪，香港法院卻無法進行判決的窘境，最後只能以民事洗黑錢為由，判定陳男入獄29個月，完全無法對刑事刑責下達審判。

香港現在和19個國家簽有「逃犯移交」協議，但和香港往來密切的中國大陸、澳門、台灣、泰國、日本……等並無類似的協議。中國借此原因修法，趁機要大大擴大引渡的範圍。香港的政治異議人士怕被中國引渡，而群起抗議。很多中國的貪官與富商把錢跟人留在香港，也擔憂，所以有些人暗中幫助反送中的青年人。香港政府仍然強推逃犯條例修法，已經完成一讀。不僅香港本地人士群起抗爭，美國及歐盟也高度關切，因為一旦立法成功，在香港的外國人、台商、台灣人與香港人都將陷入被中共引渡、審判與管轄的不安風險之中。

香港青年人的拚命抗爭

讓我們來看香港人一系列勇敢的抗爭活動：

2019年3月15日，香港眾志最先於政府總部發起靜坐，要求撤回逃犯條例的修訂。

3、4月間，民間人權陣線兩度發起示威遊行。

6月9日，民陣再度發起遊行，竟然高達103萬人參加。這種超大規模的示威顯示全香港人都非常憤怒。

6月12日，由於香港立法會預計恢復二讀辯論，示威者與警方發生暴力衝突。

6月16日，民陣發起更大規模示威，號稱200萬人。

7月1日，遊行期間，部分示威者佔領立法會綜合大樓，並將林鄭月娥下台的訴求改為「立即實現行政長官和立法會的真雙普選」。

7月21日大遊行後，更爆發親政府白衣人在元朗無差別襲擊市民事件，由於有證據顯示警方縱容甚至勾結這些疑似三合會成員去毆打市民，警隊在事後廣受批評，激化民憤。

8月中旬，示威者兩度癱瘓香港國際機場。

8月18日，民陣再度舉辦大規模和平集會，號稱有170萬人參加。

9月4日下午，林鄭月娥據報在徵得中共總書記習近平批准後，提出四項行動，包括撤回《逃犯條例》修訂草案。唯因示威者認為運動中的「五大訴求」僅有一項被落實，故未停止抗爭。香港青年人的五大訴求是：

1. 全面撤回《逃犯條例》修訂草案
2. 撤回示威「暴動」定性
3. 撤銷被捕示威者控罪
4. 成立獨立調查委員會，追究警隊濫權情況
5. 立即實現行政長官和立法會的真雙普選

截至9月全港已定罪在監獄服刑的有5,739人。首起「反送中」死亡個案發生在6月15日，35歲青年梁凌傑身穿寫有「黑警冷血、林鄭殺港」八字的雨衣，在大規模示威遊行期間爬上金鐘太古廣場高處，抗議政府修法，並在與港警對峙數小時後，不慎墜

樓死亡。

陸續有年齡介於16歲至32歲的四名男性及四名女性，在社群媒體留有「反送中」遺言後墜樓身亡；他們的留言提及「抗爭時間久了」、「所有的事情讓我覺得沒有明天」、「累了」、「什麼也改變不了的無力感令人煎熬」等語，也留下「香港加油」、「香港人沒有輸」、「香港不要放棄」等字句。

有兩位青年人被逮捕，男生竟然失去左眼，而女生失去了右眼。男生仍然在拘留所，他恐懼沒辦法活著走出來。女生揹著官司，護照被沒收，盤算著還剩多少時間有自由，也和家人決裂，從此形同陌生人。男生先前被趕出家門，惶惑無助，更得了創傷後壓力症候群，走在街上以為聞到了催淚彈的刺鼻熱辣味，睡覺時做了為逃避抓捕而從高處一躍而下的惡夢。

9月時香港15歲女生陳彥霖的全裸浮屍在海面被發現後，警方聲稱擅長游泳的陳死因無可疑，引發各界批評。10月21日，郭文貴在直播中稱，他剛接獲情報，陳女是被中共殺害的，而且中共正在香港多區「毀屍滅跡」。

9月19日下午3時48分，一名青年掛屍在藍田平田邨平真樓一處圍欄上，救護員接報到場，檢查後證實25歲羅姓男子已明顯死亡，毋須送醫院。然而民眾上傳現場圖片顯示，屍體無血，已發黑，現場無濺血。警方稱是墜樓自殺，但很多人不信。

9月24日上午10點多，香港警方在荃灣海面發現一具「跳海身亡」的男性浮屍，身穿黑衫黑褲及黑鞋。但據目擊者描述，男子被撈起後仍在流血，而且姿勢是雙手向上舉，讓當地居民懷疑此「自殺案」背後有問題。

《自由時報》11月9日報導，香港科技大學學生周梓樂8日上午傷重不治後，許多港民帶白色鮮花到他4日凌晨墜樓的新界將軍澳「尚德邨停車場」追悼，氣氛哀傷。有一姓林的小姐說：「自己人查自己人？」，她不相信警察能公正調查。有科大校友指「打壓越大，反抗越大」。

中共移入大批軍隊及在多個駐港機構和場所部署了所謂的「緊急事件處理小組」，他們可以採取任何措施，包括恐嚇，也可以在香港「殺人滅屍」，並做緊急處理。

在香港火葬場，處理火化事宜的，全部都是從廣東來的特警，其中數十人提前到達火葬場，也包括數十輛來自廣東的車輛。沒有標註姓名而被火化的人數至少有20人，而根據處理過屍體的人士所提供的情報，多個中共駐港機構與場所、中共駐港部隊營地等，都是用來運送及處理香港人屍體的地方。中共在處理香港人的屍體過程中，都對他們的家人進行了威脅，並提出了一系列的條件，如：不准拍照、不許與任何人談論提及等，運送屍體的程序都是由中共經手處理，然後直接火化屍體，有些屍體非常恐怖，非常殘忍。

香港反送中運動迄今到底有多少人「被失蹤」、「被自殺」，眾說紛紜。香港保安局數字，6至9月的初步統計，分別較去年同期增加311起具死亡屍體及34起自殺案件。

確定香港回歸的《中英聯合聲明》於1984年12月19日由中國國務院總理趙紫陽與英國首相柴契爾夫人在北京簽訂。當時在場的前中國領導人鄧小平提出：「由港人治港的一國兩制方針50年不改變。」這個意在舒緩港人對主權移交後政治生態憂慮的政策，而今卻成為了港人憂慮的一個緣由。去年8月20日中共官媒央視評論《中英聯合聲明》是一份「過時的歷史文件」。這樣公然違約是完全違反國際法的流氓行為。

我們能夠相信一國兩制嗎？能夠相信中國的保證嗎？

結論

我們看這三個月來的武漢肺炎的擴散，武漢人民被關入方艙醫院，互相感染，沒什麼醫治，只是在等死。武漢還要加建十間的方艙醫院，中國各地疫情也已擴散，不知還要死多少人？聽那武漢居民夜間的哀嚎，令人毛骨悚然，像是人間地獄。習進平知道，不管死多少人只要他不報真正的數字，他的政權還可繼續維穩。關於這個病毒的來源，有英美專家認為這是人造的病毒，中國的學者也有如此的說法。武漢P4實驗室是中國人民解放軍生物作戰的一部分，極可能製造了這個病毒。中共居心惡毒在此充分顯現出來，讓中國也自作自受。

根據夏威夷大學的政治學學者盧梅爾（Rummel）的報告書，蔣介石殺了約一千萬人，是20世紀第四大殺人魔，僅次於史達林、毛澤東與希特勒。這些被蔣介石殺的，台灣人還算少數，日本人也不多，主要還是中國人。所以中國人極為痛恨蔣介石，更把他趕出了中國大陸。蔣介石不只是二二八大屠殺的元凶、中國的屠夫，也是人類的公敵。中正紀念堂是對二二八與白色恐怖遺屬的公然侮辱，也是對人類良知的公然挑釁。依照《轉型正義條例》第5條，這中正紀念堂必須轉型。

在台北大直有一個「國民革命忠烈祠」。國民革命軍是中國國民黨在1924年師法蘇聯共產黨軍事制度創設之國民黨的軍隊。簡稱為國軍，其實是黨軍。這個中國國民黨的軍隊參與北伐、經過抗日戰爭、執行二二八大屠殺、參與國共內戰，直到行憲前夕於1947年12月24日才改為國家的部隊。將來英勇的台灣軍人為了保衛台灣及抗拒中國的侵略，有一些將士也會殉職，我們必須以最尊崇的方式來恭奉他們，讓勇敢的國軍知道他們的犧牲是有價值，台灣人民永遠會紀念。如果恭奉在「國民革命忠烈祠」，中國軍和台灣軍可能晚上要起來打仗了。我們建議把中正紀念堂改為台灣忠烈祠。這個在台北市中心、總統府前、有寬廣的綠地及已經建好的紀念堂，實在是最美好的忠烈祠，來紀念將來為國捐軀的台灣勇士。

從二二八慘案、六四事件及香港反送中運動，讓我們看清楚中國獨裁統治者都是極端殘酷。萬一中國統一台灣，台灣人慣於批評及反抗，中國政府絕不會允許，會再大舉鎮壓，爆發第二次的二二八大屠殺。中國一再催逼台灣「一國兩制」。關鍵在於一國，既然台灣屬於中國，美國不能干涉，台灣就會像香港一樣，外國不能幫忙，任憑中共宰割。我們也知道中國不守約定，兩制很快會變成一制。為了保鄉衛土，為了子孫們的安全與幸福，我們要勇敢地抵抗中國的侵略，也要阻止中國的滲透。台灣已經能夠自製飛彈，現在已擁有一萬多顆的飛彈。如果中國要攻打台灣，一定要用大批軍艦，我們有能力把這些軍艦大部分打沉，中國就攻不下台灣。大家要有信心，共同保衛自己的國家。

（本文為2020年2月28日，共生音樂節的演講稿）

關鍵在於口罩

台灣能夠阻擋武漢肺炎的肆虐主要歸功於大部分人都戴口罩。一個已感染武漢肺炎的人如果戴口罩，可以大大減少病毒的散播，約只剩20%。其他的人如也戴口罩，被傳染的機會也減少至約20%。因此得到病毒感染的機率就只4%，遭到感染的人不那麼多，衛生機構才有能量去追蹤與管控。在2020年3月19日的報告，台灣共有1人死亡及108例確診，但其中境外移入是78例確診，只有30例是本土感染。可見武漢肺炎不容易在台灣傳染開來。陳時中部長在防疫的超前部署及睿智的領導，確實居功厥偉。

歐美文化認為要生病才戴口罩，因此戴口罩出去會被另眼看待或被罵，所以生病的人也不戴口罩。何況很多武漢肺炎患者的症狀很輕，甚至沒有症狀，他們卻可四處傳播病毒。當大家都不戴口罩，就會傳染很多人，沒辦法去追蹤了。封城或禁止群聚的效果有限，只是減緩病人數的快速增加，避免壓垮醫院而已。想不到3月19日的報導，美國已經猛升到9,345人確診以及153人死亡，可說疫情失控了。

歐美政府實在令人失望，不像小英政府能夠立即警覺事態嚴重、認清口罩的重要性、快速動用國家資源訂60條口罩生產線、口罩生產能量提升到每天超過1,000萬片等。雖然中國隱瞞疫情，但其嚴重性也是眾所皆知，歐美國家仍然有一至兩個月的預警，可是他們沒有認清，沒有口罩疾病會急速傳播。將會有很多病情嚴重的人，超過醫院病床及醫療資源所能負荷。歐美會有很多人死亡及經濟敗壞，而且可能延續到下一個疫情再爆發的冬天，直到疫苗大量生產為止，大概需要十八個月。

美國川普總統如果肯，他可以發動美國強大的國防與工業的能力，學習台灣蔡總統用一兩個月的時間，生產全體美國人夠用的口罩，如此疫情才能控制下來，減少生命與經濟的損失。

（本文發表於2020年3月20日台灣公義網）

▲「浪拍聳巖」，攝於墨西哥Cabo San Lucas。

不必經過修憲—以什麼國名走向國際

「台灣民主之父」李登輝前總統在2020年7月30日以98歲高齡過世，很多台灣人哀傷及懷念他。李前總統常自比摩西，在聖經的記載中，以色列人在埃及當奴隸過著悲慘的日子，摩西帶領以色列人脫離埃及的掌控，要到上帝所應允流奶與蜜的迦南美地。同樣的，李前總統也帶領台灣脫離那壓榨及迫害台灣人的中國國民黨極權統治，台灣人終獲得了民主與自由。

然而摩西只完成一半的工作，沒能夠帶領以色列人進入迦南美地。是由年輕及智勇雙全的約書亞，在上帝的引領下攻入迦南地。李前總統從總統大位退下以後，就致力於台灣的正名運動。他認為台灣已是主權獨立的國家，不要陷在統獨的爭議，要做的就是制憲、正名和加入聯合國，以達成國家正常化。誰能夠領導台灣人達到這些未完成的目標，當台灣的約書亞呢？

聯合國於1971年表決通過，中華人民共和國取代了中華民國。中國更強力推動一個中國政策，大部分國家也都接受。中華民國的國名只是大家在國內互相取暖，泛藍人士在中國也不提中華民國，國際上幾乎不被承認或採用。外國政府及媒體也就以台灣稱呼我國。

國外很多友人要幫助我國走出這不被承認的困境。美國川普總統的兒子，小唐納川普在2020年4月公開力挺美國應該承認台灣。前白宮首席策略長班農在5月間也向小英總統喊話：「這是台灣的時刻。」8月時曾派駐台灣的美國前國務院官員譚慎格（John

J. Tkacik）卻指出一個關鍵性的問題說：「要美國承認中華民國代表中國是不可能了，有可能的是承認一個獨立的台灣。」武漢肺炎發生以來，美中交惡，台灣在國際聲譽大幅提升，台灣被承認的時機已到，但令人扼腕的是台灣的國名還沒有準備好。

李前總統提議「中華民國在台灣」及小英總統使用「中華民國台灣」都是沒有立法通過，如果說是國名，那是違法，國際上也都不接受或使用。至於小英政府及外國人通用台灣，那只是地名，不是國名。筆者於2018年10月5日在《自由時報》發表〈台灣正名的另一條路〉，指出希臘正式的國名是The Hellenic Republic，但通常使用Greece，我們可以修憲來通過「中華民國亦稱為台灣」。那些對中華民國有深厚感情的人較容易接受，也符合實際情況。如此「台灣」就是國名；在不被承認為國家時，則是地名。政治改革常須漸進，將來支持的人多，就可除去中華民國。

現行《中華民國憲法》的高修憲門檻是阿扁當總統時，民進黨和國民黨共同促成的，於2005年6月10日阿扁公告實施。修憲須要經過：第一門檻要四分之三的立委同意，第二門檻要二分之一的公民投贊成票才通過。國民黨在立法院占33.6%，很容易阻擋國名修憲案的通過。在2020年全國有選舉權的人有1,931萬人，要至少一半的人投贊成票，即966萬票。我們知道這次台灣總統選舉經過好幾個月三位候選人的激烈競選，小英得到壓倒性勝利，有史以來的最高票，也才只有817萬票。況且公投的投票率一向偏低，所以要有966萬贊成票是不太可能。這十七年來也就修憲不了。

既然修憲如此困難，在此提出另一個方案。筆者認為，給中華民國一個別名沒有變更憲法，不必經過修憲的程序。就像要修改護照的設計一樣，可以經由立法院多數通過法律：「中華民國的別名為台灣。」因為中華民國已被絕大多數國家拒用，而必須改用其他的名字。台灣可以是國名，但在不被承認為國家時，也可以是地區名。我國就可用台灣在國際上靈活運用。

（本文發表於2020年8月15日《蘋果日報》）

▲ 「運河街景」，攝於荷蘭阿姆斯特丹。

機車禁停人行道—會流失選票

2020年9月17日《自由時報》報導〈機車退出人行道「不會流失選票」〉。機車族是台灣最大的族群，如果他們改開汽車，全國的街道就被堵得動彈不得，而且一台機車對環保的傷害也小於一輛汽車，電動機車的傷害更小。顯然機車族沒有得到應有的尊重與感謝。

一些官員只想到人行道寬廣好看，而不考慮市區交通混亂、擁擠、車禍多及停車困難的迫切問題。人行道當然以行人為優先，一定要維持至少4尺的寬度，其餘的空間就可提供給機車停放。事實上，人行道最大的問題是店家違法佔用人行道，迫使行人走馬路，機車沒地方停放，也影響正當商店的生意。主要的原因是縣市長執行力不夠，這應該列入縣市長的評鑑指標之一。

隨著經濟的發展，汽車愈來愈多，交通問題愈趨嚴重。台灣市區一個很糟的情況是路邊汽車停車格極為欠缺，導致汽車在馬路臨時停車，引起交通堵塞及增加事故。現在政府計劃清空人行道，把機車停車格設在馬路邊，將導致汽車停車格及機車停車位更為減少。況且機車由汽車道進出停車格，影響汽車及機車的行駛，容易引起車禍。尤其媽媽帶着小孩子時，必須小孩子站在路邊不動，等媽媽把機車牽出路邊的停車格，相當地危險。當汽車停車格減少，不只增加在汽車道的臨時停車，也會減少附近店家的生意，迫使大家轉到有停車場的大賣場買東西。

改善交通要注意汽車的平均車速，如果平均車速提升一倍，就相當於多開一條路。阻礙車速的最大原因是左轉車輛，以致在台灣開汽車常要變換車道。甚至在每小時60公里的快車道，常忽見待轉車輛擋在前邊，而須快速搶右邊車道，但機車車身小，後視鏡不容易看到，易肇事故。很多道路明明有空間可以擠出一條左轉車道，但道路工程師常懶得如此設計，也就行車速度慢及容易有車禍。

我們見到銀行或大型店家，為了美觀，常不准在他們的人行道上停機車，迫使他們的顧客和員工停在別的地方，這是非常自私的做法。很多地區已經很不容易找到停機車的地方，因此不應該禁止在人行道停放機車。機車族不能再當沉默的多數，應要求政府「兼顧」行人、機車及汽車的權益。

（本文發表於2020年9月18日《自由時報》自由廣場）

▲「美白旋轉橋」，攝於高雄港。

中正紀念堂的黑銅像應移除

讀到2021年2月26日《自由時報》的社論〈拆除威權　起碼的轉型正義〉，激起筆者強烈的共鳴。身為二二八受難者的遺屬，看到那殺我們先人的獨裁者銅像高高在上，深覺憤怒與無奈。公義何在？

尤其李永得文化部長於1月20日表示，「現在抗議者立場稍趨向溫和，不主張拆館與拆銅像。」更讓很多二二八及白色恐怖受難者家屬和關心轉型正義的台灣人感到震驚與失望。

這幾年在二二八中樞紀念會上，二二八遺屬（包括筆者）一再請求中正紀念堂轉型。於去年2月25日二二八關懷總會潘信行理事長和幾位遺屬（包括筆者）連袂拜訪促轉會楊翠主任委員，要求除去中正紀念堂的銅像。筆者更在去年3月12日上書鄭麗君文化部長，請把中正紀念堂轉型。怎能說我們「立場稍趨向溫和」呢？

1947年2月28日台灣人起來遊行抗暴，蔣介石立即大舉調兵來台灣，進行無情的大屠殺，也從3月10日起大舉逮捕台灣菁英。在二二八慘案受害的台灣人約有二萬八千人，蔣介石就是二二八大屠殺的元凶。接著白色恐怖的迫害，非軍人受軍事裁判的政治案件人數有16,132人，其中被判死刑1,226人。很多案件是被蔣介石非法改為死刑，蔣介石確實是一個泯滅人性的屠夫。

根據夏威夷大學政治學教授盧梅爾（Rummel）的報告書，蔣介石害死約一千萬人，是20世紀第四大殺人魔，僅次於史達林、毛澤東與希特勒。這些被蔣介石殺的，台灣人還算少數，日本人也不多，主要是中國人，所以中國人極為痛恨蔣介石，把他趕出中國大陸。如有人要紀念希特勒或展現納粹的旗幟，馬上會受到世界各地的撻伐。在總統府前，竟然不顧人類的道德與良知，用龐大的中正紀念堂來紀念及尊崇殺人魔蔣介石，這是對二二八及白色恐怖受害者的公然侮辱，也是對人類良知的公然挑釁。

依照《促轉條例》，出現於公共建築或場所之紀念、緬懷威權統治者之象徵，應予移除、改名，或以其他方式處置之。在所有威權統治的公共建築中，最大的表徵就是中正紀念堂，因此成了幾十年來台灣政治衝突的焦點、台灣不安的癌症。

鄭麗君前部長曾經應允我們，政府一定會落實此條例，把中正紀念堂廢除，轉做其他用途。我們萬萬沒想到李永得部長會如此說。我們在此請求蔡總統和蘇行政院長勇敢負起時代任務，儘速移除這紀念堂內的黑色銅像，更改中正紀念堂的名稱，不要讓轉型正義成為空談。

（本文發表於2021年2月27日《自由時報》自由廣場）

促轉會的未竟工作

蔡英文總統在2016年5月20日的第一任就職演說，嚴正宣示：「我們將從真相的調查與整理出發，預計在三年之內，完成台灣自己的轉型正義調查報告書。」筆者和二二八的支持者在陳亭妃立法委員的陪同下，立即於6月7日召開記者招待會，指出中國國民黨（簡稱中國黨）在二二八的罪行，不要杯葛《促轉條例》。《促轉條例》也真的在2017年12月5日正式通過，並在隔年5月31日促轉會掛牌成立，預定二年內完成工作。

中國黨就開始一連串的杯葛及攻擊促轉會。中國黨罵促轉會是東廠，包圍促轉會，最後迫使促轉會主任委員黃煌雄辭職。接著又阻擋預算，不讓促轉會運作。就是到現在中國黨所控制的文件也沒有全部交出。有些政府單位以機密或涉及個人資料等理由，沒有全數公開。另外經過這麼多年，很多文件又被有意或無意銷毀，這些都讓促轉會困難及遲緩做真相的調查與整理。

白色恐怖方面，由於資料比較齊全，所以促轉會完成不少的工作，然而二二八慘案方面卻乏善可陳。二二八被殺人數為白色恐怖被害的二十倍以上，應該要更重視才對。在大家注目期待的轉型正義調查報告書中，二二八的頁數至少要占一半以上才可。

首先二二八受害的人數並沒有交代清楚。二二八時曾在台灣的最高軍事指揮官是白崇禧國防部長，他的報告說：從3月8日至3月31日打台灣人共用約二十萬發子彈、一千顆手榴彈及七百發砲彈，但台灣只死了304人，企圖隱瞞屠殺的事實。依照內政部的統計，1947年死亡人數比較其後兩年，都約多了二萬人。內政部也統計，自1947年到1970年間，因失蹤而經各地方法院宣告死亡之人口，全國超過十六萬六千人。先父王育霖檢察官被黨軍逮捕，遭遇謀殺滅屍，他就是失蹤及宣告死亡中的一位。二二八死亡人數的估計有待促轉會澄清。

蔣介石是否應為二二八慘案及白色恐怖負責呢？二二八時期台灣與南京信息來往密切，也有許多飛機及輪船的班次。2月28日台灣人起來抗暴，蔣介石不察原委，立即在3月3日命令崑山的駐軍開赴台灣。蔣氏更在廿一師師長劉雨卿飛來台灣之前，叫來官邸，面授機宜兩天，教導如何屠殺台灣人，給予震撼教訓。施江南醫師集資及僱漁船去南洋載回台灣兵，台灣人都很欽佩。施醫師被抓，他的名字都記錄在陳儀於3月11日及13日呈送蔣介石的已逮捕名單上。施醫師大女兒以「北一女中學生施玲玉」寫陳情信給蔣介石，蔣氏竟然回信說：「復查本部案卷內，並無受理施江南案件，所屬各綏靖區及憲警機關查報拘捕暴亂人犯，亦無施江南其人。且查事變起至3月15期間，全省陷於混亂狀態，奸黨暴徒仇殺狙擊無法防制。」蔣介石遮掩謀殺施江南醫師等台灣菁英的罪行，亦即共謀。白色恐怖期間蔣介石的獨裁統治殘害人權，甚至將判決書以紅筆書寫「應即槍決可也」等違法命令。足見蔣介石是二二八慘案及白色恐怖的元凶！

1947年3月12日蔣介石收到台灣的情報：「台省黨部調統室曾建議警備部，應乘時消滅歹徒，並將名冊送去。警備部十日晚起開始行動，肅清市內奸徒。」中國黨台灣省黨部由誰製作台灣菁英的名冊呢？吳濁流在《台灣連翹》記載，前中國黨省黨部指導員彭德向他透露：「（二二八）被捕的黑名單上台灣人二百多名，……是從重慶回來的半山幹的，他們是劉啓光、林頂立、游彌堅、連震東、黃朝琴等人。」吳濁流更加注說：「只因這份黑名單，悲劇的歷史上演了，美麗的福爾摩沙為此流血。」

白崇禧國防部長幫助蔣介石調派來台部隊、運送及補給後，立即於3月17日飛來台灣。白氏對外號稱是「宣慰」，其實來督導廿一師的運作。陳儀和柯遠芬即刻向白氏請示如何處置被逮捕的人犯，白氏承認為了「鎮懾台灣人」，而下令「依軍法自行審理」，亦即殺害台灣菁英。對此，參謀總長陳誠非常不滿，特別於該年6月16日呈文蔣介石，指出白氏違反《戒嚴法》第14條之規定，台灣不屬交戰區域不可使用軍法。白崇禧更在3月20日上午召開軍事會議，當天下午把台灣分成七個綏靖區，並於隔天起分區實施殘酷的清鄉，殺害更多的台灣人。白氏的罪責必須公布確立。蔣介石沒有處理白氏的重大錯誤，表示蔣氏要承擔這些政治責任。

二二八的起因很多，最主要是陳儀倒行逆施、凌虐台灣人、物價飛漲、民不聊生等。中國黨中央執行委員會接到二二八屠殺台灣人的報導後，立即在1947年3月22日決議：「台灣省行政長官陳儀應撤職查辦。」蔣介石竟否決此決議，意即出面包庇陳儀。為了安撫台灣人，陳儀終被免職，可是蔣介石實際上要獎勵陳儀，不久把陳儀升任為浙江省主席。因為他計劃投降共產黨，才被蔣介石下令槍斃。

《促進轉型正義條例》那麼多條文中，最核心的就是第5條：「為確立自由民主憲政秩序、否定威權統治之合法性及記取侵害人權事件之歷史教訓，出現於公共建築或場所之紀念、緬懷威權統治者之象徵，應予移除、改名，或以其他方式處置之。」在所有威權統治的公共建築中，最大的表徵就是中正紀念堂，公然侮辱二二八及白色恐怖的被害人及家屬。如果稍微知道二二八慘案的外國人看到那堂皇的中正紀念堂，可能會問，台灣人是否精神錯亂。我們萬萬沒想到李永得文化部長不更換中正紀念堂的名字及移除裡面的黑銅像，把他把轉型正義踐踏在地上。促轉會有責任依照條例，據理力爭。

蔡總統於2017年的二二八慘案七十週年紀念會上強調，要讓二二八事件中「只有受害者，沒有加害者」的狀況得到改變，希望有一天，真相會完全釐清，加害者願意道歉，受難者跟家屬也願意原諒，台灣的民主能夠更往前邁進。欣聞促轉會將展延一年，促轉會必須落實《促轉條例》、明確指出加害者及移除中正紀念堂內的黑銅像。不要讓小英總統食言，不能功成退任。

（本文發表於2021年4月19日《自由時報》自由論壇）

▲「戲點漣漪」，攝於聖地牙哥動物園。

台灣需要更多、更好的反飛彈系統

2021年5月以色列遭受在加薩走廊之哈瑪斯所發動的的密集火箭彈攻擊，在十天內打了四千多顆的火箭彈。以色列靠著他們研發成功的「鐵穹（Iron Dome）防空系統」發揮極高效能，快速精準打出反飛彈，攔截摧毀數千枚射向以國人口稠密區的火箭彈，成功率號稱九成。以色列只死亡12人，由於死傷還不嚴重，以色列的反擊相當地節制。以色列的將領說，要不是鐵穹擋住大部分的火箭彈，以色列早會攻進加薩走廊了。

隨著電腦快速計算能力和雷達技術的急速進步，反飛彈系統攔截火箭彈、飛彈或敵機的成功率愈來愈高。這樣的發展可以讓我們思考如何調整台灣的防衛戰略。

中國的幅員廣大，軍事設施極多，而飛彈及雷達常用車載，打了就移動，我們要去攻擊中國並不容易，影響有限。況且攻擊型飛彈必需有大彈頭及強力推動引擎，成本很貴，也有可能被對方的反飛彈擊落。反飛彈則是小彈頭或一些鋼珠、射程短、體積小，所以造價相對便宜。台灣國防上的困難是飛彈及反飛彈的數目有限，如果必須在這兩種之間做一選擇，可能要加重反飛彈了。當然攻擊型的飛彈，尤其反艦飛彈，仍然很重要。

台灣可以分段攔截來襲的飛彈。假設中國發射一百顆飛彈，而台灣每一層攔截只有70%的成功率。第一層攔截可從外島及軍艦射出反飛彈，攔截後有三十顆飛彈繼續飛來。第二層攔截再打掉70%，就剩九顆飛彈飛來。第三層攔截後就只剩2.7顆，亦即三層攔截的總成功率高達97.3%。有這麼高的攔截率，台灣受到的傷害將會很小，可以擋住中國的攻擊了。隨著科技的進步，希望台灣每一層的攔截率可以高於70%。如果提高到每層80%的攔截率，單單兩層就可以有攔截總成功率96%了。

其次台灣要發展智慧型反飛彈，用以提升攔截的性能。我們的反飛彈可以加入如下的功能：

1. 反飛彈回報是否會命中目標，爭取下一層攔截的時間。
2. 反飛彈與反飛彈之間可以互相聯絡，分配目標或專注大型目標。
3. 如果沒命中目標，可以轉找下一個目標，比如敵人的軍艦。
4. 可以把引擎關掉，在空中滑行，等待下一個目標來到。
5. 一般用兩顆反飛彈去打一個來襲的目標。為了節省反飛彈，如果十顆飛彈打來，我們馬上打出十顆反飛彈一一迎擊，但隔一小段時間再發出五顆反飛彈，去打落網之魚。如此可以省下五顆反飛彈。
6. 雷達車之間是用網狀連結，如有雷達車被擊毀或故障，其他的雷達車可以代替操作反飛彈的發射。

現在台灣的陸上防空主要是倚靠這三項系統：

1. 鋪路爪預警雷達：這是世界上功能最強的遠程預警雷達系統，建在苗栗2,680公尺高的樂山上，全世界今天只有六部在運作。它最遠探測距離有五千公里，可以涵蓋整個中國，也可以同時追蹤多數量的彈道飛彈、巡弋飛彈、飛機、人造衛星等等。這預警雷達可以充分掌控來犯的武器，適時發出反飛彈攔截。
2. 增程型愛國者三型飛彈：現在只有美國、日本和台灣擁有這種最新型防空飛彈（PAC-3 MSE）。其最大攔截高度2萬公尺，最低攔截高度300公尺，對飛機作戰時的最大有效射程70公里，對戰術彈道飛彈作戰射程是30公里，最大飛行速度為5

馬赫。

3. 增程型天弓三型導彈：愛國者飛彈屬於近程的防空，因此台灣中科院自主研發成功天弓三型飛彈，擔負中程的防空。其增程型射程高度至少有6萬公尺，有可能達到10萬公尺，補充愛國者飛彈高度及距離不足的地方。既然是台灣自己研發的防空利器，我們更可以發展成智慧型反飛彈，增加人工智慧，提高攔截率及性能。

台灣現在尚缺少像薩德反飛彈系統（THAAD），其全名為「終端高空區域防禦」，薩德主要針對彈道飛彈要從大氣層上方再次進入大氣層時，將其擊毀。彈道飛彈往下攻擊時會愈來愈快，最好提早打掉。薩德的雷達系統可以涵蓋好幾千公里，大大地削弱中國的核彈威懾力。現在南韓、以色列及沙烏地阿拉伯都已部署薩德系統，台灣可能買不起，必須看有無變通的辦法，比如用租的方式。台灣也可效法以色列研發鐵穹防空系統，應付較短程的攻擊。美國軍艦主要倚靠神盾防空系統，而日本曾經採用陸基的神盾系統，波蘭也要裝設，這也是台灣的一個選項。台灣必須思考當鋪路爪預警雷達被破壞時，要以何種雷達系統來取代。如何應付極音速導彈，也必須加強研發。

不過台灣最主要的問題是反飛彈數量不夠。應該努力研發及大量製造天弓三型的反飛彈系統。台灣也要爭取授權在台灣大量製造愛國者三型的反飛彈。當台灣有更多及更好的反飛彈系統，軍事基地、雷達站、政府機關、飛機場、港口、重要公共設施、橋樑等等都得到最好的保護，台灣的軍力就保存起來，中國要侵犯台灣就不會成功。

（本文發表於2021年6月13日《自由時報》自由廣場）

▲「貌老心不老」，攝於澳洲雪梨動物園。

▲「目黑眼明」，攝於聖地牙哥Birch水族館。

如果失去台灣，美軍可能退出西太平洋

2021年6月28日日本防衛副大臣中山泰秀嚴正指出，台灣「不是朋友，而是兄弟，是家人，關係親密很多。」及「所以台灣作為一個民主國家，我們必須加以保護。」7月5日，日本副首相兼財務大臣麻生太郎在東京都的一場演講中表示，中國若侵犯台灣，日本應將此視為「存立危機事態」，依安全保障相關法制行使集體自衛權，「日美必須一起防衛台灣」。很顯然日本終於認清和美國共同保衛台灣的必要性。

中國的野心早就透露出來，美國前任副總統彭斯（Mike Pence）於2018年10月4日在華府智庫哈德遜研究所（Hudson Institute）發表重要對中政策演講。他說：「今日中國的軍費是亞洲其他所有國家的總和，在陸、海、空、乃至太空，北京將抗衡美國軍力作為首要任務。中國的目標就是將美國趕出西太平洋，阻止我們援助盟邦。」中國的最終目標就是要孤立日本，迫使日本向中國投降。

日本人必須深切瞭解中國人極為痛恨日本。1894-1895年發生了甲午戰爭（日本稱：日清戰爭），中國被迫退出朝鮮半島，並且割讓台灣給日本。二次大戰中國人死傷慘重，尤其他們念念難忘「南京大屠殺」（日本稱：南京事件），中國學術界公認有三十萬人在南京被日軍殺死，但日方有不同的意見。對中國人來說，這些都是奇恥大辱，非報復不可。

中國軍事戰略的第一步就是攻佔台灣。中國的軍事專家認為，奪得台灣以後就可控制日本往南的海上和空中的航線，並且可用台灣的軍事基地攻擊琉球和日本本島。

台灣的軍力不弱，擁有各種飛彈共約一萬二千顆，是世界上飛彈密度數一數二的國家。如果台灣還守不住，韓國、菲律賓、越南等國都會在中國的武力威嚇下投降，東亞就只剩下日本了。

中國已擁有全世界最多的軍艦，並且全速增建更多更好的軍艦和潛水艇。從中國大陸基地飛出的戰機及發射的飛彈可以涵蓋第一島鏈，而且數量極多，他們對飛彈的防禦能力也大大增強。如果中國把這些武器移入台灣的軍事基地，也從台灣東部的深海港口出動潛水艇，美軍很可能撤出靠近台灣的琉球軍事基地，美國軍艦也將很困難在西太平洋活動。載有核子彈及極音速飛彈的中國航空母艦艦隊和核子潛水艇將縱橫太平洋。在這樣的威脅下，美國很可能退守至東太平洋，來保護美國本土。不知那時華盛頓還能不能信守《美日安保條約》的承諾？

台灣的安全就是日本的安全，日本不能再畏懼中國。日本應該大力幫助台灣提升防衛力量，派遣軍艦經常巡弋台灣海峽和南中國海，並且和台灣舉行軍事演習，加強兩軍的密切合作，也避免互相誤打的意外。台灣是在幫助日本打頭陣，日本必須準備在第一時間幫助台灣擊退中國的侵略，打沉侵略台灣的中國軍艦，以免中國奪取台灣。

（作者王克雄博士生於日本京都，在台灣長大，後移民美國。
本文原以日文投書幾個日本的網路媒體及寄給日本友人。
本文也以英文發表於2021年7月31日Taipei Times）

發起成立紐約台灣博物館

為了推動我這個構想，我完成了一本《紐約台灣博物館計劃書》。在此我把要點節錄下來，與讀者分享，也期待大家共同來促成這個可以讓台灣人驕傲的紐約台灣博物館。

在中國全力打壓下，台灣的外交處境非常艱難。中國以經濟援助及賄賂一些國家的官員，得到很多國家的支持。台灣要爭取友邦及進入聯合國確實不容易，也因此我們極需要尋求突破的方法。本計劃書倡議在聯合國總部的所在地—美國紐約市，設立「台灣博物館」（Taiwan Museum）。最好地點選在靠近聯合國總部，從聯合國總部就可以看到我們的國旗及現代化的台灣博物館。為了加入聯合國，只靠著每年9月聯合國開大會時去示威是不夠的，必須是常設性，持續做外交工作及提醒世界各國台灣的重要性。

這個構想來自猶太人在世界各大城市關於德國納粹對猶太人大屠殺（Holocaust）所設立的紀念博物館。他們把大屠殺的資料、相片及文物詳細地陳列出來，希望世人深切瞭解這段殘酷的歷史，進而同情他們的處境及支持他們的奮鬥。在紐約市的「猶太人傳統博物館」（The Museum of Jewish Heritage）不只有很詳細的大屠殺展覽、也展現猶太人的人文和貢獻、以及二次大戰以後猶太人的復興。該博物館更附有可坐375人的戲院、藝術展覽廳、會議廳與餐廳等。

我們這個台灣博物館將是高水準、現代化及數位化，讓人感佩台灣人的科技及成就。將會展出台灣二二八大慘案（Taiwan 2-28 Massacres），講解中國軍隊殺戮無數台灣人的史實，喚起外國人對台灣的同情。很少外國人知道台灣的二二八大慘案，一旦瞭解以後，他們大都會認為中國沒有資格來統一台灣，也清楚為什麼台灣人不要被中國統一。接著說明台灣人一再為民主自由的奮鬥及犧牲，推翻獨裁統治，終於達成民族自決（Self Determination），成為一個主權獨立的國家。也要各國人士瞭解中國政府的殘酷、欠缺民主、剝奪人民自由及踐踏人權，因而認清中國的真面目。我們更要說出中國如何打壓台灣，喚醒外國人的良知和良心，進而支持台灣。

台灣博物館以招攬外國人來參觀為目標，努力成為紐約的一個重要觀光景點。在參觀博物館以後，外賓就可深刻瞭解台灣，比短短的言談有效。由於展示台灣的人文及風景，促使外國人喜歡台灣，要來台灣觀光。有一整樓把台灣值得驕傲的產品展現出來，及闡明投資台灣的優勢，促進貿易和招商。附設的台灣表演藝術中心（Taiwan Performing Arts Center）將會有許多表演的廣告，藉此讓台灣的名字經常在紐約出現。台灣高水準的交響樂團、音樂演奏家、民謠、舞蹈團等也將在此表演，讓外國人感受台灣的文化水平。台灣駐外單位可以招待貴賓先參觀博物館，接著招待酒會或宴會，最後欣賞表演或聽音樂會。

這個台灣博物館對台灣外交的出擊會有很大的幫助，將是非常值得的投資。何況投資紐約房地產是保值，不是浪費。而且這個投資是一年又一年繼續使用，不像援助外國必須持續花錢。台灣博物館設立的目標是要外國人士：（1）瞭解台灣、（2）同情台灣、（3）喜愛台灣、（4）支持台灣。所有的展覽及活動要盡量符合這些目標。

台灣博物館內各層設施的內容及目的如下：

一樓：

入口大廳要展現台灣的地理位置、面積、人口、對等大小的國家或美國的州。台灣土地的大小約是紐澤西州的1.5倍，人口約是紐澤西州的2.5倍。雄偉的玉山也可讓參觀者驚訝，台灣不是一個小島。為了突顯台灣是一個國家，大廳要能看到國旗及台灣的總統。有一個半圍起來的地方，內有台灣總統對來賓的英文歡迎短片，但參觀者可以選擇其他翻譯的語言。等有人進來，才自動開始播放短片。

一樓有公開式的美術及藝術品展覽，讓參觀者感受台灣人的文明水準。有貴賓廳讓駐外單位招待外賓，可以舉行酒會或60人的餐會。如果有一巴士的貴賓來參觀，再加上我們的招待人員，因此要能坐60人。與外賓一般的相聚很困難把台灣的故事說清楚，而且給他們的資料也大都不會看。當把外賓帶進台灣博物館，他們就可深入瞭解及同情台灣。

一樓也設有台灣餐廳（Taiwan Café）將提供有台灣特色的飲料及餐點，例如珍珠奶茶、冰沙、割包、蝦卷、炒米粉、炒飯等等。當然仍要有咖啡、三明治、漢堡、炸薯條等美國食物。要一個餐廳食物新鮮可口，生意一定要很好。所以餐廳設在一樓，不只可從接待大廳進入，還另有門讓顧客直接從街道進入餐廳，增加外賣及方便顧客進出。台灣禮品店（Taiwan Gift Shop）以廉價出售一些台灣的產品。當商品價廉物美，網路就會瘋狂轉傳。

二樓：

二樓主要是二二八大慘案的展覽，目的要外國人能同情台灣。要清楚說明在中國的獨裁者蔣介石調來大批中國軍隊展開對台灣人的無情大屠殺，同時大量逮捕及謀殺台灣菁英。估計二二八大慘案的三個月期間，一共有1.8至2.8萬的台灣人被中國軍隊殺死。當時英國駐台北的領事G.M.Tingle於1947年3月21日發電報說：「（中國）政府不遺餘力追尋並殺害領袖人物，……殺人如麻的目的是使福爾摩沙人不再有未來的領袖。」這才是蔣介石在二二八殺害這麼多台灣菁英的真正原因。1947年不幸發生在台灣的二二八大慘案很少外國人知道。當外國人瞭解二二八大慘案後，他們大都同意中國沒有資格來統一台灣，也知道為什麼台灣人不願與中國結合在一起。

於1989年發生在中國北京的六四天安門事件，事實上是二二八大慘案的歷史重演，因為兩者都是：

1. 中國獨裁統治者於和平時期進行大屠殺。
2. 用軍隊殺害無武裝的人民。
3. 死傷的大部分是青年人。
4. 人民要求民主及改革而引起。
5. 獨裁統治者接著好幾十年，全面封鎖消息、不准談論、不可紀念。二二八被封鎖四十年，而六四至今已封鎖三十三年，仍在繼續封鎖。

由這兩個事件，可讓外國人認識中國的獨裁者及政府其本質是如何殘忍、沒有人道、不顧人權及欠缺民主。

台灣研究室要成為世界各國的學術機構和智庫要研究台灣、聯絡台灣有關機構及索取資料的管道。本博物館也可以發研究經費給國外有關台灣的研究。

三樓：

三樓要說明蔣介石的白色恐怖獨裁統治及台灣人不怕犧牲前仆後繼地抗爭，完成民族自決，終於建立獨立自主的民主國家。二二八大屠殺以後，在1949年中國國民政府主席蔣介石的政權被中國共產黨趕出中國，逃難來台灣，就開始全世界最長的戒嚴，期間從1949年5月20日至1987年7月15日，長達三十八年。雖然解嚴以後，「名義上」台灣人不再受到嚴厲的軍法審判，但是《懲治叛亂條例》以及《刑法》第100條仍然持續鎮壓台灣人。《懲治叛亂條例》法在1991年5月22日才廢止，亦即正式結束中國國民黨的白色恐怖統治。在台灣人一再抗爭下，《刑法》第100條終於1992年5月15日根本修正。這項修正，則被視為是台灣民主運動、言論自由及推動人權保障的重大成就。

這期間的主要案件可以陳列出來，包括：美麗島案、林宅血案、陳文成案、鄭南榕案、澎湖七一三事件、孫立人部屬郭廷亮案、柏楊案、李敖案、雷震案等。他們的勇氣與犧牲是要紀念的。1987年的二二八和平日運動終於突破二二八的四十年禁忌，可以公開來討論二二八的歷史。接著展現民進黨的崛起，打敗全世界最富有的政黨—中國國民黨的買票。2000年時陳水扁總統上任，終於結束國民黨的獨裁統治，完成民族自決，建立民主且獨立的國家。

中國如何欠缺民主、不顧人權、大肆逮捕異議分子、控管網路、嚴密監控人民、剝奪人民的自由、對少數民族進行種族滅絕、嚴厲迫害各種宗教、滲透世界各國、誘導許多國家落入大債務的陷阱等等惡行，要有容易理解的事實和圖片展示出來。喚醒外國人不要再幫助邪惡的中國。說不定有一天，中國會來跟我們交涉，如果拿掉這些圖片，中國就讓我們進入聯合國。

中華人民共和國沒統治過台灣一天，但卻一再宣稱台灣為其一省，不可分割的領土，強要併吞台灣。自二二八大慘案以來，台灣人努力要推翻中國國民黨的獨裁統治，成為一個新的國家。從2000年起，台灣已經有公開且公平的民主選舉，也除去了國民黨的獨裁統治。今天住在台灣的人民所選出來的政府有代表全體台灣住民的正當性，這就是民族自決，這就成立一個新的國家。

民族自決是指：「根據《聯合國憲章》和國際法，在沒有外部壓迫或干擾的情況下，人民可以自由決定他們的政治地位，並自由謀求他們的經濟、社會和文化的發展。」這民族自決也就否決依據歷史觀點的各種說法，例如「台灣是中國的固有領土」就不再成立。

接下來要說明中國如何打壓台灣，連台灣在WHA觀察員的資格被取消。台灣也應該納入聯合國，成為會員國。如此世界各國才能同情台灣，也瞭解他們有意或無意幫助了中國。

設有教室做為學術演講、簡報、會議、上課、出租等用途。

四樓：

四樓要介紹台灣人民、文化、食物、對世界的貢獻及優美的風景，讓外國人喜歡台灣，想要來台灣觀光訪問。台灣人有善良、勤奮、聰明、好客等等美好品格要能表現出來。台灣人對世界的文明、科學、醫療、電子等都有卓越的貢獻。台灣的醫療義診團、農耕隊、地震搜救隊、經濟援助等幫助了很多國的人民。

當中國共產黨毀滅華人的傳統、文化及宗教，台灣卻保留很多華人優良的傳統及文化。台灣有很多雄偉壯觀的寺廟、孔子廟及荷蘭人留下的城堡。台北故宮博物院展出許多珍貴的中國文物及藝術品。我們要以美好的展覽及動人的影音來招攬觀光生意。

台灣是相當大的島嶼，擁有268座超過3,000公尺（9,842英呎）的高山。其中最高最雄偉的玉山高達3,952公尺（12,966英呎），比日本或韓國的高山還高。太魯閣峽谷打穿大理石山，是世界著名的景觀。要以大幅相片及影音，讓參訪者對台灣風景的秀麗感到驚訝。

交通部觀光局的紐約辦公室可以移來這裡，做導覽及與台灣旅行社連絡的橋梁。可裝些電腦，讓外國人更深入瞭解台灣。

五樓：

本樓要陳列非常多台灣的產品或產品圖片，也說明那幾項是世界第一，讓外國人知道台灣的經濟實力和對世界的貢獻。另外也要講解在台灣投資的優點，為台灣招商。

經濟部駐美投資貿易服務處可以搬到這裡，一方面做這樓的導覽，另一方面做與台灣廠商聯絡的管道，也幫助要來台灣投資的外國人。

六、七、八樓：

用最高的三層來設立台灣表演藝術中心（Taiwan Performance Arts Center），約有500個座位，屬於中型的表演廳。一座美侖美奐的表演藝術中心有最新的音響效果、燈光控制、升降舞台、戲院式的座位（不被前排擋住）等設施，使得很多人要來這裡演出，讓外國人對台灣刮目相看。除了音樂及舞蹈以外，這場地也可當會議廳或辦演講會。如果我們邀請某國的著名演奏家來表演，我們就可與那國的大使館及知名人士聯絡上。當他們參觀我們的博物館的展出，就瞭解台灣，也較容易支持台灣。每次的表演將會有很多廣告，也就等於幫台灣做廣告。這麼多在紐約的外國官員也就經常被提醒台灣的存在。

紐約市的土地非常貴，因此要往上蓋。表演廳中間沒有柱子，所以要放在最上方，不必再支撐樓上的樓層，屋頂較輕可由四面的牆壁頂住就可。這廳也可出租，收取租金。

增加樓層：

如果可以建更多的樓層，一些台灣機關駐在紐約的辦公室也可集中在本大樓。

關於本計畫的實施，首先博物館的名字，要簡潔，也要突顯台灣，因此筆者建議取名「台灣博物館」（Taiwan Museum）。筆者也已取得 TaiwanMuseum.org 的網址，可免費送給博物館。另外附設的「台灣表演藝術中心」（Taiwan Performing Arts Center）、「台灣餐廳」（Taiwan Café）及「台灣禮品店」（Taiwan Gift Shop）也都在突顯台灣的名字。汗衫（T-shirts）、紙袋、紙杯等也都印有台灣的名字。當有表演時，就可在紐約到處廣告，把台灣的名稱一再呈現給紐約人和遊客。

關於博物館地點的選擇，紐約是全美第一大城，世界金融、政治、文化的中心，聯合國的總部及開大會的地方，可說是世界的首都。台灣盼望加入聯合國，其總部有非常多各國的外交官員，是我們要接觸的對象。如果請他們來參觀台灣博物館，他們就可瞭解及同情台灣，進而支持台灣。最好地點選在靠近聯合國總部，從總部可看到我們有特點的博物館及國旗，每天提醒他們台灣的存在。我們可以訓練新的外交官和聯合國的外交官員做朋友，邀請他們來參觀博物館及講解台灣的故事。因為聯合國總部門禁森嚴進出不容易，很多有關聯合國的會議、研討會或聚會常在總部外邊舉行。我們可以免費提供場地，邀請大家來使用。大部分國家在紐約都設有大使館或領事館，紐約是與世界各國聯絡的重要據點。

大樓的外觀要有特色，引人注目，最好能夠成為紐約的重要地標。比較現代化、奇特的造型或不尋常的顏色，都可使大家談論及注意到台灣博物館。 外邊要有大型的雕塑吸引注意，及醒目的招牌和國旗。也要注意再生資源的使用及環境的保護。目的要展現台灣的現代化、創意、高科技、民主、文化、人情等特質。只地上八層及地下一層，是中型的高樓，佔地也不大，因此建築費用不會太高。能買到土地之大小、形狀、法規限制等等，將會限制土地的開發，須由建築師做最合適的設計。內部的設計也要現代化、高水準、高科技。館內的展出要有燈光、影像、聲音等效果。短影片可以給人深刻的印象。展覽的設計要注意我們的目標，使參觀者能夠瞭解、同情及喜愛台灣，然後說出我們要加入世界衛生組織與聯合國的奮鬥，尋求大家的支持。我們必須展出中國的惡行及如何打壓台灣，大家才會認清中國的真面目，轉而支持台灣。

既然台灣博物館是針對各國的外交人員及來自世界各國的參觀者，有點像外交部的大型簡報室，外交部應該有很多的想法與意見。不過參與這館的設計及經營一定要有以台灣為中心的理念，而且年紀不要太大，有新觀念及創意。如何設立小型的外賓招待廳，須細心設計。當然希望美國的官員、國會議員、知名人士等來參觀台灣博物館。我們可以組很多團從華府來紐約參觀博物館、參加宴會及欣賞表演或聽音樂會，比邀請到台灣省很多錢，大家也較願意來。服務人員要能說流利的英語，最好僱用僑民的兒女，也要藉此教育他們。

期待外交部充分利用台灣博物館。僑務委員會及僑教中心是專門服務僑胞，也可使用台灣博物館。成立台灣博物館需要大筆的經費，營運也需要錢。有關部門，譬如二二八基金會、交通部觀光局、經濟部外貿單位、文化部駐紐約台北文化中心等都要協助，但最重要的資金必須來自外交部。可以直屬於文化部及由文化部經營，或由僑務委員會營運。從倡議、設計以至義工，台灣僑胞會提供很大的幫助。可向僑胞及廠商募款，也需成立可在美國抵稅的非營利機構。

台灣表演藝術中心可以舉辦「國際表演藝術系列」（International Performing Arts Series），專門邀請各國的名演奏家、歌唱家、樂團、民謠、民族舞蹈等來表演。譬如我們要邀請非洲某一國家的民族舞蹈團，我們就可去他們的大使館接洽，也請他們幫忙邀請人來看，因之建立好的友誼。我們還要邀請其他非洲國家共同來欣賞，他們會感受我們的尊重與友好。如果一年舉辦12場，我們就經常在廣告台灣，也結交很多朋友，且花費不多。台灣的音樂家、交響樂團、民謠演唱、舞蹈團等也要來表演，讓國際人士感受我們的文化水準。這表演中心更要出租，收取租金。

台灣博物館的營運要有創意，設計特別節目吸引人來參觀。每年元宵節時舉辦「台灣燈會」，回台灣收集去年的花燈，運來紐約展覽。每個小孩都送一個需自己組裝的小花燈，在網路大大宣傳，一定可以大排長龍。每年也可舉辦「台灣珍珠奶茶節」，每人贈送一中杯珍珠奶茶，花費很少卻可轟動一時。在聯合國大會時，配合台灣加入聯合國的遊行，舉辦相關活動。例如，邀請國際知名人士來舉辦「台灣加入聯合國會議」、台灣人的音樂及舞蹈表演、博物館特別展覽等等。美國的小學生或中學生常出遊參觀，我們要去邀請他們。除了介紹台灣給他們以外，我們也可教亞洲的地理及送每人一小袋禮物，內含台灣的介紹、地圖、風景明信片、故事書、遊戲等。

我們必須多做非正式外交（NGO）的工作。我們要提倡聯合國所標榜的人權宣言、開世界人權會議、獎勵護衛人權的人士、批判沒有人權的政權等等人權外交的工作，來提升台灣的地位、突顯台灣的名字及幫助台灣加入聯合國。再加上其他有創意的活動，大家在紐約就常聽到或看到台灣的名字，誰敢說台灣是一個小國家？

既然台灣的外交受到很多的打壓，外交部就必須改守勢為攻勢，尋求有創意的突破。筆者建議在美國紐約市設立台灣博物館，最好靠近聯合國總部。在總部可看到台灣博物館的美麗大樓及台灣國旗，提醒外國人台灣的存在。這博物館將述說台灣的故事及中國的無理打壓，是我們要進入聯合國的灘頭堡，只要我們下定決心，在外交人員及全國同胞努力不懈下，台灣終會進入聯合國。

我們要外國人認識台灣人民、文化及對世界的貢獻等。台灣的寺廟、故宮博物院、孔廟、荷蘭人的城堡等，都會吸引外國的觀光客。再加上雄偉的高山、陡峭的山谷及很多美不勝收的風景，也都可讓外國人喜歡台灣，要來遊覽。商品展覽可給外國人知道台灣的經濟力量、進步的科技、良好的品質等，進而促進台灣的外銷。也要招攬外商來台灣投資。台灣表演藝術中心將邀請世界各國的音樂及表演團體來演出，來做NGO的外交。也給台灣的音樂家、交響樂團、舞蹈團等有高水準的表演場地，展現台灣的文化高度。雖然台灣博物館需要一筆相當大的資金，但在外交上的收穫，將是非常龐大，而且也要招徠觀光及促進外銷，這是台灣政府應該要做且值得做的投資。如果紐約的台灣博物館嘗試成功，我們可在世界其他的大都會依樣來做。

發起人：王克雄博士

懷念五叔王育德教授

王育德教授是我父親王育霖檢察官同母的親弟弟，也是我非常敬仰的人，當年卻不能跟他聯絡。父親在大家庭裡排行第三，王育德排第五，稱呼二嬤，在我父親15歲時就往生，兩位親姐姐也都已出嫁，在複雜的大家庭裡，他們兩兄弟相依為命，感情非常好。五叔在日本從事台灣獨立運動，母親也幫助五叔管理房地產，特務認為我家有跟五叔聯絡。事實上，很少的聯絡主要經過四姑丈蔡東興傳話，因為四姑丈從事貿易，較常往來台日之間。特務甚至要母親寫信給五叔，勸他不要跟國民黨政府作對，不要搞台獨運動，但遭母親拒絕，也就讓特務們更為生氣。母親一直擔心，國民黨會用「廖文毅模式」對付我們，逮捕我兄弟兩人，迫使五叔返回台灣投降。

在戶籍上，五叔是給予大嬤當兒子，大嬤攬有不少的財產在她名下，因此五叔所分得的財產是我兄弟的十倍。別的親戚不敢碰五叔的房地產，管理責任也就落在我母親的身上。後來五叔傳話，他需要錢，希望賣一些房地產。本來母親很怕國民黨，不敢做，但又想到五叔是我們最親近的親人，而且很敬重他，因此在1985年五叔過世之前，賣了三筆土地。母親把這大筆的錢陸續經過親友和銀樓，分批匯給五叔。在戒嚴時代，資助台灣獨立運動是很嚴重的罪刑，那時我已來美國留學，母親和弟弟克紹是冒極大的危險來幫助台獨運動。

我來到美國才能與五叔聯絡，也才讀到五叔辦的《臺灣青年》雜誌。最值得記憶的事是五叔在1977年7月來芝加哥演講，那時母親正好在芝加哥與我們同住。我們邀請五叔來團聚，我太太做很多台灣料理招待，五叔挺高興，還說美國的牛排又韌又沒味道，好像在吃拖鞋。我們一群台灣人辦了一場大型的「台灣群眾大會」，五叔風趣的演說，以及深入淺出地解釋台灣獨立運動，大大鼓勵我們。五叔在1979年出版了《台灣：苦悶的歷史》的中文版，他把書寄來我這裡，然後我負責幫忙賣書，推廣台獨的理念。很不幸五叔英年早逝，只享壽61歲，實在可惜，令人懷念。

父親和五叔都是台南市末廣公學校（現在協進國民學校）畢業。父親直接考上台北高等學校尋常科，五叔進入現在的台南一中，但在四年級完也考取台北高等學校。他們兩位也都進入東京帝國大學，父親讀法學部法律學科，而五叔則讀文學部中國哲學科。在1944年五叔輟學回到台灣。

大戰後，五叔在台南一中教書，很多他的學生後來也都參加台灣獨立運動，前台獨聯盟主席黃昭堂也就是他的學生。五叔在課餘從事戲劇活動，在台南市延平戲院演話劇，那時沒什麼電影可看，所以話劇很流行。五叔寫劇本、當導演、也是演員，劇情反映當時人民對社會的不滿，非常受歡迎，也遭受當局的注目。二二八期間五叔到鄉下避一段時間，逃過追殺。後來看到有同事被捕，就在1949年逃到香港，再轉去日本，繼續東大的學業。那時我5歲，還依稀記得，五叔要逃亡，家人依依不捨的情景。

五叔的碩士和博士也都在東大讀，他的論文是研究台灣話。在1957年出版《台灣語常用語彙》一書，為了出版的費用，他把住的房子賣出去。1960年2月五叔創立台灣青年社，出版《臺灣青年》，正式投入台灣獨立運動，是台灣獨立運動的理論家及實踐者。五叔在東京大學當講師，後來去明治大學從講師升到教授。五叔對於中國文學、哲學、歷史都非常有研究，一生的著作很多，是一位多才多藝的學者，也是一位鍥而不捨的台獨運動者。

人家常說，五叔是因為哥哥在二二八慘案中遇害，才走台灣獨立之路。這一點五叔並不同意，他說，就是哥哥沒有死，也會從事獨立運動。他從事獨立運動的理由有三：（一）要證明，並非所有台灣人都是讓中國人所看輕的卑屈之輩；（二）要證實從事獨立運動的人，不全然是一些頭腦簡單的人；（三）為了要展現台灣人的尊嚴。中國共產黨原來是支持台灣獨立的。1947年台灣發生二二八大屠殺時，解放日報發表支持台灣獨立的文章，毛澤東更表示：「我們中國共產黨所領導的武裝部隊，完全支援台灣人民反對蔣介石和國民黨。」毛澤東進一步表示：「我們贊成台灣獨立，贊成台灣自己成立一個自己所要求的國家。」

1975年五叔成立「原台籍日本兵補償問題思考會」。台灣人為日本當兵打仗，退伍下來卻沒有生活上的補償，尤其很多台灣人在戰爭死亡，更沒有受到撫恤。那是一個長期的努力，一方面在法院告日本政府，另一方面向日本國會陳請，在沒有資金下奮鬥好幾年，終於為這些人拿到補償。

五叔說，我們的祖先是海盜，也是羅漢腳。台灣海峽稱為黑水溝，要渡過非常危險，在台灣與原住民也常有爭戰。因此，謹慎的人不敢來，有家眷的不想來，士農工商已經安身立命的人不願來。那誰會來呢？就是那些沒有工作、走投無路、做了虧心事、在逃的通緝犯等等，也就是那些羅漢腳。他們是反對體制的人，也是有勇氣的冒險家。我們曾坐郵輪去北歐玩，挪威人很驕傲，他們的祖先是海盜，展示維京人的船以及海葬的風俗。我們也應以我們的祖先為驕傲，他們是一群不肯屈服、有勇氣的台灣人。這些羅漢腳娶當地平埔族的女人為妻，所以常說：「只有唐山公，沒有唐山嬤。」台灣人大多有原住民的血統。

先前美國人主要從歐洲渡海移民而來，他們追求自由、尋找夢想、敢於冒險，但他們不會去追溯他們的祖國：英國、德國、法國等等的悠久歷史，那是沒有意義的。在新的土地，他們成為一個新的民族。五叔認為，在地域、政治、經濟、文化等各項因素的自然區分下，台灣形成一群人的命運共同體，便是一個新民族的誕生，這就是台灣民族。美國人在1776年時，團結一致共同反抗英國的獨裁統治，才能夠獨立。台灣卻始終受著外來政權的統治，從荷蘭人、鄭氏王朝、清朝帝國、日本到蔣介石國民黨政權。五叔說：「台灣人的毛病就是太過聰明，說得更精確些，就是太多小聰明。開路先鋒或困難的工作，都讓別人去做，等到時機成熟成功的時候，才要來收割成果。結果，並沒有那種可以輕易收穫的成果。台灣也就永遠無法脫離奴隸的命運。」

五叔勉勵我說：「台灣人愛坐大位，如果沒坐大位，就不肯做事。而我是，坐大位我做事，沒大位我也做事。」這是服從的素養及理想的執著，我們應該學習。

▲「誰說大嘴吧不好看？」，攝於聖地牙哥動物園。

二二八 加害者之研究

「猴國的愛因斯坦」，攝於聖地牙哥動物園。

如何證明蔣介石是二二八元凶？

2004年聯合國秘書長安南（Kofi Annan）在安全理事會提出〈法治與衝突中及衝突後社會之轉型正義〉的報告，目的在協助各國推動轉型正義以及法治的問題。蔡英文總統於2017年的二二八慘案七十週年紀念會上強調，要讓二二八事件中「只有受害者，沒有加害者」的狀況得到改變，希望有一天，真相會完全釐清，加害者願意道歉，受難者跟家屬也願意原諒，台灣的民主能夠更往前邁進。非常難能可貴的，在蔡英文總統的領導下，於2017年12月5日正式通過《促進轉型正義條例》。

《促轉條例》第4條第2項就規定：「為完整回復威權統治時期相關歷史事實並促進社會和解，促轉會應主動進行真相調查，依本條所徵集之檔案資料，邀集各相關當事人陳述意見，以還原人權受迫害之歷程，並釐清壓迫體制加害者及參與者責任。」為了還原蔣介石當年參與二二八的歷史真相，本報告將詳列那期間蔣介石非常多的作為及言詞，來確定他的責任，並給予評價。蔣介石在二二八慘案的主要責任可分為以下十項：

一、要求陳儀對群眾格殺勿論，可錯殺一百，不可錯放一人

二二八發生前不久，1947年2月10日蔣介石就已下令陳儀：「據報共黨份子已潛入台灣漸起作用，此事應嚴加防制，勿令其有一個細胞遺禍將來。台灣不比內地，軍政長官自可權宜處置也。」[1] 意思是授權陳儀可以胡作非為，但絕不准放過一個共產黨徒。2月28日陳儀宣布臨時戒嚴，也電告蔣介石群眾示威的情

況。陳儀的侍衛舒桃那時專責文件收發，於1995年3月2日作證說，隔天蔣介石立即回電，命令陳儀「格殺勿論」及「可錯殺一百，不可錯放一人」。[2] 台灣警備總部參謀長柯遠芬在1992年接受賴澤涵訪問時說：「當時的局勢雖然有點亂，但只要依照先總統蔣公的指示辦理，執行起來就沒有什麼困難。」[3] 證明他們殺台灣人，都是依照蔣介石的指示來做的。不過，蔣介石這種「格殺勿論」的殘暴方式，並非無前例可循，試看1936年西安事變前，中國的愛國學生在西安市示威請願時，張學良替學生向蔣介石請命，蔣介石卻怒斥道「對於那些青年，除了用槍打，是沒有辦法的。」[4]

二、誤解台灣當時的實情，不聽勸阻

2月28日蔣介石在日記反省中寫道：「台灣暴民乘國軍離後，政府武力空虛之機，發動全省暴動，此實不測之禍亂，是亦人事不臧，公俠（陳儀）疏忽無智所致也。」3月1日的日記也說：「其暴動地區已漸擴大，以軍隊調離台灣是亦一重要原因也。」[5] 不察台灣人抗爭的原委，軍人蔣介石的直覺反應就是即刻於3月3日下令昆山的駐軍開赴台灣及於3月5日調廿一師來台灣。[6] 根據「總統蔣公大事長編初稿」，蔣介石在3月5日大舉派兵的原因是：「台灣事件已演變至叛國及奪取政權階段。」[7] 蔣介石認為台灣人民要求改革及抗議貪腐是意圖脫離中國、背叛中國的舉動，這種草率與錯誤的判斷，促使他對台灣進行無情的屠殺。蔣介石於3月7日的日記：「此時共匪組織尚未深入，或易為力」及「台民初附，久受日寇奴化，遺忘祖國，故皆畏威而不懷德也。」[8] 蔣介石也就大殺一番，給台灣人下馬威了。3月10日蔣介石在總理紀念週上的公開談話，將二二八歸咎於「昔被日本徵兵調往南洋一帶作戰之台胞，其中一部分為共產黨員」，並說他決定派兵來台是因為「二二八事件處理委員會」提出「無理要求」。[9] 這是蔣介石自欺欺人，編造出兵的理由，因為處理委員會到3月7日才提出42條要求，而且他自己也承認台灣當年幾乎沒有共產黨組織。值得注意的是3月4日中央社報導：「今日台北市秩序全部恢復，全市商店開門營業。台省以及外省同胞，熙熙攘攘，面帶笑容。戲院及電影院均已營業，菜市、米市最形擁擠。」台灣新生報也說，在3月5日除了嘉義以外，台北、台中、彰化、台南、花蓮等地都已恢復秩序及商店開市。台灣人怎能料到，過不了幾天，蔣介石派大軍來報復屠殺呢？3月6日台灣省全體參政員緊急上電蔣介石，勿用武力彈壓，以免事態擴大。[10] 3月6日監委邱念台也致電于右任謂：「希寬大處置，藉消萌孽以防離間。」[11] 3月6日晚，美國大使司徒雷登找蔣介石談台灣情勢，希望和平處理。在中國上海、天津、南京等地的台灣相關社團以及台灣的二二八事件處理委員會等都向中央一再呼籲，不要派兵來台灣，赦免參與民眾。3月7日蔣介石卻特別電告陳儀：「台灣政治建設促進會由外國領事館轉余一電，其間有請勿派兵來台，否則情勢必更嚴重云。余置之不理，此必反動份子在外國領館製造恐怖所演成。」[12] 可見蔣介石剛愎自用，不聽勸阻，執意武力鎮壓，教訓台灣人。

三、主導派大軍鎮壓，對台灣民眾展開報復行動

3月3日蔣介石立即命令江蘇崑山的駐軍「開台平亂」，且於3月5日通知陳儀：「已派步兵一團並派憲兵一營，勿念。」[13] 依照蔣介石的指示，參謀總長陳誠也在3月5日報告：「已令廿一師劉師長率師部及一四六旅之一個團即開基隆。」、「著憲兵第四團駐福州之第三營即開台灣歸制。」及「著憲兵廿一團駐福州之一個營即開基隆。」[14] 蔣介石更於3月8、9日連續兩天召見第二十一

師師長劉雨卿，親自指導如何鎮壓台灣人。[15] 3月9日下午劉雨卿由南京乘專機飛台灣，旋即晉見陳儀，轉達蔣介石必須「面詳一切」的交代，很可能是鎮壓台灣人的秘密指令。[16] 3月8日蔣介石電告陳儀：「今日情勢如何，無時不念，望每日詳報。茲已派海軍兩艘來基隆，約9、10各日分期到達，廿一師第二個團定明9日由滬出發。」蔣介石同日又詳細指示陳儀：「各處倉庫所存械彈約有幾何，請詳報。與其為暴徒奪取，不如從速燒燬。此時應先作控制台北、基隆二地之交通、通信，與固守待援之準備。台南則固守高雄與左營，勿失為要。日內即有運輸登陸艇二艘駛台，可派其作沿海各口岸聯絡及運輸之用。基隆與台北情況，每日朝、午、夕作三次報告為要。」[17] 由蔣介石的細膩指揮及一天三次的報告，足見是他主導這次派兵來台灣的軍事運作。3月9日上午，陳儀根據蔣介石的電令：「斷然戒嚴，制止動亂。」在第二十一師抵台後，再次宣布戒嚴，軍、警、特展開無情的屠殺。[18] 林木順在隔年2月，把當時二二八的情況記錄在《台灣二月革命》一書。他見證，由中國來的士兵們竟然說：「上頭准許我們來殺他們，這幾天來，殺得真痛快！還得再殺，殺光了，看他們還能造反不成？」如果不是蔣介石的命令，沒有將官敢縱容他的部屬如此亂來。3月13日，陳儀稱讚蔣介石說：「此次事變設非鈞座調兵迅速，其演變不堪設想。」3月27日抵達台灣調查的監察委員丘念台，在4月11日給院長于右任的報告也證明：「3月8日以後，軍警擴大屠殺。」[19] 丘念台實地調查，發現黨軍胡亂殺害大批台灣人，就把二二八定調為「屠殺」了。3月11日中統局報給蔣介石的情報指出：「9、10兩日國軍絡續開到，警察及警備部軍士即施行報復手段，毆打及拘捕暴徒，台民恐慌異常。」（見圖）[20] 大軍展開報復行動，在基隆還沒上岸就用機關槍掃射，浮屍遍布基隆港，殺向台北，及繼續往南挺進，台灣人非常恐慌。除了在台中及嘉義有小規模衝突外，黨軍沒有遇到有組織的抵抗，卻報復性地胡亂殺人，把台灣民眾當成敵人。蔣介石看到這份情報，擔心黨軍的「報復手段」會遭受輿論的指責，也就於3月13日電令陳儀：「請兄負責嚴禁軍政人員施行報復，否則以抗令論罪。」但這是馬後炮，裝腔作勢而已，因為主要的屠殺已完成了。[21] 黨軍的軍紀非常不好，很多這種治軍的吩咐，不被軍頭們所重視。到了3月31日，蔣介石得意地在日記中說：「台灣全省各都市為暴徒共匪脅制，叛亂情勢嚴重已極，竟能如計處理，次第平服。」[22] 顯然成功地依照蔣介石的計謀進行殺戮，令台灣人再也不敢造反。蔣介石本人在3月間也對台灣廣播，保證：「各縣市長提前民選、未民選前盡量登用本省人士。」及「與此次事變有關之人員，除共黨煽惑暴動者外，一律從寬免就。」[23] 事實上，蔣介石的話並沒兌現，只是欺騙台灣人民而已。蔣介石兼全國綏靖區政務委員會主任委員，而白崇禧任副主任委員。白氏來台的主要工作是督導廿一師的運作，立即在3月20日上午10時召開軍事會議，由陳儀、柯遠芬、葛敬恩、冷欣、吳石、郝中和、何孝元等軍事長官參加。[24] 白崇禧下令把台灣分成七個綏靖區、派任七個司令官及推動清鄉。陳儀雖已在3月17日正式向蔣介石請辭，仍得依照白崇禧的指令，20日當天下午立即對外宣布，設立綏靖區，並於隔天起實施嚴厲的清鄉。黨軍以互保連坐制度為威脅，地毯式地追殺參與二二八或涉嫌共黨的人，羅織殺害更多的台灣人。當時的慘況可參照3月27日中統局長葉秀峰的情報：「陳長官善後處置仍採高壓政策，凡稍涉事變嫌疑者每加毒殺，被害者已有四、五十人，對青年學生妄殺尤多，致使人心惶惑社會益形不安。」[25] 第二十一師的報告說：「從3月8日登陸至31日，共用約二十萬發子彈、一千二百顆手榴彈及七百發砲彈。」[26] 這麼多的槍彈打在台灣人的身上，死傷當然難以計數。行政院二二八基金會所完成

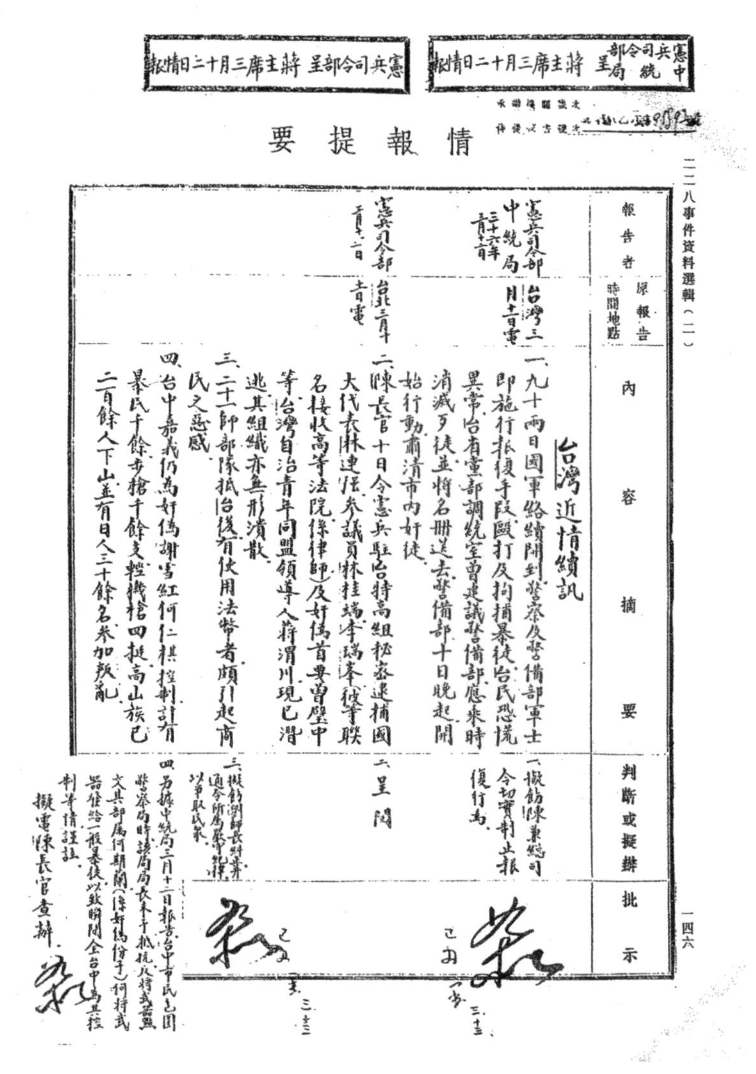

憲兵司令部 呈 蔣主席三月十二日情報

中統局 憲兵司令部 呈 蔣主席三月十二日情報

情報提要

報告者	原報告時間地點	內容摘要	判斷或擬辦	批示
中統局 憲兵司令部 三十六年三月十一日	台灣三月十一日電	台灣近情續訊 一、九十兩日國軍絡續開到，警察及警備部軍士即施行報復手段，毆打及拘捕暴徒，台民恐慌異常。台省黨部調統室曾建議警備部應乘時消滅歹徒，並將名冊送去，警備部十日晚起開始行動，肅清市內奸徒。	一、擬飭陳兼總司令切實制止報復行為。	
憲兵司令部 三月十二日	台北三月十一日電	二、陳長官十日令憲兵駐台特高組秘密逮捕國大代表林連宗、參議員林桂端、李瑞峯（彼等聯名接收高等法院，係律師）及奸偽首要曾璧中等。台灣自治青年同盟領導人蔣渭川現已潛逃，其組織亦無形潰散。 三、二十一師部隊抵台後，有使用法幣者，頗引起商民之惡感。 四、台中嘉義仍為奸偽謝雪紅、何仁祺控制，計有暴民千餘，步槍千餘支，輕機槍四挺，高山族已二百餘人下山，並有日人三十餘名參加叛亂。	二、呈閱 三、擬飭劉師長[illegible]通令所屬[illegible]，以爭取民眾。 四、另據中統局三月十二日報告，台中市民包圍警察局時，該局局長未予抵抗，反將武器盡交其部屬何朝蘭（係奸偽份子），何持武器供給一般暴徒，以致瞬間全台中為其控制等情，謹註。 擬電陳長官查辦。	三、十三

二二八事件資料選輯（二）

一四六

▲ 1947年3月11日中統局呈蔣介石的情報記載：9、10兩日黨軍到達台灣，立即施行報復手段，台民恐慌異常，以及台灣省黨部送去名冊，警備總部10日晚開始逮捕台灣菁英。翻攝自中央研究院近代史研究所編《二二八事件資料選輯》（二），頁146。

的《二二八事件責任歸屬研究報告》，估計共約1.8萬至2.8萬的台灣人在二二八受害。[27] 白崇禧1947年4月6日的報告書竟然謊稱台灣只死了304人，顯然蔣介石獨裁政權企圖隱瞞屠殺的事實。[28]

四、預知會殺很多台灣人，就事先指派白崇禧到台灣宣慰

蔣介石在1947年3月10日送急電給陳儀：「聞廿一師第一個團已到台北，未接報告，甚念。昨、今二日情勢與部隊到達後之處理方法，希隨時詳報。」[29] 蔣介石急著要知道，殺台灣人進行得如何，顯然陳儀指揮軍隊太忙，沒有送出報告。不過在此之前，蔣介石竟然預知會殺死很多台灣人，需要派大員「宣慰」。3月7日白崇禧國防部長剛由綏遠包頭飛抵山西太原，繼續他在華北各綏靖區防務的視察。隔天8日，來不及開會，就被南京緊急召回。當晚白崇禧立刻晉見蔣介石，主要商討應付台灣人的抗爭及被派前往台灣宣慰。3月17日中午白崇禧來到台灣，當晚白氏的廣播一開始就說：「奉蔣主席的命令宣慰台灣，對此次遇難同胞，代表宣慰。」[30] 蔣介石在3月8日就已經預知會殺很多台灣人，怎沒有出面阻擋呢？可見二二八大屠殺是蔣介石的計謀。

五、認可陳儀在台灣的暴行

3月7日陳儀報告蔣介石：「目前我因限於武力，十分容忍，廿一師到達後，當收斧亂之效。」[31] 陳儀已明言，在第二十一師到達後，要屠殺報復了。國民黨台灣省黨部主任委員李翼中也證明，陳儀「大動殺機」。[32] 國民黨第六屆三中全會很快在3月22日決議，將陳儀「撤職查辦」。然而蔣介石不只認定陳儀不必負責，還出言辯護其「善盡職守」，甚至以「鎮壓叛亂異常出力」記大功二次給予嘉獎。後來在輿論壓力下，不得不將陳儀撤職，

不過旋升任為浙江省主席。[33] 顯然陳儀所作所為都符合蔣介石的心意，亦即蔣介石須擔負陳儀的罪責。後來陳儀要投共，而被蔣介石處死，竟然有人說，殺陳儀是蔣介石為台灣人報仇。

六、認可白崇禧違法下令以軍法處死台灣菁英

在1948年2月25日白崇禧給蔣介石的報告，自己承認說：「當職奉命赴台宣慰時，該省警備總司令部請對暴亂案內人犯，暫由軍法審判以資鎮懾。經職一再權衡，……准如所請，將暴亂案內人犯得依《戒嚴法》第九條規定，自行審理。」[34] 第二十一師登陸後，陳儀就開始大量逮捕台灣菁英，並在3月11日及13日把已逮捕的名單呈送蔣介石。到3月17日白崇禧抵達台灣，陳儀及柯遠芬立即向他請示，要如何處置這些人。白崇禧為了「鎮懾」（鎮壓及嚇死）台灣人，因此下令用「軍法自行審理」。那時候軍方的認知是，軍法自行審理就可隨意處死犯人。對此，參謀總長陳誠極不贊同，早在1947年6月16日送簽呈給蔣介石：「該省前次事變情形，似僅合於《戒嚴法》第14條之規定，應交由司法機關審判。惟據該部電稱，係遵照本部部長蒞台時所頒，該省在戒嚴期內准予適用《戒嚴法》第9條之命令辦理。」蔣介石的幕僚也提醒說：「惟台灣並非接戰地域，自無適用此項條文之餘地。且同法第14條又明白規定，國內遇有非常事變對於某一地域施行戒嚴時，在該戒嚴地域內不得侵害司法機關之職權。」[35] 蔣介石接受白崇禧的違法殺害台灣菁英，不予申斥或處分，意即蔣介石要負起這些責任。

七、隱瞞逮捕施江南醫師，即為謀殺台灣菁英的共謀

施江南醫師發起民間募款，接濟滯留南洋的台籍兵返回故鄉，大家都很欽佩。施醫師被軍人逮捕，不知下落。他的大女兒於5月13日寫了一封以「北一女中學生施玲玉」具名的陳情書給蔣

介石。蔣介石經由其參軍處回覆說：「因時過境遷，經派員多方偵查毫無結果。復查本部案卷內，並無受理施江南案件，所屬各綏靖區及憲警機關查報拘捕暴亂人犯，亦無施江南其人。且查事變起至3月15期間，全省陷於混亂狀態，奸黨暴徒仇殺狙擊無法防制。」（見圖）[36] 事實上，3月11日及13日陳儀送給蔣介石的兩份已逮捕人犯名單上都有施江南的名字，怎可欺騙「並無受理施江南案件」，還把謀殺的責任推給「奸黨暴徒」呢？顯然蔣介石已知道是非法逮捕，所以必須遮掩，可見蔣介石是共謀。[37]

八、沒有軍政首長因濫捕、濫殺、施行報復而遭懲處，亦即認可他們的暴行

有人以蔣介石在3月13日有令在先：「嚴禁軍政人員施行報復，否則以抗令論罪。」意圖為蔣介石脫罪。首先這命令是在主要屠殺完成後才發出的，其次這些暴行如果不是蔣介石授意或允許，則事後蔣介石應該追究責任及糾正過失。1948年1月監察院給蔣介石的二二八正式調查報告，由院長于右任簽名，文中也指出這個問題：「官警妄殺於先，民眾毆打虐殺於次，軍警枉法逞威，過度殘殺於後，至於有關違法失職之上級官吏軍警，則政黨上下雖多請懲治，而未聞懲治一人。」[38] 監察院證明確實有軍警屠殺的事實，但是蔣介石卻包庇他們。事後沒有任何一位軍政長官因此而被論處，沒有人因濫捕、濫殺、施行報復而遭追訴，反而大部分的將官得到獎勵及晉升。最侮辱台灣人民的就是給陳儀記大功二次及升為浙江省主席。警備總司令部參謀長柯遠芬晉升中將，任金防部總政治部主任兼金門縣長。彭孟緝殺人有功，記大功二次及提拔為台灣警備總司令，隔年更獲頒四等雲麾勳章。抓台灣菁英的憲兵第四團長張慕陶升憲兵東南區司令部副司令。第二十一師長劉雨卿則升任重慶警備司令。澎湖要塞司令史文桂升陸軍中將及台灣炮兵司令。製作名冊及殺害台灣菁英的保密局

國民政府參軍處軍務局用牋

報拘捕暴亂人犯亦無施江南其人且查事變發生三
月十五期間全省陷於混亂狀態奸党暴徒仇殺狙擊
無法防制無論外省人及本省人在此期間傷亡失踪
事件層見迭出迄今尚無法確查等語特此函知

右通知

施珍玉

國民政府參軍處軍務局啟

中華民國　年　月　日

軍務局製

▲ 在陳儀呈送的兩本已逮捕名冊上都有施江南醫師的名字。蔣介石竟然回信施江南女兒：「復查本部案卷內，並無受理施江南案件，所屬各綏靖區及憲警機關查報拘捕暴亂人犯，亦無施江南其人。」蔣介石掩飾謀殺，是共謀。翻攝自王克雄、王克紹編著《期待明天的人：二二八消失的檢察官王育霖》，頁294。

台灣站長林頂立則出任《全民日報》社長，後來改組成《聯合報》，並任發行人。蔣介石認為，他們殺台灣人都建了大功，亦即蔣介石須為他們的罪行負責。

九、身為主席，應承當中國國民黨的眾多惡行

當年是訓政時期，以黨領政及以黨領軍。因之，二二八前後台灣的政治腐敗、官吏貪污及經濟崩潰完全是國民黨的責任。軍隊稱為國民革命軍，亦即黨軍，直到1947年12月24日行憲前夕，才改為隸屬國家。在1947年非戰爭時期，短短三個月內，共約一萬八千至二萬八千的台灣人為黨軍殺害，這些也都是國民黨的責任。在那封3月11日中統局的情報還有一段：「台省黨部調統室曾建議警備部，應乘時消滅歹徒，並將名冊送去。警備部10日晚起開始行動，肅清市內奸徒。」這個情報敘述，國民黨台灣省黨部製作名冊，命令警備司令部乘機逮捕及謀殺台灣菁英。吳濁流在《台灣連翹》記載，當年出任國民黨省黨部指導員的彭德在1973年底透露說：「被捕的黑名單上台灣人二百多名，……是從重慶回來的半山幹的，他們是劉啓光、林頂立、游彌堅、連震東、黃朝琴等人。」也感慨地說：「只因這份黑名單，悲劇的歷史上演了，美麗的福爾摩沙為此流血。」[39] 因為國民黨知道那是非法謀殺，所以要滅屍，也要否認有逮捕人。1947年3月21日駐台北的英國領事G. M. Tingle報給南京英國大使館的電文：「政府不遺餘力追尋並殺害領袖人物，……殺人如麻的目的，是使福爾摩沙人不再有未來的領袖。」[40] 足證國民黨有計劃地謀殺非常多台籍菁英。國民黨台灣省黨部主任委員李翼中在3月4日約見蔣渭川，跟他說：「為今之計，惟有籲請中央，然後臨之以威、綏之以德，自可速平而免糜爛。」[41] 可能蔣介石接受他的建議，而大舉派兵威嚇台灣人。以上論述足證中國國民黨是二二八慘案的主謀。

十、把台灣當成次殖民地

不像中國其他地區成立省政府，蔣介石在台灣竟設立「台灣省行政長官公署」，集行政、立法、司法、軍事於一身的集權式統治。陳儀後來曾經為這種備受詬病的新殖民體制辯稱說：「人家攻擊我在台灣不該實行政治建制和經濟建制的特殊化，其實這是主席（指蔣介石）交代我的兩項根本政策。」[42] 由於蔣介石把台灣當成戰利品及輕視台灣人，故採用這種不民主的次殖民地體制。官員和軍警踐踏司法、干預案件，甚至有警察包圍檢察官及對法警開槍等無法無天的行為。[43] 蔣介石更從台灣大量搜括物資到中國，支援國共內戰，導致物價飛漲，民不聊生。當時的情況比日治時代糟糕很多，蔣介石是難辭其咎的。台灣民智已開，期待言論自由和政治民主。二二八處理委員會的42條要求，主要是爭取地方自治及由台灣人治理台灣。沒想到回歸祖國變成次殖民地，當然民怨沖天，導致二二八的衝突。

蔣介石為國民政府主席及中國國民黨主席，是最高領導人，掌握黨、政、軍、特大權，唯有他才能決定派兵來台，也唯有他的授權，陳儀等人才敢胡作非為，也唯有他的指示，軍隊才會任意殺人、不用經過審判、槍殺無辜，且事件之後，相關軍政首長沒有人受到懲處，反而晉升。蔣介石顯然已先知道，援軍一到，就會展開屠殺，所以在3月8日就預先指派白崇禧來台灣宣慰。由以上這麼多史實，可見蔣介石對事件介入程度極深、干預層面極廣、而且一再欺騙，足證「蔣介石是二二八元凶」，應負最大責任。

《促轉條例》最困難處理的就是第5條：「為確立自由民主憲政秩序、否定威權統治之合法性及記取侵害人權事件之歷史教訓，出現於公共建築或場所之紀念、緬懷威權統治者之象徵，應予移除、改名，或以其他方式處置之。」在所有威權統治的公共建築中，最大的表徵就是中正紀念堂，裡面的黑銅像是公然表揚二二八慘案的元凶，極端侮辱台灣人，摧殘人類的正義良知，必須儘速移除。

（本報告發表於2021年10月24日《風傳媒》網站：王克雄觀點）

---

1 中央研究院近代史研究所編《二二八事件資料選輯》（二），頁57。

2 《自由時報》1995年3月3日。

3 賴澤涵總主筆〈二二八事件研究報告〉。

4 李筱峰著《台灣人應該認識的蔣介石》一書及〈蔣介石與二二八事件兼論其責任問題〉一文，刊於李筱峰網站。

5 蔣介石日記1947年2月28日及3月1日。

6 張炎憲等《二二八事件責任歸屬研究報告》，頁167，行政院二二八事件紀念基金會發行，2006年2月。

7 秦孝儀編纂的「總統蔣公大事長編初稿」。

8 陳儀深〈蔣介石日記與二二八責任〉，刊於《台灣日報》2008年9月12日。

9 中正文教基金會編《總統蔣公思想言論總集》。

10 《民報》1947年3月7日。

11 張炎憲等《二二八事件責任歸屬研究報告》，頁121。

12 中央研究院近代史研究所編《二二八事件資料選輯》（二），頁94。

13 中央研究院近代史研究所編《二二八事件資料選輯》（二），頁70。

14 中央研究院近代史研究所編《二二八事件資料選輯》（二），頁68。

15 陳儀深文〈蔣介石日記與二二八責任〉，刊於《台灣日報》2008年9月12日。

16 中央研究院近代史研究所編《二二八事件資料選輯》（二），頁106。

17 中央研究院近代史研究所編《二二八事件資料選輯》（二），頁105、107。

18 國史館《蔣中正致杜胡宗南繼承等手令登記簿》，頁39。

19 陳儀深文〈是報復屠殺　不是官逼民反〉，刊於《自由時報》2007年1月23日。

20 中央研究院近代史研究所編《二二八事件資料選輯》（二），頁146。

21 中央研究院近代史研究所編《二二八事件資料選輯》（二），頁163。

22 《蔣介石日記》1947年3月31日。

23 中央研究院近代史研究所編《二二八事件資料選輯》（二），頁181。

24 《台灣新生報》1947年3月21日。

25 中央研究院近代史研究所編《二二八事件資料選輯》（二），頁230。

26 中央研究院近代史研究所編《二二八事件資料選輯》（一），頁225。

27 張炎憲等《二二八事件責任歸屬研究報告》，頁73。

28 白先勇等著《「白崇禧與二二八》，頁363。

29 中央研究院近代史研究所編《二二八事件資料選輯》（二），頁134。

30 白先勇等著《白崇禧與二二八》，頁43、65。

31 中央研究院近代史研究所編《二二八事件資料選輯》（二），頁92。

32 李翼中《帽簷述事》，收錄於中央研究院近代史研究所編印《二二八事件資料選輯》，中研院近代史研究所，1992年。

33 李筱峰文〈蔣介石與二二八事件　兼論其責任問題〉，刊於李筱峰網站。

34 〈大溪檔案〉，頁539。

35 中央研究院近代史研究所編《二二八事件資料選輯》（二），頁352。

36 張炎憲等採訪《台北南港二二八》，頁117。

37 王克雄、王克紹編著《期待明天的人：二二八消失的檢察官王育霖》，頁292。遠足文化，2017年。

38 陳儀深在國史館《二二八事件檔案彙編》新書發表會所言，刊於《自由時報》2017年2月24日。

39 吳濁流著《台灣連翹》，草根，1995年重印。

40 黃惠君著《激越與死滅：二二八世代民主路》，頁211，遠足文化，2017年。本報

41 李翼中《帽簷述事》。

42 何漢文著〈台灣二二八起義前因〉，收錄於《二二八起義資料集》上冊。

43 薛化元文〈二二八事件70週年與轉型正義的省思〉，發表於《想想論壇》2017年3月2日。

蔣經國誣告林茂生向美國要槍枝

陳儀請示蔣介石，如何處理已逮捕的台灣菁英

二二八慘案發生後，中國國民黨台灣省黨部就以二二八為藉口，要消滅台灣菁英。曾任省黨部指導員的彭德在1973年向記者吳濁流透露說：「（二二八）被捕的黑名單上台灣人二百多名，……是從重慶回來的半山幹的，他們是劉啓光、林頂立、游彌堅、連震東、黃朝琴等人。」吳濁流感慨地說：「只因這份黑名單，悲劇的歷史上演了，美麗的福爾摩沙為此流血。」[1]

那時是訓政時期，以黨領政及以黨領軍，省黨部主委李翼中就要警備總司令陳儀依照黑名單抓台灣菁英。陳儀從1947年3月10日晚開始行動，但他很謹慎，立即在隔天3月11日，將依照名單逮捕到的人上報蔣介石，到3月13日逮捕到更多的人，又補送一份較詳細的名單，也加上莫須有的罪名。這兩份名單都列有台大文學院院長林茂生教授。[2] 陳儀請示蔣介石要如何處理這些人，當時蔣介石並沒有回覆，顯然留給即將來台灣的白崇禧國防部長和蔣經國處置。

蔣經國誣告林茂生向美國要槍枝

白崇禧和蔣經國於1947年3月17日很快來到台灣，表面上宣慰被殺的台灣人，實際上白崇禧是來視察軍隊的運作及推動清鄉，加強對台灣人的追殺，而蔣經國當蔣介石的耳目，來瞭解二二八及這些被捕台灣菁英的實情。蔣經國抵台隔天下午6時30分立即拍發電報給蔣介石：「親美派—林茂生、廖文毅與副領事Kerr（葛超智），請美供給槍枝及Money（金錢），美允Money。Col.Dau來，Kerr調，有關。」[3] 這電文有三頁，請參照附件電文第一頁內

之第二項。其第三頁更說：「白奉主席命來宣慰，除C.P.（共產黨）外，概不追究，只是幼稚行為。林—、C.P.少數。」意即林茂生及共產黨，雖是少數，仍要追究及消滅。

蔣經國一到台灣就誣指，台大文學院長林茂生教授及廖文毅向美國人要求武器和金錢。這是子虛烏有的事情。林教授是一個文人，沒有參加二二八反政府的活動，而二二八時廖文毅根本不在台灣，正好在上海，也就逃過一劫。

美國台北領事館的文件都已解密，其中並沒有看到有關台灣人要槍枝及金錢或美國同意給金錢的事情。黃紀男在二二八慘案前後和葛超智有頻繁接觸，但他作證說：「有一些人常對葛超智有所指責，認為其在二二八事變中扮演了頗重要的教唆角色，我個人並不贊同，因為這實在是高估了葛氏的影響力，也是誇大其詞。」及「尚不曾聽過他發表任何不適合其職位之言論，更遑論聽到他唆使我去從事任何陰謀活動了。」[4] 顯然林茂生、廖文毅與副領事葛超智都被冤枉了。

林茂生憤辭國民參政員

林茂生創立《民報》，報導很多貪官污吏的事情，也批評政府。廖文毅則創立「台灣民族精神振興會」及「台灣憲政會」，更辦《前鋒》雜誌，評論時政。這些才是台灣省黨部意圖陷害他們的原因。蔣經國有責任查核情資，不應隨便上報，導致無辜的林茂生教授被謀殺滅屍。蔣經國必須對此誣告負責。

林茂生教授遇害時是60歲，他是東京帝國大學文學士及美國哥倫比亞大學哲學博士畢業，是台灣的第一位哲學博士。他是當代台灣才子，漢學很好、會作詩、書法出眾，一生從事教育工作，最後擔任台大文學院長。在1945年冬創辦《民報》，為民喉

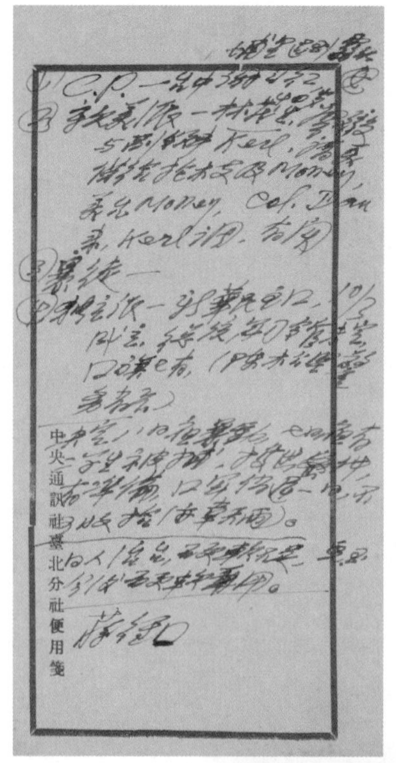
中央通訊社臺北分社便用箋

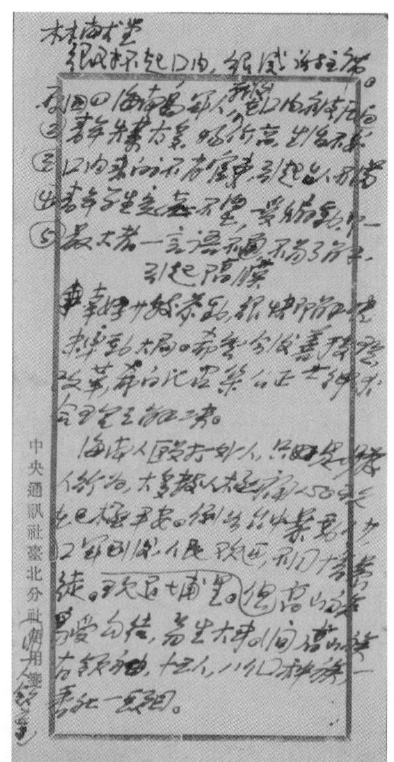
中央通訊社臺北分社便用箋

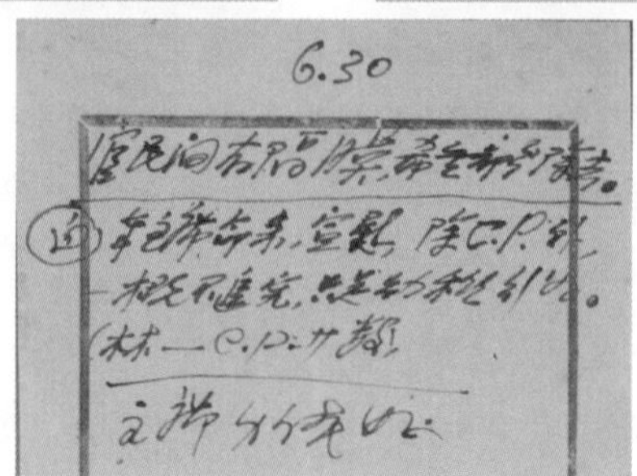
6.30

▲ 蔣經國於1947年3月18日由台北發出電報：頁一（左上圖）之第2項誣陷林茂生、廖文毅和美國副領事葛超智向美國要槍枝和金錢；頁二（右上圖）二二八原因之一：青年失業太多、物價高、生活不安；頁三（下圖）認為林茂生和共產黨屬於少數，仍要追究。圖片由國立臺灣歷史博物館提供。

舌，勇於揭露當時政治的貪腐，銷量一直上升，可能因此觸怒了國民黨在台灣的領導階層。

中國在抗戰時設了國民參政會，以備政府諮詢及傳達人民意見，為最高的民意機構。1946年辦理國民參政員台灣代表的補選，林茂生教授也參加競選。可能國民黨當局不喜歡廖文毅，藉故使他不當選，引起林教授憤慨，也就毅然辭去剛當選的國民參政員。[5] 林教授這種不屑與暗黑政治為伍的風骨，也讓國民黨臉上無光。在二二八慘案七十五週年時節，令人特別感念林茂生教授。

蔣經國是白色恐怖的元凶

蔣經國是蔣介石最信任的人，掌管特務組織及幫助做重大的決定。1948年1月國防部政工局成立特工部隊，稱為「戡建總隊」，就由蔣經國主導「戡建中心小組」，指揮這些特工。撤退來台灣後，於1950年11月蔣介石把軍統及中統兩大特務體系合併改組，成立「政治行動委員會」，並派蔣經國主導該組織。蔣經國竟然批准特務機關得以任意逮捕民眾，並且對囚犯實施酷刑，使得台灣的人權長期遭到侵犯。[6]

1954年5月1日蔣經國兼任「總統府機要室資料組主任」，指揮一切黨政軍特務機構，也設保安處，取代惡名昭彰的保密局。蔣介石統治下的白色恐怖惡行，主要是蔣經國承辦的，亦即落實蔣家父子的「特務治國」。

1975年4月5日蔣介石逝世，其後殘害人權的案件卻層出不窮，重大案件有中壢事件、美麗島事件、林義雄家血案、陳文成命案、江南命案等等。對這些，蔣經國當然須負全部的責任，就如二二八關懷協會總會理事長王文宏所說：「蔣經國是白色恐怖的元凶。」[7]

有人說，蔣介石維護台灣免受中國的侵犯及蔣經國推動十大建設等，他們兩位可以將功抵罪。首先，功與罪應該分開評斷，不能相抵。況且，台灣海峽是美國第七艦隊防守的，而且台灣的經濟成長比日本相差很多，兩蔣獨裁統治的成果並不很好。經濟建設乃靠國人的努力，如果可以說十大建設是蔣經國的功勞，那麼前瞻基礎建設都是蔡英文的功勞了。

（本報告發表於2022年4月3日《風傳媒》網站：王克雄觀點）

---

1 吳濁流著《台灣連翹》，草根，1995年重印。

2 〈陳儀呈蔣介石1947年3月13日電文〉，收錄於《二二八事件資料選輯》（一），頁166。

3 林德龍選註〈二二八極機密出土解謎〉，刊於《自立晚報》1991年2月22日，副刊。

4 黃紀男口述，黃玲珠執筆《老牌台獨：黃紀男泣血夢迴錄》，頁163，獨家出版社，1991年。

5 〈林茂生辭職聲明〉，刊於《民報》1946年9月8日。

6 「The Sino-American Alliance: Nationalist China and American Cold War Strategy in Asia」John W. Garver作，ISBN 9780765600257。

7 「王文宏致詞」於高雄市二二八75週年追思紀念儀式，Newtalk 2022年2月28日。

陳儀的真實面目

陳儀在台灣二二八慘案時，擔任台灣省行政長官公署的行政長官兼警備總司令。二二八發生後，1947年3月6日晚間8時，陳儀向全台灣民眾廣播：「中華民族最大的德性，就是寬大，不以怨報怨。我們對於本省自己的同胞，難道還會不發揮寬大的美德嗎？……言而有信，我的話完全負責。」陳儀是公然欺騙台灣人民。事實上，他在3月2日就已開始向蔣介石請兵，隔天7日更發電報給蔣介石：「目前我因限於武力，十分容忍，第二十一師到達後，當收斧亂之效。」他承認暫時誆騙台灣人，等援軍到，即將對台灣人大開殺戒。這位中國官員既欺詐又殘酷，是造成二二八慘案的最大殺人魔。

趨炎附勢，一再背叛

陳儀（字公俠，後改公洽）浙江紹興人，生於1883年，在24歲進入日本士官學校讀書，於1908年底回到中國，擔任清朝陸軍部二等課員。1911年10月辛亥武昌起義後，各省紛紛獨立，同年12月29日17省代表公推孫文為中華民國臨時大總統，陳儀是浙江省四位代表之一。陳儀從一個清兵，轉成反抗清朝。

袁世凱很快擠掉孫文，於1912年3月10日擔任中華民國臨時大總統，隔年10月10日成為首任大總統。1914年5月陳儀借著日本士校學長的關係，在袁氏的統率辦事處擔任軍事參議。1915年8月陳儀竟然參與連署，擁護袁世凱稱帝，要建中華帝國。陳儀背叛中華民國和孫文建立共和國的理想，足見陳儀趨炎附勢的卑鄙性格。

1916年6月6日袁世凱病逝，隔年陳儀去日本，自稱去讀日本陸軍大學，但有日本人指出這種說法是假的。陳儀回國，在上海經商，創辦裕華墾殖。不久後，改任絲綢銀行總經理，並經營錢莊，但是陳儀在商業界無甚表現。[1] 陳儀早已結婚，1922年到日本為張謇調頭寸時，遇到藝妓古月好子，為她取中文名陳月芳。古月好子說：「那時我剛從女學校（女子中學）畢業，他就要和我結婚，帶我到中國去，最初我全不贊成，婚後他說短暫回中國以後，便來日本做駐日武官。」[2] 顯然陳儀哄騙她，讓她同意嫁到中國來。陳儀不知有沒有透露他已婚？

1924年軍閥盧永祥組織浙江邊防軍，任命陳儀為浙江邊防司令，陳儀棄商，回到久違八年的軍事舞台。陳儀竟然背叛盧永祥，讓孫傳芳的軍隊很快從閩浙邊界進入杭州。孫傳芳獎賞陳儀，封他為第一師師長，後升為徐州衛戍總司令。1926年10月陳儀為孫傳芳所器重，更被封為浙江省長。那時蔣介石率領國民革命軍北伐，節節勝利。陳儀見風轉舵，竟然背叛孫傳芳，私通國民革命軍，並提供條件：「浙江省如能逐孫，則國民革命軍不再進軍。」遭孫傳芳知悉，先下手為強，派軍隊進入杭州，把陳儀軟禁起來。[3]

1927年1月得到同在孫傳芳陣營的蔣百里和劉宗紀等人的援救，陳儀才被釋放，旋被蔣介石任命為江北宣撫使，收拾孫之殘部，惟陳並未就職。陳儀如何幫助北伐軍進入上海，可看美國方面有關陳儀的情報：「一方面出賣他的同僚孫傳芳將軍，另一方面，據傳，他已巴結了上海地下組織的流氓頭子們，以圖平靜進軍上海城。於是蔣軍不遭抵抗，即進入了上海『後門』的浙江省。」[4] 從此幫會勢力和中國國民黨打成一片，官匪一家親了。陳儀在台灣也運作地痞流氓，尤其在二二八期間成立的忠義服務隊更是。由於陳儀與蔣介石同是浙江人，也同是日本士官學校畢業，但蔣晚兩年，因此陳儀很得蔣介石的重用。陳儀在1928年被蔣介石派去德國做軍事考察，回來出任兵工署署長，後升為軍政部政務次長。

治理福建，民不聊生

1934年陳儀出任福建省主席，隔年來台灣考察及參加日本在台灣「始政四十年」的慶祝博覽會。中國在甲午戰爭慘被日本打敗，而割讓台灣給日本，這是中國的國恥，陳儀卻不知恥，來祝賀日本統治台灣四十週年。陳儀盛讚日本在台灣建設的進步，並羨稱台灣人的生活很幸福。考察團回福建之後，出版一冊《台灣視察報告》，對日本人的治台政績頗多肯定。[5] 沒想到二次大戰以後，台灣的經濟卻被陳儀搞垮。

陳儀上日本的士官學校，娶日本藝妓為妾，而且去日本好幾次，蔣介石也幾次經由陳儀和日本政府溝通，陳儀是有名的親日派。日本駐福建的總領事甚至說：「福建主席陳儀千萬不要換，因為陳儀服從日本人的命令，比日本派個主席還服從。」[6] 陳儀是一個典型「欺軟怕硬」的中國人。

陳儀當福建省主席用人有攀親帶故的惡習。他用沈銘訓（號仲久）為顧問，因為他是陳儀元配沈蕙的堂弟，同是紹興人。知名報人葉明勳評論說：「他（指陳儀）在這方面無可挽回而鑄成大錯的，莫過於過分信賴沈仲九，為自己種下殺身的禍根。沈為思想左傾以無政府主義自詡的人物。陳公俠從福建到台灣，以至後來的浙江，對他無不言聽計從，寵信有加。……其人為一典型的紹興師爺，亦頗似古代弄權誤國的宦官之流。」[7] 事實上，沈為共產黨員，後來安排陳儀投共。

沈銘訓雖以無政府主義的信徒自居，但一有了權力，卻採用

「統制」手段，於1940年向陳儀建議設立「公沽局」，即公賣局，該局獨占糧食買賣。當產銷和配給的管理出問題，就衍生米荒、黑市等嚴重問題。陳儀在福建的統制經濟還有省營事業、貿易公司、福建省銀行、運輸等等，一應俱全。結果就如新加坡華僑陳嘉庚所批評：「其述閩省統制運輸，致阻礙交通、百物昂貴、民不聊生。」[8]

接收台灣，貪官污吏，物價飛漲

雖然陳儀治閩如此糜爛，蔣介石仍然提拔他為行政院秘書長，1941年11月到重慶上任。大戰末期1944年4月在中央設計局內成立「台灣調查委員會」，陳儀擔任主任委員，統籌規劃接收台灣事宜。陳儀主張黨政軍統一的接收方式及實施國有公營的政策，並被納入〈台灣接管計劃綱要〉，台灣注定遭遇閩政的覆轍。同年12月也成立「中央訓練團台灣行政幹部訓練班」，由陳儀擔任班主任，培養將來接收台灣的幹部。1930年連橫寫〈新阿片政策謳歌論〉，大大讚揚日本在台灣的鴉片政策。連橫不見容於台灣人民，所以偕同兒子連震東到中國另謀發展，連震東也就上過這訓練班。

日本投降後，陳儀於1945年10月24日飛抵台北，10月25日依照盟軍最高統帥麥克阿瑟元帥發布的〈一般命令第一號〉規定，陳儀代表盟軍接受在台日軍第十方面軍的投降，接收台灣。陳儀帶來一大批接收人員，豈料這些人是來劫收的！陳儀到台灣僅一年四個月就把台灣治理得亂七八糟、物價飛漲、怨聲載道，以致發生二二八抗暴。他治理台灣的主要問題如下：

1. 統制經濟導致物價飛漲

陳儀首先將從日本人接收237家公私企業納入長官公署所屬的27家公司來經營。也把一大堆物資都納入專賣制度，包含酒、菸、糖、鹽、石炭、火柴、樟腦等等。設置貿易局掌控可以賺錢的出口產品，包括米、糖、鹽、鳳梨、漁產、樟腦、石炭、煤油、紙、水泥、鋁、硫磺、硫酸等，壟斷全島農工產品的產銷和輸出。中國來的接收人員取代有經驗的台灣職員，外行領導內行，貪污舞弊，甚至拆下機器，私賣去中國。

設立台灣銀行，逃避中央的管控，無控制地發行台幣。也不讓其他中國的銀行來台灣，由於公營事業借去大部分銀行的貸款，台灣中小企業困難經營。

陳儀的統制經濟導致生產大跌、人民失業、通貨膨脹、物資短缺等嚴重問題。從1946年1月至1947年2月陳儀治理下的短短十三個月間，米漲價4.83倍，麵粉5.48倍，豬肉3.21倍，白糖22.33倍，鹽7.10倍，陰丹布6.00倍等。一般人民多已無力購買米糧，只好改吃蕃薯、雜糧或地瓜葉。報紙也一再報導「飢民僵斃路上」、「無米為炊，全家自縊」、「高雄餓莩倒斃街頭」等慘絕人寰的悲劇。

2. 把台灣當成次殖民地

不像中國其他地區成立省政府，蔣介石在台灣竟設立「台灣省行政長官公署」，集行政、立法、司法、軍事、特務於一身的集權式統治。由於蔣介石把台灣當成戰利品及歧視台灣人，故採用這種不民主的新殖民體制—長官公署。

在大戰以後的和平時期，一個魚米之鄉的台灣竟然在短期間內變成嚴重缺糧，主要原因就是陳儀掠奪台灣的糧食去符合蔣介石的內戰需求，導致物價飛漲，民不聊生。當時的情況比日治時代糟糕很多，所歡迎的王師竟是一群土匪強盜。

台灣民智已開，期待言論自由和政治民主。二二八處理委員會的42條要求是爭取地方自治及由台灣人治理台灣。沒想到回歸祖國，變成次殖民地，當然民怨沖天，導致二二八的衝突。

3. **中國人占盡高位，歧視台灣人**

1945年底，長官公署上層官員清一色為外省籍人士，21名首長中，僅有教育處副處長宋斐如為台灣人，況且宋斐如還是一個半山。「即使是日據時代，台人在總督府內擔任奏任（相當於薦任）級以上的高等官也有17人。」[9] 全台17個縣市長中，只4人為台灣人，這些台灣人也都是從中國回來的半山。簡任及以上的高級官員外省籍占99.2%；薦任的中級官員外省籍占93.4%。

「台中法院之大部分職員，則清一色為該院長之親戚，……佔全法院約五十人之過半數。」「花蓮港監獄長之岳父任該監獄之教誨師，其妻舅亦任職獄內。」像這種濫竽充數，牽親引戚的例子，不勝枚舉，讓台灣人憤憤不平。到1946年10月為止，有近1.9萬名台籍文官因裁員而失去工作，卻新聘近萬名外省籍人員。[10] 陳儀嚴重歧視和壓制在台灣的本土人士，增加省籍的對立。

4. **貪官污吏，營私舞弊**

台糖公司由日本官方和民間製糖會社所接收的15萬噸白糖，陳儀交給貿易局，運到上海出售，販賣所得被陳儀和四大家族（孔祥熙、宋子文、蔣介石、陳果夫、陳立夫）等分贓殆盡。王添灯在省參議會質詢專賣局長任維鈞說：「你知不知道專賣局報銷七十公斤鴉片這件事？」該局長竟然回答：「聽說是給白蟻吃掉了。」如此公然說謊，嘆為觀止！陳儀在福建的老幹部台北縣長陸桂祥變賣敵產物資，被人檢舉貪污。他更找人放火，把縣府會計室和稅捐徵收處燒得精光。類似貪污不法事例，層出不窮。[11]

劉文島奉國防最高委員會之命率領「中央清查團」到台灣調查，從1946年7月考察四十多天，發現貿易局長于百溪及專賣局長任維鈞貪污證據確實，遂備公文附證據，移長官公署辦理。陳儀卻遲遲不做處理，直到劉文島在上海發表談話指責，于、任二人才被移送法院。當法院將兩人拘捕，長官公署反而替他們說話，謂未辦移交不能拘捕，于、任因而得以具保釋放。陳儀更寫信迫使法院檢察官不准起訴。[12] 陳儀包庇下屬及縱容貪官，因此營私舞弊愈來愈嚴重。

「陳儀最後治台失敗，固由於台灣人民無法接受另一個類似日本殖民政府的集權統治與經濟擠壓，更因為這一交集所建立起來的特殊政治經濟體制，提供派系腐化一個很好的機制。」[13] 陳儀所派接收官員要的是「五子登科」，亦即金子、房子、車子、女子、位子。陳儀手下大將包括長官公署秘書長葛敬恩、工礦處長包可永、財政處長嚴家淦、民政處長周一鶚，則因都是貪污要錢，而被台灣人稱之為「四凶」。《民報》在台灣「光復」一年的社論說：「重新相逢的祖國，是使我們失望得很，祖國的政治文化落後，並不使我們傷心，最使我們激憤的，是貪污舞弊，無廉無恥。」在短短不到一年半的時間，陳儀竟然把台灣治理得民不聊生、怨聲載道、憤恨不平，台灣人不得不起來抵抗暴政，導致二二八慘案的發生。

二二八爆發，陳儀一再請兵

陳儀的公賣局查緝員竟然配槍。在1947年2月27日晚，查緝員以手槍槍柄敲擊賣煙婦林江邁頭部，以致頭破血流。圍觀群眾極為氣憤，查緝員又開槍殺死看熱鬧的陳文溪。因為群眾要求警察局和憲兵隊把傷害人命的元凶緝捕處理，但未獲結果，因此隔天2月28日大家集結遊行。下午1時群眾敲鑼打鼓來到長官公署（現今的行政院）要向陳儀請願，要求懲辦兇手，撤銷專賣局，衛兵竟然開槍，結果殺死二人傷四人。不過海軍台北辦事處卻報導：「被衛兵擊斃八、九人。」[14] 民眾更為憤慨，在下午佔據廣播電台向全島廣播，於是全島起來抗暴。陳儀用高壓及殘酷的手段對付台灣人，當然會有強烈的反彈。

二二八發生前不久，1947年2月10日蔣介石就已下令陳儀：「據報共黨份子已潛入台灣漸起作用，此事應嚴加防制，勿令其有一個細胞遺禍將來。台灣不比內地，軍政長官自可權宜處置也。」[15] 。2月28日下午6時陳儀宣布台北市臨時戒嚴，也電告蔣介石群眾示威的情況。陳儀的侍衛舒桃那時專責文件收發，於1995年3月2日作證說，隔天蔣介石立即回電，命令陳儀「格殺勿論」及「可錯殺一百，不可錯放一人」。[16] 陳儀倚仗如此的授權和命令，就胡作非為，殺人如麻了。

陳儀宣布台北市戒嚴後，出動軍警鎮壓人民。消息傳開，台灣全省各地均發生民眾反抗，響應台北之行動。至此一年多來，因陳儀政府貪腐失政所累積的龐大民怨爆發了，由台北市而起，全台響應反抗政府，各地發生軍民衝突及把氣出在外省人身上。3月1日下午5時，陳儀看到台灣人民群情憤慨，愈演愈烈，他不得不向全台廣播，希望疏解民怨，而宣布：（一）懲凶；（二）撫恤傷亡；（三）今晚12時起解除戒嚴，禁止罷工、罷課、罷市、集會遊行。陳儀雖如此廣播，他卻秘密召集手下商議對策，一方面向南京請求派軍隊到台灣，另一方面調台南、鳳山部隊北上增援。

陳儀立即於3月2日發電報向蔣介石請兵：「目前情勢非有相當兵力，恐難徹底弭平。現台灣僅憲兵兩營及一特務營，至第廿一師只到一獨立團及工兵營。本省軍用倉庫甚多，易為奸匪奪取，亦需相當兵力守備。現正電請陳總長迅調素質優良之步兵一旅，至少先派一團來台灣，可肅清奸匪。」這是陳儀故意低報兵力在五、六千人。事實上，那時在台灣的軍人總數有26,850名，其中戰鬥兵力至少在1.5至2萬名。[17]

陳儀在3月4日公告說：「市區秩序已漸平穩，自4日起照常恢復交通營業。」這樣的公告讓台灣人覺得好像已經平靜下來，沒想到全面的鎮壓即將來到。陳儀背後又向蔣介石請求加派兩師軍隊來台灣鎮壓。3月6日陳儀寫一封長達十頁的報告，本要由國民黨台灣省黨部李翼中主委於當天攜帶給蔣介石，但因那天沒有飛機，改在7日飛去南京。這信向蔣介石再度請兵：「可知其決非普通民眾運動可比，顯係有計劃有組織的叛亂行為。」、「對於奸黨亂徒，須以武力消滅，不能容其存在。……台灣至少須有紀律嚴明，武器精良之國軍兩師，派大員主持。」及「職以為，職到台灣以後，如對於日本時代御用紳士等，徹底剪除，一面台灣兵力比較雄厚，此次事情不至擴大至此。」這次二二八的抗暴是各地臨時響應，陳儀卻誇張為「有計劃有組織的叛亂行為」。陳儀已經宣稱「須以武力消滅，不能容其存在」，亦即要向抗爭的民眾進行大屠殺，也要「徹底剪除」接受日本教育的台灣人。[18]

3月7日陳儀更連發兩份電報給蔣介石，誇大台灣的嚴重性：「實際反動分子正在利用政府武力單薄之時機，加緊準備實力，一有機會隨時爆發，造成恐怖局面。如無強大武力鎮壓制裁，事變之演成未可逆料。仍乞照前電所請，除第二十一師全部開來外，至少再加派一旅來台。」及「目前我因限於武力，十分容忍，二十一師到達後，當收斧亂之效。」[19] 陳儀明言，在第二十一師到達後，要屠殺報復了。

3月11日陳儀再報告：「第二十一師師部及436、438兩團已完全到達。俟其餘兩團到後，全省治安即可恢復，並擬徹底清除奸黨倭奴禍根。」[20] 陳儀把受過日本教育的台灣人當作「倭奴禍根」，計畫進行「徹底清除」的殺害。

可以看出陳儀一再誇大暴動的嚴重性，並一再急電請兵，要求至少派兩師的軍隊來台灣。國防部長白崇禧3月17日中午抵達台北，很快就瞭解台灣根本沒有大的反抗力量，當晚就發電報給蔣介石，不要再派兵了。

獲知援軍即將到達，彭孟緝和陳儀開始鎮壓

在接到3月2日陳儀的電報，隔天3日蔣介石立即命令江蘇崑山的駐軍「開台平亂」，且於3月5日通知陳儀：「已派步兵一團並派憲兵一營，勿念。」依照蔣介石的指示，參謀總長陳誠也在3月5日報告，已完成派兵的工作：「已令廿一師劉師長率師部及一四六旅之一個團即開基隆。」、「著憲兵第四團駐福州之第三營即開台灣歸制」及「著憲兵廿一團駐福州之一個營即開基隆。」[21]

蔣介石更於3月8、9日連續兩天召見第二十一師師長劉雨卿，親自指導如何鎮壓台灣人。[22] 3月9日下午劉雨卿由南京乘專機飛抵台灣，旋即晉見陳儀，轉達蔣介石必須「面詳一切」的交代，很可能是鎮壓台灣人的秘密指令。[23]

既然知道援軍即將由中國抵達，高雄要塞司令彭孟緝先在高雄展開屠殺。3月6日下午2時軍隊開向高雄火車站及高雄中學，另外的部隊向高雄市政府及憲兵隊部攻擊前進。軍隊到達高雄火車站，民眾趕緊跑到月台的地下道躲藏，地下道內擠得滿滿約三、四百人，一下子槍聲大作，未躲進地下道者都被打死。士兵並將地下道兩端堵住，對地下道射擊，打死很多人。為了要殺高雄中

學的學生，在下午6點左右用六零迫擊炮射向雄中建築物，隔天上午更調來兩門美式八一迫擊炮來支援，要塞司令部也調來一門要塞炮。3月21日就來台灣調查的監察委員何漢文指出：「據高雄要塞司令彭孟緝對我說：『從3月2日到13日，高雄市在武裝暴動中被擊斃的暴民，大約在2,500人以上。』彭孟緝因為殺人如麻，濫殺無辜，在民間得到『高雄屠夫』的惡名。」[24]

為了在整編第二十一師抵達前掌握狀況，陳儀在3月8日發動全台之鎮壓。當天下午2時基隆就開始殺人，此時由中國來的黨軍尚未上岸。據外國人見證的基隆鎮壓為：「3月8日下午基隆外國商人被碼頭傳來機關槍聲嚇到了，槍聲越來越響，很快沿著道路進入市區。」英國領事館人員也指出：「3月8日下午2時起，國民黨軍以來福槍與自動武器盲目掃射，持續了兩個小時。」[25]

台北的恐怖鎮壓是在8日晚間開始。陳儀為了在3月9日公布戒嚴及展開報復性屠殺找藉口，製造了「圓山事件」。位在圓山現場的海軍台北辦事處報告：「8日奉警總部令，為重整台北警備部署，大直明治橋、圓山各據點為第一警備區。明治橋由海軍辦事處派兵佔領封鎖，如遇暴徒襲擊，需匐力死守待援。」柯遠芬在3月7日的日記稱：他原打算在9日晚進行戒嚴，卻提前在8日晚實施，「而且一切準備均要在明（8）日完畢，命令一定要先下達，只要信號一到，即照計劃實施。」[26] 柯遠芬竟然預先計劃，把圓山設為第一警備區，只要接到信號，就可依計行事。湊巧的是當晚果真發生「圓山事件」。3月8日晚上10時30分陳儀也下令攻擊二二八事件處理委員會，一時之間槍聲大作，與會者或遭捕殺或開槍反擊，場面混亂不已。[27]

3月9日警備總部參謀長柯遠芬就廣播稱：「昨夜有奸匪暴徒數千名武裝進攻圓山倉庫，……雖經國軍趕到擊退，但從9日起，台北基隆一律宣佈戒嚴。」中央社也發布新聞稿表示：「亦有暴徒分組發動攻勢，昨夜10時半圓山海軍辦事處首被襲擊，其他暴徒則分別攻擊供應局倉庫、警備總司令部、陸軍、警察及公署，頓時步槍、機關槍及手榴彈聲大作，約歷一小時。」柯遠芬根本在說謊，哪裡有數千名武裝暴徒，又只戰爭一小時？他的廣播是用來製造戒嚴及屠殺台灣人民的藉口，因為在他所提到的連串地方，並沒有留下戰鬥的痕跡，國民黨軍隊也沒有人受傷或死亡。

3月9日，柯遠芬帶監察院閩台監察使楊亮功到圓山陸軍倉庫前面的廣場視察現場。柯遠芬表示，現場的遺體大多是屬於遭國民革命軍擊斃的暴動反抗者。不過楊亮功卻對隨從人員說，死者均是18、19歲的中學生，且附近亦無戰鬥跡象。[28] 台灣民間認為，實際上這是「假戰鬥，真殺人的事件」，製造再戒嚴的口實。楊亮功也曾批評，柯遠芬在事件中「違法殺人作惡」。柯遠芬在綏靖清鄉會議上曾說：「寧可枉殺九十九個，只要殺死一個真的就可以」，並引用列寧的話說「對敵人寬大，就是對自己殘酷。」；而且他的日記〈事變十日記〉充分流露出狡詐及嗜殺的心態。[29]

忠義服務隊是由保密局台灣站站長林頂立，得到陳儀許可而設立的。其副總隊長廖德雄作證說：「當他獲悉國軍可能上岸的消息後，3月7日即通令解散青年學生所組成的忠義服務隊。在3月8日時，仍有延平派出所及民生路的派出所約100多名學生尚未撤離，直到該晚10時，100多名住在士林、北投的學生才集合準備回家。我從一名住在士林的當事者（姓蔡）口中得知，他們走到圓山車站、圓山動物園附近時，卻遭到陳儀的軍隊（非由大陸來台之軍隊）開槍掃射，當場打死了50多名學生，其中有的是重傷而死，有幾個學生為射躲避軍隊掃射跳入基隆河而死。」[30]

台灣發生二二八時，許多台灣各地的熱血青年紛紛自動參與維護家鄉治安的工作。當時在台北唸書的青年學生數百位，包括建國中學、成功中學、泰北中學、第三高女（今台北市立中山女子高級中學）、靜修女中、開南商工、台北商業學校、台北工業學校、延平學院等校學生。在他們熱心參與「台北市忠義服務隊」工作時，卻遭受陳儀設計陷害，而被集體屠殺，並陳屍於圓山陸軍倉庫前的廣場。在中山堂處理委員會的數十名青年學生也被捕槍斃。在鐵路管理委員會裡面辦事的三十餘人也被陳儀的手下從三層樓上擲下，頭破骨折、血肉狼籍。沒有跌死的也被捕上刺刀刺死，無一倖免。

援軍到達，陳儀展開報復性大屠殺

3月8日自福州開出的海平輪由基隆進港，帶來憲兵第四團的兩個營及閩台監察使楊亮功，奉警備總司令陳儀的命令，在當天晚上11時開始登陸鎮壓。[31] 軍艦還沒靠港，就用機關槍掃射岸上的台灣人，從此展開四晝夜的無情大屠殺，台灣人無緣無故而死傷者不計其數，街頭巷尾盡是鮮紅的血，模糊的肉。

3月9日下午6時更多的第二十一師軍隊乘太康輪氣勢洶湧地登陸基隆；3月12日上午7時海湘輪從福建載憲兵第二十團之一個營到達基隆；同日下午1時台安輪從上海載第二十一師一四六旅旅部及直屬部隊也抵達基隆。[32] 海軍總部也加派軍艦，於3月13日抵達基隆的有中海、中程等艦；左營方面，3月13日美頌、美樂兩艦，自廣州開抵，以及3月19日駛抵的太平艦。這些軍艦也來增援台灣的鎮壓工作。[33]

3月9日上午6時，陳儀根據蔣介石的電令：「斷然戒嚴，制止動亂。」在第二十一師抵台後，再次宣布全省戒嚴，軍、警、特展開無情的屠殺。[34] 陳儀要求軍隊「不斷武裝巡邏鎮壓」，這就是為什麼台灣街頭槍聲依然不斷，不絕於耳的原因。中國來的士兵們說：「台灣人不承認是中國人，他們殺死中國人太多了，上頭准許我們來殺他們，這幾天來，殺得真痛快！還得再殺，殺光了，看他們還能造反不成？」[35] 當時參加「學生軍」的葉紀東描述他在台北市走過的一個路徑，從大稻埕、艋舺、南門到古亭町，一路上看到的「盡是大屠殺後的人間慘狀，幾乎每隔幾步就是一具橫死的屍體。」[36] 陳儀的軍隊展開全面性、無預告、無差別的殺戮，以造成人民極大恐怖為目的。

《文匯報》在3月23日的〈台灣的動亂〉報導：「9號、10號兩天便一變而為本省民眾的恐怖世界了。當局大肆捕人，大捉那些領導者。有些軍隊在上海開發時，是聽到了台灣的外省人已被殺死多少，甚或是殺完了這些消息的，因此更鼓足『殺心』來放槍，很有點『格殺勿論』，征服異邦的神氣。因此善良的本省老百姓，自然有很多無辜遭害的。」[37]

美國副領事葛超智寫了一本書《台灣對抗危機》（The Taiwan Confrontation Crisis），他見證說：「在3月跟4月的時候，沒有人知道多少台灣人失掉生命或被關進監牢。聯合國善後救濟總署（UNRRA）綜合台灣各地的報告，保守估計至少有一萬人受害。……有一個令人難過的日子，美國新聞處處長和副領事乘吉普車經過一長龍的年輕台灣人，繩子把他們腰部跟腰部串在一起，被國民黨軍隊押著要往河邊去，很顯然他們會在那邊被槍決。」他也感傷地說：「在那時間有一代的台灣人領導階層被消失了。接著就是很突然的寂靜，沒有被害的人噤聲不敢說話。直到新一代的台灣人成長出來，就是這些被殺的人的兒女、姪子、甥女。」[38] 筆者的父親王育霖檢察官就在二二八慘案中，被謀殺滅屍。筆者也就是這樣的新一代台灣人。

3月11日中統局報給蔣介石的情報指出：「9、10兩日國軍絡續開到，警察及警備部軍士即施行報復手段，毆打及拘捕暴徒，台民恐慌異常。」[39] 國民黨的軍隊稱為國民革命軍，簡稱為國軍，其實為黨軍，直到1947年12月24日才改為國家的軍隊。他們在台灣展開報復行動，在基隆還沒上岸就用機關槍掃射，浮屍遍布基隆港，殺向台北，及繼續往中南部及東部挺進。警備總司令陳儀所領導的軍隊，報復性地胡亂殺人，把台灣民眾當成敵人，台灣人「恐慌異常」。

蔣介石看到這些情報，擔心黨軍的「報復手段」會遭受輿論的指責，也就於3月13日電令陳儀：「請兄負責嚴禁軍政人員施行報復，否則以抗令論罪。」因之陳儀才停止無差別的瘋狂屠殺，但是台灣人已經死傷纍纍了。[40] 沒有一個軍政人員由於「施行報復」，而遭受處分，顯然他們的行動是蔣介石所允許的。

三位監察委員的見證

3月8日下午隨軍隊抵達台灣的監察委員楊亮功，看見陳儀的軍隊報復性地屠殺台灣人，於10日見到陳儀時，就要他告誡部下「不得任意放槍」、「不可採取報復行動」等。楊亮功在3月13日更致電監察院長于右任謂：「地方政府濫事拘捕，人心惶惶。擬請轉陳中央嚴令地方政府不得採取報復行動，必須注意下列兩點：（一）非直接參加事件者不得逮捕；（二）處理人犯須依法律程序。」監察委員楊亮功明確指出，陳儀的軍隊「採取報復行動」，而且胡亂逮捕，不照法律程序。[41]

監察委員何漢文也在1947年3月22日從上海坐飛機到台灣調查二二八慘案。他寫了一篇〈台灣二二八事件見聞記〉，對於死傷的人數有一些初步的估計。他的報告說：「這場屠殺一直繼續到3月中旬以後才逐漸停止。……當時被屠殺得最慘的是台北、高雄、基隆、台中、嘉義、屏東等地。據高雄要塞司令彭孟緝對我說：『從3月2日到13日，高雄市在武裝暴動中被擊斃的暴民，初步估計大約在兩千五百人以上』。據基隆要塞司令史宏熹說：『基隆大約死了一千人左右』。台中、嘉義的起義人民和軍警鬥了三天。據台中市長黃克立、嘉義市長陳東生的報告，單在市區郊收埋的屍首，在台中竟有八百多具，嘉義有七百多具。……據楊亮功和台灣監察使署人員的調查估計，台北市民死亡在五百人以上。屏東市民因為和憲兵隊幾天的戰鬥，據市長龔履端的報告，市民共計死了四、五百人。此外各縣市在武裝起義鬥爭中，死亡大多在數百以上。在軍事大屠殺以後，接著由黨、政、軍、憲、警聯合實行全面大搜捕，加以秘密殺害，這樣被殺害的人民當不下千數。……所以總計台灣同胞在這次起義中死亡的，最少有七、八千人，連同受傷的，估計當在一萬人以上。」[42]

3月27日抵達台灣調查的監察委員丘念台，在4月11日給院長于右任的報告，他分析二二八的近因是「官吏非良」和「政治未當」，並非共黨、日僑、流氓、散兵有所預謀，「3月8日以後，軍警擴大屠殺」，[43] 以及「今台省官吏，已以私鄙疏昧禍台，幸勿再任令以武力失台。」[44] 監察委員何漢文和丘念台都把二二八慘案定調為「屠殺」。

當年何漢文訪談軍政負責人，得到的結論是「死亡最少有七、八千人」，但那是初步估計，實際上受害人數會更多。第二十一師的報告說：從3月8日登陸至31日，共用約二十萬發子彈、一千二百顆手榴彈及七百發砲彈。[45] 這麼多的槍彈打在台灣人的身上，死傷當然難以計數。比較可靠的估計是依據行政院所屬二二八事件紀念基金會所出版的《二二八事件責任歸屬研究報告》，估計因二二八慘案死亡的人數在1.8萬至2.8萬人之間。[46] 令人驚訝的是，國防部長白崇禧在台灣督導軍隊及宣慰十六天後，在1947年4月6日的〈宣慰台灣報告書〉卻總結，包括公教人員及人民（外省人及台灣人）共只死亡304人。[47] 如果扣除楊亮功的報告所提，外省公教人員死亡33人，台灣人就只死271人，顯然白崇禧意圖欺騙，掩飾軍隊屠殺台灣人的殘酷事實。

三位監察委員在二二八發生後很快來到台灣調查，從他們親身經歷的報告可以看出二二八的慘狀。國民黨台灣省黨部主任委員李翼中也證明，陳儀「大動殺機」。[48] 這些國民黨官員明確指證，陳儀犯了「報復性大屠殺」之罪。

陳儀重用軍統和流氓

軍統局早就很注意台灣，1941年8月成立台灣直屬組，派陳友欽為組長，進駐香港，但因香港被日本人攻佔而撤回。1942年8月軍統局成立另一個台灣直屬組，以翁俊明任組長，黃昭明副之。不料1943年11月18日晚間，翁俊明飲酒後中毒，在福建漳州去世，享年52歲。可能遭到毒殺，嫌疑人有副組長黃昭明或日方間諜。翁的台灣直屬組就併入軍統局陳達元少將所主持的閩南站。

大戰一結束，陳達元立即派黃昭明和張士德隨美軍人員由廈門出發，於1945年9月1日第一批抵達台灣。1935年陳逸松在廈門開設法律事務所時，就已認識陳達元，同是福建省漳浦縣的宗親，算起來陳達元還是陳逸松的姪子。張士德依照陳達元的指示，找上陳逸松，吸收陳逸松進入軍統局的組織。張士德派陳逸松組織青年人，用以監視還在台灣的日本人之舉動，並且任命他為三民主義青年團台灣區團部台北分團籌備處幹事兼主任。軍統局可以經過三民主義青年團吸收人員，也可掩護特務的身份。台大陳翠蓮教授的報告〈「祖國」的政治試煉：陳逸松、劉明與軍統局〉明確指出：「戰後初期，陳逸松因此成為軍統在台展開接收準備與特務部署的起點。」[49] 同月陳達元也來到台灣，擔任警備總部調查室主任及軍統局台灣站長。

曾任軍統局廈門站長的連謀於1945年11月建議陳儀成立「義勇糾察總隊」，協助政府維持治安，由於符合陳儀在上海利用黑社會的經驗，而為陳儀所接受。劉明擔任總隊長，副總隊長黃昭明，經費由劉明的振山實業公司捐助。實際上這是一群流氓和浪人，為非作歹，市民多有怨言，後來不得不解散。[50]

蔣介石的另一個特務系統中統局則設在台灣憲兵司令部和國民黨台灣省黨部內。省黨部設立「台灣調查統計室」，各地有分支機構及招募調查員，很多調查員屬流氓或地方角頭，負責收集情資。

1947年2月28日台灣人起來抗爭，保密局台灣站長林頂立當天立即召集許德輝等13位流氓和角頭開會，該晚並率領代表晉見陳儀，陳儀當面准許創立「忠義服務隊」，並任命許德輝為總隊長。許德輝是一位甲級流氓，但也是保密局台灣站的通訊員。3月2日警備總部柯遠芬透露：「找可靠而有力量之台胞許德輝等，出來組織忠義服務隊，一面希冀分散不法行動之台胞力量，一面暗地協助政府推進工作。」[51]

由〈許德輝呈毛人鳳：台灣二二八事變反間工作報告書〉，明白透露情治單位利用黑道製造混亂的內幕。[52] 當時《民報》記者吳濁流報導說：「擾亂並分化民眾，還燒毀外省人的商店，毆打外省人，造成中央派兵鎮壓的藉口。」[53] 許德輝其利用忠義服務隊為掩護，大肆猖獗、公然打劫、威脅善良、結隊橫行、假公濟私、勒索暗殺；企圖擾亂並分化民眾，充分顯示情治人員在事件中煽風點火，製造混亂的詭異角色。陳儀利用這群台灣黑社會分子來對付及分化抗爭的台灣人，足證陳儀確實是老奸巨滑。

陳儀在福建時，軍統閩北站站長張超企圖謀叛陳儀，被陳儀借機槍殺，引起軍統領導人戴笠極端的不滿。[54] 陳儀精於權謀，把用來監視他的軍統人員，收編及重用，成為心腹，化解軍統的疑慮。軍統局陳達元少將原出任台灣警備總部調查室主任，也是軍統局台灣站長，後來陳儀把他升為行政長官公署參事，當陳儀的參謀。另外柯遠芬（警備總司令部參謀長）、張慕陶（憲兵第四團長）、劉啓光（台灣行政長官公署參議及新竹縣長）、李萬居（出任台灣新生報社長，後升為董事長）等也都屬於軍統，為陳儀所重用，他們在二二八時發揮極大的作用。軍統局在1946年8月改組為保密局，林頂立繼任為保密局台灣站長。1947年2月5日陳儀更親筆題名，保密局的陳逸松擔任台灣省工礦公司董事，陳逸松是該公司董監事中唯一台灣籍。陳儀也與保密局合作，共同成立別働隊，用來謀害台灣菁英。

陳儀要徹底剪除受過日本教育的台灣菁英

3月6日陳儀給蔣介石的長篇報告說：「職以為，職到台灣以後，如對於日本時代御用紳士等，徹底剪除，一面台灣兵力比較雄厚，此次事情不至擴大至此。」3月11日陳儀的電報再次強調：「並擬徹底清除奸黨倭奴禍根。」「日本時代御用紳士」以及「倭奴禍根」都是指受過日本教育的台灣知識分子，亦即台灣菁英。沒想到陳儀一到台灣就立意要「徹底剪除」台灣菁英，果然導致很多台灣菁英在二二八慘案中被害。陳儀確實是一個殘酷無情的殺人魔。

由於陳逸松和劉明曾在二二八處理委員會大肆活動，又是有錢的台灣人，就一再有人密告他們兩人。1948年5月更有人向南京保密局密告，台灣警備總司令部情報處長姚虎臣特在1948年7月15

日寫了一封信回報，詳細說明這兩員的真正身分：「關於劉明參加叛亂一案，頃據陳達元同志電稱：略以該劉明與參政員陳逸松二人於3月4日應邀出助救亂，經報秉獲陳長官兼總司令核准運用，並於3月6日奉陳兼總司令派為總部別働隊副司令有案。無日均與弟密取聯絡，並著日將工作情形彙交弟轉報長官；迨國軍登陸援救，該員復奉陳兼總司令手令，協助弟緝捕奸逆，表現至佳。白部長返京之日，陳長官且傳派姚副官親到弟寓查取該員簡歷，荐充新任台省府委。所傳參加叛亂，確非事實。」[55]

1952年曾任中國國民黨台灣省黨部主委李翼中在他的《帽簷述事》一書也批露：「警備總司令部（3月9日）6時宣佈戒嚴，於是軍事佈署略定，特設別働隊，林頂立為隊長，劉明、李清波副之，陳逸松為參謀長，張克敏、高欽北、周達鵬為大隊長。」[56]以上這兩份史料明確證明陳逸松在別働隊有領導地位，不是副司令，就是參謀長。別働隊意即特別行動隊，軍統局設許多別働隊，專做暗殺、縱火、爆破、綁架、逮捕等各種恐怖活動。

陳儀派陳逸松、劉明滲透二二八處理委員會

二二八發生後，台灣有識之士立即於1947年3月1日上午10時在中山堂成立「緝煙血案調查委員會」，決議推派代表晉見陳儀，提出由官民共同組織處理委員會的請求。經由陳儀的同意，乃於3月2日下午2時在台北市成立「二二八事件處理委員會」（簡稱處委會）的籌備會，為了向陳儀提出改革的要求。軍統局的陳達元少將那時擔任行政長官公署簡任參事，亦即陳儀的參謀。姚虎臣的信說明，陳達元得到陳儀的核准，於3月4日「運用」劉明和陳逸松這兩位特務進入處委會進行反間工作。陳儀更於3月6日在警備總部成立別働隊，派林頂立擔任司令及劉明和陳逸松擔任副司令。

陳逸松天天參加處委會開會，把發生的事情每日向陳達元報告，再由陳達元轉報陳儀。陳逸松是律師，參與起草處委會的組織大綱和對政府的要求。3月5日下午4時，陳逸松主持會議，通過「二二八事件處理委員會組織大綱」及「八項政治根本改革方案」。蔣渭川批評：「處委會被陳逸松、劉明及特權人士一手包辦、把持。」陳逸松為處委會的常務委員，委員會下設處理局與政務局，陳逸松更兼任政務局長。劉明則參與台灣省自治青年同盟，激勵青年積極奮鬥，且聲明願意支付所需資金。在混亂中，處委會的處理大綱增加到42條，於3月7日完成。其後，國民黨就利用這些處理大綱，誣蔑台灣人意圖叛國及奪取政權，作為軍事鎮壓台灣人的藉口。[57] 蔣介石和陳儀可以不接受這些要求，沒有理由展開大屠殺。

3月8日陳儀報告蔣介石關於二二八處理委員會來見他的事情，他特別誇說：「處理委員會內部已起衝突，現正發生分化作用，一俟劉師長廿一師之一團開到台北，即擬著手清除奸匪叛徒，絕不容其遷延坐大。」在軍統特務的運作下，果然分化了處理委員會。3月10日援軍已到達，陳儀把他允許成立的處委會，誣陷為圖謀叛變，並報告：「二二八事件處理委員會圖謀叛變，今已令撤銷。」

台灣省黨部製作名冊，美麗的福爾摩沙為此流血

重要決策會先由國民黨部和從政黨員開會做決定，要殺害台灣菁英的決定應會如此。上述中統局1947年3月11日的情報也說：「台省黨部調統室曾建議警備部，應乘時消滅歹徒，並將名冊送去。警備部10日晚起開始行動，肅清市內奸徒。」這個情報證明，從3月10日晚起，照省黨部的名冊逮捕及謀殺台灣菁英。「乘時消滅歹徒」證明台灣省黨部藉著二二八的動亂，乘機謀殺無辜

的台灣菁英。一般來說，名單是單頁，名冊是很多頁訂成一本。外省官員剛來台灣，不瞭解台灣的內情，台灣省黨部內的半山們才知道誰是台灣的菁英。吳濁流在《台灣連翹》記載，1973年底曾出任國民黨省黨部指導員的彭德向他透露說：「（二二八）被捕的黑名單上台灣人二百多名，……是從重慶回來的半山幹的，他們是劉啓光、林頂立、游彌堅、連震東、黃朝琴等人。」吳濁流也感慨地說：「只因這份黑名單，悲劇的歷史上演了，美麗的福爾摩沙為此流血。」

那時屬於訓政時期，以黨領政及以黨領軍。省黨部主委李翼中本來計劃在3月6日飛去南京，要攜帶陳儀的信，向蔣介石當面報告二二八的情形及請求派兵來台灣。既然是這種企圖殺害二百多位台灣菁英的重大事情，李翼中應該會在3月6日或之前，親自把台灣省黨部所製作的這本台灣菁英的名冊轉交陳儀，要求他執行逮捕，但因6日沒有飛機班次，才改在7日成行。這就解釋為什麼陳儀會在3月6日成立別働隊，預備來執行逮捕及殺害的工作。

警備總部參謀長柯遠芬在他的口述紀錄說：「3月9日陳長官宣布全省戒嚴後，陳儀就下令由憲兵張慕陶團長主其事，警總調查室、軍統局台北站協助之，緝捕為首陰謀份子。」、「逮捕人犯係由軍統局林頂立成立特別行動隊及張慕陶憲兵團成立特高組，會商後立即進行迅雷不及掩耳的行動。」和「不過，陳長官將逮捕名單交與張慕陶，囑其不可告知上述單位以外人員，而由陳長官直接向蔣主席負責。」[58] 這些報告證明陳儀主導逮捕及殺害台灣菁英。

當時擔任警備總部副參謀長的范誦堯更特別指出：「林頂立成立特別行動隊與憲兵成立特高組，全面逮捕人犯。至於槍斃人犯，多由軍統局林頂立負責。」[59] 憲兵來自中國，不懂台語，也不熟悉台灣的地址，但其特高組可以提供武力和人員；別働隊內的台灣人特務則負責帶路和辨認被逮者的身分。別働隊參與非法逮捕、拷問、槍斃及滅屍，林頂立身為別働隊司令負責對外聯繫及整個別働隊的策劃，實際工作應由副司令、參謀長等來執行，因此陳達元特別褒獎劉明和陳逸松：「協助弟緝捕奸逆，表現至佳。」

二二八期間基隆外海及港內有非常多的浮屍，有些用鐵絲或是繩索捆縛，觸目驚心，慘絕人寰。前基隆要塞司令史宏熹在1980年6月寫給前總統嚴家淦的信透露：基隆警察局長調查出，這許多浮屍「是台北憲兵幹的」及「憲兵由台北用貨車運來」。這麼多屍體極可能是台灣菁英被謀殺後，憲兵第四團的特高組負責滅屍，來掩飾謀殺的罪行。[60]

警備總司令陳儀從3月10日晚起，開始依照名冊逮捕台灣菁英；他很謹慎，立即在隔天將已逮捕到的名單上報蔣介石。到3月13日逮捕到更多的人，又補送一份較詳細的名單，也加上莫須有的罪名。陳儀在3月13日的信上同時向蔣介石請示：「台灣因非接戰區域，不能援用軍法。普通司法寬大緩慢，不足以懲巨兇，奸黨因得肆無忌憚。」及「司法手續緩慢，而台灣情況特殊，擬請暫時適用軍法，使得嚴懲奸黨分子，以滅亂源。」（見圖）[61] 陳儀明知不可使用軍法，仍然要求「暫時適用軍法」。當時蔣介石並沒有回應，顯然留給即將來台灣的白崇禧國防部長和蔣經國處置。白崇禧於3月17日中午抵達台北，陳儀為了這些已經逮捕的台灣菁英，向白部長請示。白崇禧承認，他為了「鎮懾台灣人」，同意陳儀非法用「軍法自行審理」這些台灣人，亦即可以隨意處死犯人。[62]

大溪檔案－台灣二二八事件

（六）台灣因非接戰區域，不能援用軍法，普通
司法寬大緩慢，不足以懲巨兇，奸黨因得肆無忌憚。
（七）交通及通訊員工，多為台人，事變時無
形停工，增加政府困難，
為根本消除禍患，使不再發生變亂計，謹
呈善後辦法八項：
（一）軍隊除要塞部隊外，經常有一師駐台
平時注重訓練，不干政治，有事立即出動，警察
仍可用本省人，惟限制其武器。
（二）司法手續緩慢，而台灣情況特殊，擬請暫時
適用軍法，使得嚴懲奸黨分子，以滅亂源。

一六九

▲ 陳儀在1947年3月13日請示：「台灣因非接戰區域，不能援用軍法。普通司法寬大緩慢，不足以懲巨兇，奸黨因得肆無忌憚。」及「司法手續緩慢，而台灣情況特殊，擬請暫時適用軍法，使得嚴懲奸黨分子，以滅亂源。」白崇禧同意陳儀非法以「軍法自行審理」，亦即可以隨意處死犯人。翻攝自中央研究院近代史研究所編《二二八事件資料選輯》（二），頁169。

發動清鄉，追剿台灣人

白崇禧一到台灣就密切與當時在台灣的軍政首長見面及聽取簡報。更在3月20日上午10時召開重大軍事會議，由陳儀、柯遠芬、冷欣、葛敬恩、吳石、何孝元、郝中和等軍方要員參加。[63] 白崇禧下令把台灣劃分為7個綏靖區（台北、基隆、新竹、中部、南部、東部與馬公）、派任7個司令官、並推動嚴厲的清鄉綏靖工作。陳儀當天下午立即對外公布7個綏靖區的設立，並發表「為實施清鄉告民眾書」（見圖），從隔天起為了「徹底肅清惡人」，而「實施清鄉」。[64] 設立綏靖區是為了軍隊能分區有效清剿台灣人。清鄉利用連坐制度，稍有嫌疑就逮捕，羅織殺害更多台灣人。白崇禧剛到台灣的〈國防部宣字第一號佈告〉所說：「參與此次事變，或與此次事變有關之人員，除煽動暴動之共黨外，一律從寬免究。」全在騙台灣人。當年的慘狀可參照3月27日中統局局長葉秀峰呈送蔣介石的情報：「陳長官善後處置仍採高壓政策，凡稍涉事變嫌疑者每加毒殺，被害者已有四、五十人，對青年學生妄殺尤多，致使人心惶惑社會益形不安。」[65] 4月1日美國大使司徒雷登回報美國國務卿：「逮捕持續進行，槍決不斷，基隆港仍然有新的屍體打撈上岸。」[66]

4月11日陳儀在回報上層質疑他殺害台灣人時，公然說謊：「惟王添灯有於混亂中被擊斃命消息。各部部隊除迎擊攻擊機關要塞等暴徒外，絕無殺戮無辜之事。」及「查自二二八事件發生起至（3月）25日國軍一部到達之期間內，全省陷於混亂狀態，奸宄暴徒仇殺狙擊，無法防止。無論外省人及本省人，在此期內傷亡失蹤事件，迄今無從確報。」[67] 不過王添灯的名字早就出現在陳儀於3月11日及13日呈報蔣介石已被逮捕的名單上，而且排在第一名，他是被陳儀謀殺滅屍的（見圖）。陳儀殺了那麼多台灣

爲實施清鄉告民衆書

親愛的臺灣全省同胞們：

這次由亂黨叛徒所造成的暴動，使社會秩序一時陷於混亂，善良人民都蒙受有形無形的損失，回想起來，實在痛心。現幸國軍抵達以後，亂黨叛徒鬨風匿散，社會秩序已經恢復。但政府爲了保護善良人民維持全省治安，徹底肅清惡人起見，決定實施清鄉，使少數的亂黨叛徒，無法匿避，再在暗中繼續作擾亂治安，危害國家的陰謀。我們必須把這少數的亂黨叛徒肅清了以後，善良的人民才能直過眞正和平幸福的生活。

清鄉的目的是在確保治安。清鄉的主要對象，是「武器」和「惡人」。凡是武器和惡人，都應該交給政府，由政府作合理合法的處理。

第一，交出武器：在這次暴動之中，亂黨叛徒搶了軍械，致槍枝散失民間不少。大家要知道，武器乃是國家的力量，人民是絕對不能私藏的，如果私藏武器，就是犯法的行爲。所以因這次暴動而散失在民間的武器，不論長短槍枝，彈藥，机砲及倭刀等等，都應該自動的交給政府。過去日本佔據時代，民衆交槍，獻槍是有危險的，要受處罰的。現在是我們自已的政府，只要人民自動的交槍，絕對沒有任何危險。政府對於自動交出武器的人，非但不予處罰，而且還要獎賞。希望善良的同胞，如果知道或發現暴徒，奪匿藏的武器彈藥，或者原來私人所有的，千萬不要掩藏。不要送人，不要毀棄，應該交給政府。最好直接交給駐軍憲警机關，或者交給鄉鎮區公所，或者交給縣市政府。交出的武器，是善良的人民，政府自然獎賞保護。倘若私藏武器，匿而不交的，自然是亂黨叛徒，一經政府搜査出來，即將予以最嚴厲的制裁。

第二，交出惡人：這次暴動平息以後，少數的亂黨叛徒畏罪隱匿各地，實是本省未來的禍根。大家要知道，兇暴不除，善良的人無法安居樂業，我們要求得到和平幸福的生活，必須先把這少數亂黨叛徒徹底肅清。所以如果你們的鄉村鄰里裡，匿藏着亂黨叛徒，你們應該立刻檢舉，密報當地鄉鎮區公所，縣市政府，或駐軍憲警机關，由政府來査明他們的罪行，按其情節重輕，或予懲罰或施感化。這樣，惡人無所隱匿，治安自然良好。如果有人膽敢窩藏亂黨叛徒，匿而不報，一經政府査出，即與亂黨叛徒同罪。

以上兩點，是清鄉時期中最重要的工作，希望全省善良的同胞發揮愛鄉愛國的精神，鼓起勇氣，協助政府，交出散匿武器，肅清亂黨叛徒，直接[illegible]生活。

尤其是全省各縣的鄉長，鎮長，村長，里長，鄰長，以及各市的區長，里長，鄰長，和各級自治人員們，都是地方的基層幹部，你們一方面代表民衆，推行地方自治，一方面受省政府委託，執行國家法令，任務特別重要。只要你們鼓起愛國熱情，爲人民服務，爲國家盡忠，則亂黨叛徒的一切行爲，絕對逃不過你們的耳目。爲了家鄉，爲了國家，你們都應該負起責任，協助政府，收繳民間槍械，剪除本地惡民。

清鄉工作自三月廿一日開始希望獲得良善同胞的協助在最短期間內完成清鄉的任務，使治安確保，人民安居，繼續努力建設三民主義的新臺灣。

臺灣省行政長官
兼警備總司令 陳儀

中華民國三十六年三月二十日

▲ 陳儀於1947年3月20日發表「為實施清鄉告民眾書」，從隔天起為了「徹底肅清惡人」，而「實施清鄉」。清鄉利用連坐制度，稍有嫌疑就逮捕，羅織殺害更多台灣人。國立臺灣歷史博物館提供。

第四〇號之附件

此單所列均未見報來是否提出備明原因乞示

辦理人犯姓名調查表

姓名	略歷	罪跡
王添灯	(一)省參議員 (二)三民主義青年團台灣區團台北分團幹事長 (三)台灣省政治建設協會理事	(一)陰謀叛亂首要，組織偽二二八事件處理委員會自任宣傳組長 (二)號召前在日本陸海空軍服役之青年組織偽編組以為擴大叛亂之武裝力量 (三)控制廣播電台，發表叛國言論，提出卅二條件，煽動民眾叛亂行動 (四)要組偽新華民國政府
徐征	(一)北平延平學院教授 (二)中共台灣省工作委員	(一)奸偽首要 (二)組織團體聯誼會，從事吸收社會青年，以為奸偽外圍群眾 (三)組織寧青社，吸收知識青年及大學學生，擴大活動 (四)策動延平學院學生叛亂
李仁貴	(一)台北市參議員 (二)台灣省政治建設協會理事 (三)偽二二八事件處理委員會委員兼調查組長	(一)陰謀叛亂首要 (二)提議撤國軍武力完全解除，治安由偽處理委員會維持

二二八事件資料選輯（二）

一七四

▲ 陳儀在1947年3月13日的報告，附上從3月10日以來所逮捕台灣菁英的名冊，列有他們的罪跡。4月11日陳儀竟然謊報：「惟王添灯有於混亂中被擊斃命消息。……絕無殺戮無辜之事。」事實上，王添灯早已被逮捕，且排在第一名，然後被謀殺滅屍。翻攝自中央研究院近代史研究所編《二二八事件資料選輯》（二），頁174。

人，卻謊稱「絕無殺戮無辜之事」和卸責給「奸宄暴徒仇殺狙擊」，中國官員之欺詐成性，實在令人嘆為觀止。

蔣介石獎賞陳儀為浙江省長

當各界撻伐陳儀的聲音風起雲湧，而國防部長白崇禧也將於3月17日抵達台灣，會檢視陳儀在二二八的失誤，陳儀不得不在3月17日正式向蔣介石辭職。蔣介石在隔天立即批准請辭，並慰勉陳儀：「收復台灣，勞苦功高，不幸變故突起，致告倦勤，殊為遺憾，現擬勉從尊意。」不過陳儀竟然厚顏無恥，還想戀棧台灣行政長官的職位。他一手導演國大代表、參政員、省縣市參議會、各保甲長聯名，電呈中央挽留自身職位的戲碼。中統局葉秀峰3月26日證實：「陳長官現策動游彌堅、劉啓光等發動聯名，向中央請求挽留，但威信已失，民心難服。」[68]

國民黨第六屆三中全會很快在3月22日決議，將陳儀「撤職查辦」。然而蔣介石不只認定陳儀不必負責，還出言辯護其「善盡職守」，甚至以「鎮壓叛亂異常出力」記大功二次給予嘉獎。後來美國駐華大使司徒雷登也向蔣介石提出備忘錄，批評陳儀的鎮壓不當，要求把陳儀撤職。[69] 在輿論及美國的壓力下，陳儀也就必須離職。

1947年4月22日，行政院會議議決：撤銷台灣省行政長官公署，改為台灣省政府，任命魏道明為主席。5月11日，因二二八事件而被撤職之原台灣省行政長官陳儀返回南京，改任國民政府顧問。5月12日，陳儀受到蔣介石召見及慰問，並共進午餐。5月16日，首任台灣省政府主席魏道明在台北宣誓就職，宣布解除《戒嚴令》，結束清鄉工作，廢除新聞、圖書及郵電檢查，撤銷交通及通訊機構之軍事管制，台幣與法幣之比率改為1比44。事實上，清鄉持續到1949年5月，這段期間稱為清鄉，其後為白色恐怖。

1948年6月30日，蔣介石竟然派陳儀出任浙江省主席。浙江省是蔣介石與陳儀的故鄉，而且比台灣大，這是升官，這也是對台灣人非常大的侮辱。顯然陳儀在二二八的所作所為都符合蔣介石的心意，亦即蔣介石也須擔負陳儀在二二八的罪責。

1948年冬天，國民黨軍節節敗退，失去東北及華北，共產黨更意圖渡江南犯，陳儀當時任浙江省主席，在沈銘訓及其他共產黨徒勸說下，他竟然忘恩負義，企圖投降共產黨，想把上海、南京、杭州一帶交出，背叛蔣介石，換取他個人的利益。陳儀親筆寫下有關投降的八項準備工作和五個投降的條件，於1949年1月30日和2月1日，先後派他的外甥丁名楠及舊屬胡邦憲去煽惑京滬杭警備總司令湯恩伯將軍，勸他停止軍事行動，與陳儀共謀早日實現局部投降。丁名楠交信時還口頭傳達，希望湯「作傅作義，對共產黨局部和平」。湯恩伯有恩于陳儀，所以陳儀敢勸他投降。事實上湯不但密告蔣介石，而且當陳儀被免職回到上海寓所，湯還命他的手下毛森帶人來繳械及軟禁，數日後由上海飛衢州拘禁，4月28日由衢州飛台北，幽禁於基隆要塞司令部。

1950年6月6日湯恩伯由軍法局局長親做筆錄，湯明白請求：「維持陳的生命安全，指定一個地方叫他居住以了殘年。」顯然蔣介石不念與陳儀的舊情，不接受湯恩伯的請求，於6月14日總統府以代電回覆國防部「准處死刑可也」，6月18日上午6時予以槍決。值得注意的是，判決書所定的罪名是「煽惑軍人叛逃」，不是一般所說的「通匪叛國」。[70] 陳儀被槍斃不是因為在二二八犯了滔天大罪，而是因為陳儀背叛蔣介石，不僅自己準備投共，還企圖策反京滬杭警備總司令湯恩伯。

結論

一個軍人最基本的要求是對他的長官以及所屬的政府忠誠，然而陳儀卻一再背叛。陳儀起初是一個清兵，但他背叛清朝，支持孫文的中華民國。令人難以理解的是，不到四年他竟然支持袁世凱稱帝，建立中華帝國，背叛中華民國和孫文共和國的理想。盧永祥讓陳儀回到軍事舞台，任命他為浙江邊防司令，不久就背叛盧永祥，開門讓孫傳芳的軍隊很快從閩浙邊界，一路開到杭州。孫傳芳任命陳儀為第一師師長，後升為浙江省主席。陳儀看到蔣介石的北伐軍聲勢較大，他又背叛孫傳芳，跟隨蔣介石。到1949年中共節節勝利，他又要背叛蔣介石，去投共。縱觀陳儀的一生，竟然有五次背叛的紀錄，很可能是中國現代史軍政長官的最高背叛紀錄，足見陳儀是一個趨炎附勢、欺詐及自私的人。

昏庸無能的陳儀治理台灣僅僅一年四個月，居然弄得到處貪官污吏、經濟崩潰、民怨沖天。他把台灣看做次殖民地，搜刮物資去支持蔣介石的內戰，也不瞭解台灣民智已開，期待地方自治，在陳儀高壓無理的統治下，自然爆發了二二八的抗暴。陳儀不反省抗暴的原因，竟然以殘酷血腥的手段，採取報復性的大屠殺。他更把受過日本教育的台灣菁英，看做「倭奴禍根」，要「徹底剪除」，他下令軍統的別働隊及憲兵的特高組，非法謀殺很多台灣菁英。從1947年3月21日起，更發動嚴厲的清鄉，持續追殺參與二二八抗爭的台灣人。中國軍隊抵達台灣後，抗爭的台灣人大多逃逸，只有二、三個地方還有零星的反抗。國民黨可以不接受二二八處理委員會的要求，絕對沒有理由用屠殺來報復台灣人，而且這是在和平時期所發生的屠殺。可以看出來，這個大屠殺的目的是要給台灣人一個震撼教育，「殺雞儆猴」，讓台灣人再也不敢造反，果然台灣四十年幾乎不敢吭聲或反抗。二二八慘案殺死了1.8萬至2.8萬台灣人，陳儀可說是二二八最大的殺人魔。

（本報告發表於2022年12月11日《風傳媒》網站：王克雄觀點）

---

1 賴澤涵著〈烙印著二二八的人：陳儀傳奇的一生〉，《遠見雜誌》1991年1月。
2 司馬嘯青作《邪惡的開端：陳儀及其帶來的中國官場文化》，頁37及92，玉山出版社，2018年。
3 同注釋2，頁95。
4 葛超智作，陳榮成譯《被出賣的台灣》，頁75，前衛，2003年。
5 陳芳明編《二二八事件學術論文集》，頁117，台灣出版社，1988年11月。
6 同注釋2，頁126。
7 同注釋2，頁128。
8 同注釋2，頁170。
9 陳明通〈派系政治與陳儀治台論〉，頁270，收錄於賴澤涵主編《台灣光復初期歷史》，1993年11月。
10 黃惠君著《激越與死滅：二二八世代民主路》，頁66，遠足文化，2017年。
11 李筱峰著《解讀二二八》，頁46，玉山社，1998年。
12 張炎憲等《二二八事件責任歸屬研究報告》，頁109，行政院二二八事件紀念基金會發行，2006年2月。
13 陳明通〈派系政治與陳儀治台論〉，頁258。
14 「為續報台民暴動經過情形」，載於〈台灣二二八事變經過及處理案〉，檔案管理局檔號：B5018230601/0036/563.3/4010/1-2/003。
15 中央研究院近代史研究所編《二二八事件資料選輯》（二），頁57。
16 《自由時報》1995年3月3日。
17 陳儀深、薛化元主編《二二八事件真相與轉型正義研究報告》，頁246，行政院二二八事件紀念基金會，2021年。
18 中央研究院近代史研究所編《二二八事件資料選輯》（二），頁71。
19 中央研究院近代史研究所編《二二八事件資料選輯》（二），頁92。
20 中央研究院近代史研究所編《二二八事件資料選輯》（二），頁144。
21 中央研究院近代史研究所編《二二八事件資料選輯》（二），頁68。

22 陳儀深〈蔣介石日記與二二八責任〉，刊於《自由時報》2008年9月12日。
23 中央研究院近代史研究所編《二二八事件資料選輯》（二），頁106。
24 張炎憲等《二二八事件責任歸屬研究報告》，頁257。
25 《二二八事件真相與轉型正義研究報告》，頁282。
26 《二二八事件真相與轉型正義研究報告》，頁328。
27 張炎憲等《二二八事件責任歸屬研究報告》，頁66。
28 《二二八事件真相與轉型正義研究報告》，頁329。
29 黎中光著《沉冤待雪的台灣二二八史》，吳三連台灣史料基金會。
30 黃富三、許雪姬訪問〈廖德雄先生訪問紀錄〉，收錄於《口述歷史》（四），頁70，中央研究院近代史研究所，1993。
31 《二二八事件真相與轉型正義研究報告》，頁281。
32 中央研究院近代史研究所編《二二八事件資料選輯》（二），頁147。
33 《二二八事件真相與轉型正義研究報告》，頁319。
34 國史館「蔣中正致杜胡宗南繼承等手令登記簿」，頁39。
35 林木順著《台灣二月革命》，原作於1948年2月，前衛再出版於1995年7月。
36 陳儀深〈族群衝突、官逼民反與報復屠殺——論二二八事件的性質定位〉，收錄於《二二八事件60週年國際學術研討會：人權與轉型正義》，頁8-16，主辦單位二二八事件紀念基金會。
37 《二二八事件真相與轉型正義研究報告》，頁286。
38 葛超智著《台灣對抗危機》（The Taiwan Confrontation Crisis），頁61，美國台灣人公共事務協會，1986年（英文）。
39 中央研究院近代史研究所編《二二八事件資料選輯》（二），頁146。
40 中央研究院近代史研究所編《二二八事件資料選輯》（二），頁163。
41 陳儀深〈族群衝突、官逼民反與報復屠殺——論二二八事件的性質定位〉，頁8-15。
42 何漢文〈台灣二二八事件見聞記〉，收錄於陳芳明編《二二八事件學術論文集》，頁239，台灣出版社，1988年。
43 陳儀深〈是報復屠殺　不是官逼民反〉，刊於《自由時報》2007年1月23日。
44 張炎憲等《二二八事件責任歸屬研究報告》，頁129。
45 中央研究院近代史研究所編《二二八事件資料選輯》（二），頁225。
46 張炎憲等《二二八事件責任歸屬研究報告》，頁73。

47 白先勇、廖彥博著《止痛療傷：白崇禧將軍與二二八》，頁363，時報出版，2014年。

48 李翼中〈帽簷述事〉，收錄於中央研究院近代史研究所編印《二二八事件資料選輯》（二），頁406。

49 陳翠蓮〈「祖國」的政治試煉：陳逸松、劉明與軍統局〉，收錄於《臺灣史研究》第21卷第3期，頁147，2014年9月。

50 陳翠蓮〈「祖國」的政治試煉：陳逸松、劉明與軍統局〉，頁144。

51 張炎憲等《二二八事件責任歸屬研究報告》，頁311。

52 陳翠蓮《派系鬥爭與權謀政治：二二八悲劇的另一面向》，時報出版，1900年。

53 吳濁流著《台灣連翹》，頁187，草根，1995年重印。

54 陳明通〈派系政治與陳儀治台論〉，頁253。

55 同注釋49，頁137。

56 同注釋48，頁388。

57 王克雄〈陳逸松的兩面性〉，刊於風傳媒網站，2022年5月8日。

58 李宣鋒訪問〈柯遠芬先生口述紀錄〉，收錄於魏永竹、李宜鋒主編《二二八事件文獻補錄》，頁133，臺灣省文獻委員會，1994年。

59 鄭履中〈警總副參謀長范誦堯珍貴口述〉，收錄於魏永竹、李宜鋒主編《二二八事件文獻補錄》。

60 1980年6月〈史宏熹致嚴家淦信〉，收錄於《嚴家淦總統文物》。

61 中央研究院近代史研究所編《二二八事件資料選輯》（二），頁166。

62 中央研究院近代史研究所編《二二八事件資料選輯》（二），頁352。

63 《台灣新生報》，1947年3月21日。

64 台灣歷史博物館展出「斯土斯民：台灣的故事」。

65 中央研究院近代史研究所編《二二八事件資料選輯》（二），頁230。

66 “The Ambassador in China (Stuart) to the Secretary of State” Apr. 1, 1947, Foreign Relations of the United States, 1947, Far East-China, Vol. VII, pp. 442.

67 中央研究院近代史研究所編《二二八事件資料選輯》（二），頁234。

68 中央研究院近代史研究所編《二二八事件資料選輯》（二），頁230。

69 楊逸舟著《二二八民變：台灣與蔣介石》，前衛，1991年。

70 陳儀深〈陳儀槍決檔案解密〉，刊於《自由時報》2007年7月7日。

白崇禧在二二八的兩面手法

大屠殺發生前蔣介石預派白崇禧來台灣宣慰

白崇禧國防部長是當年二二八期間在台灣的最高軍事長官。1947年3月8日白崇禧正在山西太原視察，突被南京緊急召回，當晚立即晉見蔣介石。主要商討如何應付台灣人的抗爭及被派前往台灣「宣慰」。蔣介石在二二八大屠殺發生之前，就已經預知很多台灣人會被殺，需要安慰。白崇禧於3月17日中午抵達台北，當晚的廣播就說：「奉蔣主席的命令宣慰台灣，對此次遇難同胞，代表宣慰。」

他的兒子白先勇是一位名作家，和廖彥博共同出版《療傷止痛：白崇禧將軍與二二八》，極力把白崇禧塑造成一個拯救者，把台灣人從二二八屠殺中救出來。他說：「軍警情治單位由此收斂，判徒刑者，或減刑，或釋放。」事實上，白崇禧抵達台灣之前，無情屠殺已經終止。本文所列有關對白崇禧名譽不利的事實，白先勇故意隱瞞不提，實在有愧文人應有忠於史實的情操。

解析白崇禧的兩面手法

白崇禧玩兩面手法，一方面扮演成好人來宣慰台灣人，但另一方面下令殺害台灣菁英、督導第二十一師的運作、分區全面搜查、發動殘酷的清鄉、撤回縣市長民選、褒獎殺台灣人的將領、掩飾屠殺的實情等等。白崇禧是台灣政治史上欺騙最大的官員。白先勇更拍「白崇禧紀錄影片」及上政論節目宣捧白崇禧，企圖學他的父親，再一次欺騙台灣人民。

1947年3月11日中統局從台北發出如下的情報給蔣介石：

「9、10兩日國軍絡續開到，警察及警備部軍士即施行報復手段，毆打及拘捕暴徒，台民恐慌異常。台省黨部調統室曾建議警備部，應乘時消滅歹徒，並將名冊送去。警備部10日晚起開始行動，肅清市內奸徒。」[1] 這份情報可說是二二八慘案的縮寫。前半段說明蔣介石調來大批黨軍，登陸以後立即展開「報復手段」，進行屠殺，台灣人「恐慌異常」。後半段揭露中國國民黨台灣省黨部製作了一份台灣菁英的「名冊」，是很多頁訂成一本的名冊，顯然列了非常多的人。當年是訓政時期，「以黨領政」及「以黨領軍」，台灣省黨部「乘時」用二二八做藉口，要求警備總司令陳儀「消滅」台灣菁英。警備總部也確實從3月10日晚起，開始大量逮捕台灣菁英。

曾出任國民黨台灣省黨部指導員的彭德在1973年向記者吳濁流透露說：「被捕的黑名單上台灣人二百多名，……是從重慶回來的半山幹的，他們是劉啓光、林頂立、游彌堅、連震東、黃朝琴等人。」吳濁流注說：「只因這份黑名單，悲劇的歷史上演了，美麗的福爾摩沙為此流血。」[2] 警備總司令陳儀很謹慎，立即在隔天3月11日，將依照名冊已逮捕到的人上報蔣介石，列了林茂生、林連宗、王添灯、徐春卿、施江南、李瑞漢、李瑞峯、張光祖、艾珞生、宋斐如、徐征、王名朝、阮朝日、吳金鍊、廖進平、黃朝生、李仁貴、陳炘等等台灣菁英。到3月13日逮捕到更多的人，又補送一份較詳細的名單，也加上莫須有的罪名。陳儀在3月13日的信上同時向蔣介石請示：「台灣因非接戰區域，不能援用軍法。普通司法寬大緩慢，不足以懲巨兇，奸黨因得肆無忌憚。……司法手續緩慢，而台灣情況特殊，擬請暫時適用軍法，使得嚴懲奸黨分子，以滅亂源。」[3] 當時蔣介石並沒有回應，顯然留給即將來台灣的白崇禧國防部長和蔣經國處置。

國民黨台灣省黨部主任委員李翼中在3月4日約見蔣渭川，跟他說：「為今之計，惟有籲請中央，然後臨之以威、綏之以德，自可速平，而免糜爛。」這種說法顯然與蔣介石的做法相符合。蔣介石在二二八發生後，立即在3月3日命令江蘇崑山的駐軍開赴台灣及於3月5日派廿一師來台灣。蔣介石詳細地指導陳儀如何布置軍隊及要求一天須呈送三次的軍情報告。3月8日及9日連續兩天蔣介石更召見第廿一師長劉雨卿，親自指示如何殺台灣人，更要劉雨卿當日飛台灣，轉告陳儀「面詳一切」的秘密指令。[4] 蔣介石預知會殺死很多台灣人，在3月8日間就已指派白崇禧，在大屠殺後，來台灣宣慰。擔任國防部長的白崇禧派遣軍隊來台灣、調動軍艦接送、安排彈藥及補給等工作。忙得差不多以後，白崇禧於3月17日來到台灣，當晚白崇禧的廣播一開始就說：「奉蔣主席的命令宣慰台灣，對此次遇難同胞，代表宣慰。」白崇禧扮演了很好的宣慰角色，在報紙及演講說了很多安慰台胞的話，免去幾個市民及年輕人的罪行，也要求軍隊不可再亂來，都只是為了安定人心，避免事件擴大。

骨子裡，國防部長白崇禧主要是來視察軍隊的運作及加強對台灣人的追殺，而同來台灣的蔣經國則來當蔣介石的耳目。蔣經國抵台隔天3月18日立即拍發電報給蔣介石：「親美派—林茂生、廖文毅與副領事Kerr（葛超智），請美供給槍枝及Money（金錢），美允Money。」誣告台大文學院長林茂生及廖文毅向美國人要求武器和金錢。[5] 白崇禧於3月24日也呈報蔣介石：「正待加緊追繳清剿。一切善後尚須審慎處理。正巡行各地，詳加調查研究中。對台事決定，最好待職宣慰工作整個完成，報請鈞裁，較為適當。」及「國內台籍各團體人民代表僅憑風說提出種種要求，尚懇鈞座勿輕許諾。」[6] 足證白崇禧表面在宣慰，真正在督導第廿一師的軍隊來鎮壓及清剿台灣人。白崇禧來台灣之前，在南京已經接見很多位台灣旅滬人士，聽到他們的哀求，他們也以為可以信任白崇禧。[7]他們怎能料到白崇禧在背後要求蔣介石，不要聽從台灣人的呼籲？足證白崇禧善於欺騙，他一方面扮演白臉，另一方面也黑心扮演黑臉。

劃分七個綏靖區　啟動殘酷的清鄉

白崇禧來台灣之前，盲目的屠殺就已停止，那不是白崇禧的功勞。白崇禧3月17日中午抵達台北，就密切與當時在台灣的軍政首長見面及聽取簡報。更在3月20日上午10時召開重大軍事會議，由陳儀、柯遠芬、冷欣、葛敬恩、吳石、何孝元、郝中和等軍方要員參加。[8]白崇禧下令把台灣劃分為七個綏靖區（台北、基隆、新竹、中部、南部、東部與馬公）、派任七個司令官、並推動嚴厲的清鄉綏靖工作、更要求陳儀當天下午立即公布。陳儀雖已在3月17日正式向蔣介石請辭，仍得依照白崇禧的指令，對外公布七個綏靖區的設立，並發表「為實施清鄉告民眾書」，從隔天起為了「徹底肅清惡人」，而「實施清鄉」。[9]當時白崇禧兼任「全國綏靖區政務委員會副主任委員」，他在台灣也設立綏靖區是為了第二十一師及其他軍事單位能分區有效清剿台灣人。清鄉利用連保制度，稍有嫌疑就逮捕，羅織殺害更多的台灣人。當年的慘狀可參照3月27日中統局局長葉秀峰呈送蔣介石的情報：「陳長官善後處置仍採高壓政策，凡稍涉事變嫌疑者每加毒殺，被害者已有四、五十人，對青年學生妄殺尤多，致使人心惶惑社會益形不安。」[10]不過，陳儀是在執行白崇禧在各綏靖區要做的清鄉工作。足見白崇禧於3月17日國防部公告宣字第一號所說：「中央格外關懷，並已決定採取寬大為懷的精神來處理。……參與此次事變，或與此次事變有關之人員，除煽惑暴動之共產黨外，一律從寬免究。」只是表面安撫，公然欺騙台灣人而已。白崇禧這種雙面人的厚黑手法，實在非常陰險惡毒。

至於殺害台灣菁英，單在嘉義，3月18日陳復志在嘉義火車站前被槍斃，並曝屍三天；3月21日余炳金被槍決；3月23日陳容貌、盧鎰等11人被槍殺；3月25日四位和平使者陳澄波、潘木枝、柯麟及盧鈵欽更被押出槍殺。[11] 您能料到，白崇禧剛於3月22日抵達嘉義宣慰台灣人嗎？當地的長官如沒有白崇禧的授權，絕對不敢隔天槍殺陳容貌等11人及三天後槍斃4位和平使節。白崇禧發出一些宣慰的話及好聽的命令騙台灣人，並沒有要求切實執行命令，軍警知道白崇禧是在做宣傳，而他們必須執行從3月21日開始嚴厲的清鄉工作。

誣指報界人士為共產黨

白崇禧最大的錯誤是把二二八的起因歸罪於中國共產黨，並將抗爭的台灣人當作共產份子，事實上當年在台灣的共產分子少之又少。3月26日白崇禧用心完成長達五頁的綜合報告，以密電呈送蔣介石：「其近因即抗戰勝利後，中共假言論自由之名恣意詆毀本黨、政府及軍隊，台省一般不正確之報章輿論，亦同出一轍。」及「共匪叛徒分竄山嶽地帶，隱藏或散伏民間，警備總部已決定分區清剿，限令收繳槍械彈藥被服，澈底肅清叛亂份子，以安地方。」照白崇禧的說法，凡是批評國民黨、政府或軍隊都是共產黨。

我父親王育霖檢察官不顧上司的指示，堅持要查辦貪官新竹市長，結果被迫辭職。他到台北參加林茂生教授創辦的《民報》，擔任法律顧問及撰寫社論和司法評論。我父親也寫《提審法解說》一書，強調軍警逮捕人民後，在廿四小時內須解送法院，不可私自關人或刑求。他一再強調司法改革及維護人權。顯然被白崇禧這種推論誣陷為共產黨，因此在二二八遭遇謀殺滅屍。[12]

二二八慘案期間（1947年3月至5月），很多報界人士果然遭到殺害：《民報》有林茂生、王育霖與廖進平、《台灣新生報》有阮朝日、吳金鍊、蘇憲章、黃漢書、林界與邱金山、《人民導報》有宋斐如與王添灯、《大明報》有艾璐生與徐征、《台灣新民報》有施部生、《自由日報》有陳南要、《國聲報》有李言與鍾天福、《東台日報》有許錫謙等等。還有很多其他報界人士那時候被關及刑求，有些甚至在二二八慘案過後遭槍斃。[13] 白崇禧這份報告也可看出，他把二二八抗爭的台灣人全部戴上「共匪叛徒」的紅帽子，並且分七個綏靖區，展開清鄉工作。

白崇禧回到南京在4月6日呈報的〈宣慰台灣報告書〉也說他任命張慕陶、史宏熹、岳星明、劉雨卿、彭孟緝、何軍章、史文桂等七人為各區的綏靖司令，並自3月21日起，開始清查戶口，辦理連保，徹底肅奸，推動嚴厲的清鄉工作。那時台灣已全部平定，第廿一師應該撤回中國或只是單純的駐軍，白崇禧不這麼做，反而授給清鄉的新任務。他既然認為「共匪叛徒隱藏或散伏民間」，理應由警察處理，而不是動用軍人。結果各地軍政人員乘機勒索，掠奪錢財，甚至假公濟私、殺人構陷的事件層出不窮。[14] 白崇禧應該對清鄉的罪行負最大的責任。

剝奪參政權　藉戒嚴肅清台灣人

白崇禧3月26日的報告也為二二八的大屠殺找了藉口：「彼輩所謂高度自治及所提無理要求，則直欲奪取政權已無疑義。」並且提出以後軍隊的佈置，在台灣要保留一個師及二個憲兵團。至於如何治理台灣人，他說：「除戶籍、交通警察規定暫時不攜槍枝，可用台籍外，其餘員警仍以外（省）籍充任。」、「台省各級民意機關頗不健全，應分別保留或改選，將此次參加事變人員按其情節輕重分別淘汰。」及「縣市長民選原擬提前實行，……應利用戒嚴時期將奸匪暴徒肅清，已失械彈收回，再斟酌情形辦理。」白崇禧剝奪了台灣人參政的權利，並且更要利用戒嚴的機會，肅清他們不喜歡的台灣人。如果比較3月17日下午6時30分白崇禧剛到台灣的宣慰廣播：「關於此後台灣行政的措施，自必採納真正民意，加以改善，在政治制度上，……各縣市長可以定期民選，各級政府人員以先選用台省賢能為原則。在人事上不分畛域，一律平等待遇。」[15] 您就可瞭解白崇禧公然欺騙台灣人。

同天又發第二封信給蔣介石，特別稱讚：「此次事變鎮壓最為得力高雄要塞司令彭孟緝，獨斷應變制敵機先，俘虜暴徒四百餘人。基隆要塞司令史宏熹沉著果敢，擊破襲擊要塞之暴徒。……各該員擬懇分別獎勵，以昭激勵。」（見圖）事實上，彭孟緝毫無人性，逮捕及槍殺到高雄要塞談判的涂光明、范滄榕、曾豐明三位代表。然後下令軍隊開入市區，瘋狂攻擊高雄市政府、火車站、高雄中學、憲兵部等，死傷無數。基隆要塞司令史宏熹將被逮捕的人以鐵絲貫穿手腳，三人或五人捆成一串，槍殺之後，丟入海中，以致基隆港灣布滿浮屍，慘不忍睹。[16] 這些殺人魔卻被白崇禧在台灣人背後大為讚賞，宣慰只是欺騙台灣人而已。彭孟緝報告何漢文監察委員高雄殺了2,500人以上，及丘念台監察委員描述3月8日以後「軍警擴大屠殺」的慘狀，當時就已把二二八定位為「屠殺」。反觀白崇禧只說：彭孟緝「俘虜暴徒四百餘人」，卻不提這些殺人魔屠殺了多少的台灣人。

謊報二二八只死304人

二二八慘案中死傷的人數眾說紛紜，數目相差很多。根據內政部的統計，1947、1948、1949年的台灣實際死亡人數分別為114,192、95,340、93,449人，故1947年的實際死亡人數比1948年多

18,852人，比1949年多了20,743人。[17] 如果加上被黨軍謀殺滅屍或路上被殺拖去掩埋的失蹤人口，以及家人不敢去報在二二八受害，二二八慘案中被殺害的人數會遠超過2萬人。監察委員何漢文在1947年3月22日就到台灣調查二二八慘案，他訪談當時的縣市首長，估計最少有7、8,000台灣人被殺。《紐約時報》在3月29日報導說：「估計有一萬台灣人被中國軍隊殺死。」當年保安處也估計死傷有6,300人。內政部也統計，自1947年到1970年間，因失蹤而經各地方法院宣告死亡之人口，全國超過16.6萬人。[18] 先父王育霖檢察官被黨軍逮捕，遭遇謀殺滅屍，他就是失蹤及宣告死亡中的一位。比較有權威性的估計是行政院二二八研究小組，估計死亡人數、約1.8萬至2.8萬人。[19] 白崇禧於4月2日離開台灣，他所督導的第二十一師在3月不到一個月中，打台灣人用各式子彈近20萬發、手榴彈1,000餘顆及各式砲彈約700多發。[20] 再加上原本駐在台灣之部隊所用的子彈，你能想像有多少台灣人被殺嗎？可是白崇禧在1947年4月6日的〈宣慰台灣報告書〉卻總結，包括公教人員及人民（外省人及台灣人）共只死亡304人。如果扣除楊亮功的報告所提外省公教人員死亡33人，台灣人只死271人。顯然白崇禧意圖掩飾屬下部隊屠殺台灣人的殘酷事實。

白崇禧在台灣巡視期間，很多台灣傑出的菁英被關在監獄，還沒被殺。我父親王育霖檢察官在3月23日前後還從監獄托人送字條出來，要我母親找劉啓光及林頂立來營救。顯然我父親深知道他們是國民黨內有權勢的人，但說不定就是這兩人把我父親列上黑名單。在3月底被釋放的歐陽可亮也見證說，他離開監獄時我父親還沒被害。這些被捕菁英的家屬聽到白崇禧部長來台灣宣慰，就滿懷希望向他陳情，請求他釋放這些人。沒料到，明明被國民黨軍抓走，竟然否認有逮捕，並說可能被暴徒所害。白崇禧非常瞭解這些被逮捕的人有法官、檢察官、律師、大學教授、教師、國民大會代表、參議員、市參議員、醫師、報社負責人、新聞記者、企業家等等，但都不是共產黨徒。白崇禧蓄意謀殺這些台灣菁英，所以必須公然撒謊，不承認逮捕這些人。當時英國駐台北的領事G. M. Tingle於3月21日發電報說：「政府不遺餘力追尋並殺害領袖人物，……殺人如麻的目的是使福爾摩沙人不再有未來的領袖。」[21] 這才是國民黨在二二八謀殺這麼多台灣菁英的真正原因。

國民政府參軍處機要室來電紙

編號 2810

發電地點：台灣

姓名或機關：白崇禧

電尾日韻：寅有酉

發出日期：36年3月26日22時00分

收到日期：年3月27日08時00分

南京國民政府主席蔣鈞鑒(衷)查台灣為海防重鎮各要塞為保障台灣之中心國防價值極大火砲共四五八門雷達等類亦極充實可稱近代要塞此次事變鎮壓最為得力高雄要塞司令彭孟緝獨斷應變制敵機先俘虜暴徒四百餘人基隆要塞司令史宏熹沉着果敢擊破襲擊要塞之暴徒使台北轉危為安馬公要塞司令史文桂先將警察繳械防患未然暴徒未逞惟各地要塞編制一再縮小兵種不全難達任務經職親臨視察認為欲鞏固國防防止寇

譯　年　月　日　時　分

送　年　月　日　時　分

三五一

▲ 白崇禧褒揚彭孟緝、史宏熹、史文桂等殺人魔。翻攝自中央研究院近代史研究所編《二二八事件資料選輯》（二），頁220。

非法下令殺害台灣菁英

在1948年2月25日白崇禧給蔣介石的報告，自己承認說：「當職奉命赴台宣慰時，該省警備總司令部請對暴亂案內人犯，暫由軍法審判以資鎮懾。經職一再權衡，……准如所請，將暴亂案內人犯得依戒嚴法第九條規定，自行審理。」（見圖）由陳儀1947年3月11日及13日給蔣介石的請示及已逮捕名單，我們知道，被警備總部所逮捕的台灣菁英很多還關在牢裡，還沒被殺。如果蔣介石要釋放名單上某些人，而陳儀已殺了他們，那他如何交代？為什麼還要請示？所以推論名單上的人還沒受害。既然蔣介石沒有回覆，陳儀只能等待。到3月17日白崇禧抵達台灣時，這些人也還被關著，所以陳儀及柯遠芬也就請示國防部長要如何處理。白崇禧為了「鎮懾」台灣人，亦即要鎮壓及嚇死台灣人，因此下令用軍法「自行審理」。那時候軍方的認知是，軍法審判就可隨意處死犯人，大部分台灣菁英連軍法審判也沒有，就被槍斃且滅屍。也就是說，白崇禧下令處死這些無辜的台灣菁英。

在白崇禧來台灣宣慰兩個多月後的6月16日，參謀總長陳誠就送簽呈給蔣介石，批判白崇禧的做法：「該省前次事變情形，似僅合於《戒嚴法》第十四條之規定，應交由司法機關審判。惟據該部電稱，係遵照本部部長蒞台時所頒，該省在戒嚴期內准予適用《戒嚴法》第九條之命令辦理。」[22] 第9條的規定是：「接戰地域內關於刑法上左列各罪，軍事機關得自行審判或交法院審判之。」第14條則為：「國內遇有非常事變，對於某一地域應施行戒嚴時，國民政府得不經立法院之議決，宣告戒嚴。但在戒嚴地域內，不得侵害地方行政機關及司法機關之職權。關於刑事案件，如認為與軍事有關，應施行偵查者，該地軍事機關得會同司法機關辦理之。偵查後，仍交由司法機關依法處理。」蔣介石的

核

嚴法規定由軍法審判仍應以軍法程序予以審核
以維政府威信謹就各案原判本
鈞座寬大德意逐案詳加審核按衡犯情原其心跡
依法分別予以改判或核准理合簽請
核備並乞
示遵

謹按戒嚴法第九條規定接戰地域內關於刑法上之內亂罪得由軍事機關自行
審判惟台灣並非接戰地域自無適用此項條文之餘地且同法第十四條又明白
規定國內遇有非常事變對於某一地域施行戒嚴時在該戒嚴地域內不得侵害
司法機關之職權關於刑事案件應交由司法機關依法辦理本案被告簡檉堉
等或係國民參政員或係市參議員均無軍人身份依據上開法條應由司法機關
審判極為明顯前據白部長檢同簡檉堉等卷判請核示前來經呈奉
批應一併解送台灣高等法院訊辦等因茲復據白部長簽復如上謹簽
查白部長所稱本案若再移歸法院審理則已執行之各案必將發生重大糾
紛影響政府威信亦極重大確屬實情茲為適應台灣特殊情形迅予結束懸案
俾期安定秩序起見擬姑准如擬辦理

此件電魏主席向其查明具報 再定 中正

三五三

呈　白崇禧　呈蔣主席二月二十五日發呈

白崇禧
國防部
二月廿五日發呈

台灣二二八案件請免移送法院審理。
查卅六年台灣省二二八事變社會秩序異常
紊亂該省經宣告戒嚴當職奉命赴台宣慰時該
省警備總部請對暴亂案內人犯暫由軍法審判以
資鎮攝經職一再權衡斯於切合實際需要准如所
請將暴亂案內人犯依戒嚴法第九條規定自行審
理并令依法製判檢卷呈核以昭鄭重嗣據該部
先後呈核非軍人簡檉堉等在戒嚴區域實施
暴動及搶劫殺人等十三案卷判前未經發奉
鈞批飭一併解送台灣高等法院訊辦遵即飭據該
部呈以事變戒嚴時所發生之暴動案件依戒嚴
法規定均分別處理上項各案如移送司法機關審
理則已執行之各案必將發生重大糾紛影響政府
威信甚重為適應台灣特殊環境配合行政設施請
予以核准免移司法機關復准魏主席亦請仍維持
原定辦法由軍法審判迅予結案並經政務局召集
司法行政部及本部研討咸以上項案件既係依戒

▲ 白崇禧自己承認，為了要鎮懾台灣人，他下令把被逮捕的台灣菁英依軍法自行審理，亦即可以隨意處死刑。翻攝自中央研究院近代史研究所編《二二八事件資料選輯》（二），頁352-353。

幕僚也提醒說：「惟台灣並非接戰地域，自無適用此項條文之餘地。且同法第十四條又明白規定，國內遇有非常事變對於某一地域施行戒嚴時，在該戒嚴地域內不得侵害司法機關之職權。」如前面所述，陳儀在3月13日請示蔣介石的信也必須說：「台灣因非接戰區域，不能援用軍法。」這些當時的文獻充分證明，白崇禧心狠手辣，甘犯大不違，定意違法來處死台灣菁英。

結論

在二二八大屠殺之前，蔣介石預期會殺很多台灣人，預派白崇禧來宣慰。白崇禧對台灣全島廣播、到處演講、發布幾個命令、減免一些人的罪行，要大家安心，為了幫助中國國民黨統治台灣。白崇禧很多好聽、宣慰的話大多是在欺騙台灣人，另外有些是沒有執行的空頭支票。有人說，制止黨軍對台灣人的瘋狂大屠殺是白崇禧的功勞。這不是事實，在白崇禧抵達台灣之前，瘋狂大屠殺已大都停止了。白崇禧有一張漂亮宣慰的面具，但我們必須瞭解他的真面目，在台灣人背後他做了什麼。從上列的事實，白崇禧沒有如所宣傳來制止對台灣人的殺害，他反而要蔣介石不要聽從台灣人的呼求、剝奪了台灣人參政的權利、獎勵屠殺台灣人的彭孟緝和史宏熹等殺人魔、公然否認有逮捕台灣菁英、誣告台灣菁英為共產份子、狠心下令違法處死台灣菁英、只報共死亡304人掩飾軍隊的屠殺、更設立七個綏靖區展開殘酷的清鄉殺害等等。白崇禧是二二八主要魔頭之一，也是台灣政治史上，最會公然欺騙的人。現在還有人違背事實，泯滅良心，公然稱讚白崇禧在二二八的作為，實在侮辱台灣人。

二二八慘案的真相要交代清楚，而不是繼續欺瞞台灣人，如此台灣人才能諒解，才能走出二二八的陰影，這些是轉型正義的工作。筆者參加「2017年海外二二八遺屬返鄉團」，於2017年2月

23日上午晉見蔡英文總統。蔡總統強調政府會帶頭調查真相、呈現真相，追究二二八責任歸屬，以改變「只有受害者、沒有加害者」的現狀。本報告證明白崇禧就是二二八的主要加害者之一。

（本報告發表於2021年12月26日《風傳媒》網站：王克雄觀點）

---

1 中央研究院近代史研究所編《二二八事件資料選輯》（二）。
2 吳濁流著《台灣連翹》，草根，1995年重印。
3 中央研究院近代史研究所編《二二八事件資料選輯》（二）。
4 王克雄〈如何證明蔣介石是二二八元凶〉，發表於風傳媒網站，2021年10月24日。
5 《世界日報》1991年2月22日。
6 中央研究院近代史研究所編《二二八事件資料選輯》（二）。
7 白先勇、廖彥博著《止痛療傷：白崇禧將軍與二二八》，時報出版，2014年。
8 《台灣新生報》1947年3月21日。
9 台灣歷史博物館展出「斯土斯民：台灣的故事」。
10 中央研究院近代史研究所編《二二八事件資料選輯》（二）。
11 黃惠君著《激越與死滅：二二八世代民主路》，遠足文化，2017年。
12 王克雄、王克紹編著《期待明天的人：二二八消失的檢察官王育霖》。
13 阮美姝主辦「一九四七年消失的新聞界菁英」特展。
14 行政院二二八事件紀念基金會所發行《二二八事件責任歸屬研究報告》。
15 白先勇、廖彥博著《止痛療傷：白崇禧將軍與二二八》。
16 行政院二二八事件紀念基金會所發行《二二八事件責任歸屬研究報告》。
17 李喬著《埋冤·1947·埋冤》，苗栗客家文化廣播電台，2003年。
18 周俊祥著《周俊祥回憶錄：烏龍179番地與我》。
19 行政院二二八事件紀念基金會所發行《二二八事件責任歸屬研究報告》。
20 中央研究院近代史研究所編《二二八事件資料選輯》（一）。
21 黃惠君著《激越與死滅：二二八世代民主路》。
22 中央研究院近代史研究所編《二二八事件資料選輯》（二）。

陳逸松的兩面性

在二二八慘案期間，陳逸松可說是最大尾的台奸之一，他可能是二次大戰後第一個本土台灣人擔任軍統特務。坊間有不少敘述他的文章和書籍，主要是陳逸松自己和有心人士做很多擦脂抹粉的工作，竟然把他捧成台灣的先賢。本文搜集很多史實，特別列出陳逸松不為人知的醜陋面，以及他言談中的破綻。我們要看一個人的所作所為，而不是他的大放厥詞。

林茂生和廖文毅被誣陷向美國要槍枝

1947年2月27日晚上，先父王育霖檢察官和陳逸松及王井泉，在台北市大稻埕王井泉所開的山水亭喝酒談天。那時他們也聽到，因為賣煙婦被專賣局查緝員打得頭破血流的事件，台北市鬧哄哄了。陳逸松和我父親同是東京帝大法學部畢業，但陳氏早畢業十三年，陳氏讀政治學科，而我父親讀法律學科，因此兩人相當熟識。我父親不顧台北上司的警告，知道可能會丟官，還一定要查辦新竹市長郭紹宗的貪腐案，果然被迫辭職。我父親要轉行當律師，但依規定必須等一年。林茂生教授是我家的遠親，我父親就來台北，在林教授辦的《民報》擔任法律顧問及撰寫社論和評論，呼籲司法改革。[1]

台灣才子、台灣第一位哲學博士及台大文學院長林茂生教授是東大文學部哲學科畢業，不過早陳逸松二十年。因為東大畢業的台灣人不多，雖然年紀相差很大，但常會相聚。林教授認陳逸松為摯友，林教授拜訪陳逸松後，贈送他如下關懷時局的一首七言律詩：

白雲深處白雲鄉，拾級來登處士莊。
數局閒棋窺世變，一杯清茗話滄桑。
移家我有五車累，闢地君憂二頃荒。
共倚危欄頻遠眺，關心只在此穹蒼。[2]

葛超智（George Kerr）在二次大戰前，曾在台北高等學校教英語，是我父親的英文老師。葛氏那時相當年輕，和學生打成一片。大戰後他回來台北擔任美國台北領事館副領事，和許多台灣菁英很熟，比如林茂生、廖文毅、林挺生、黃紀男、陳逸松、我父親等等。[3] 這些人怎能料到他們中間有中國國民黨的特務呢？

國防部長白崇禧和蔣經國立即於1947年3月17日來到台灣。表面上要宣慰死難的台灣同胞，實際上白崇禧是來督導第廿一師的運作、下令殺害被捕的台灣菁英及發動清鄉追剿台灣人，而蔣經國來當蔣介石的耳目。蔣經國隔天下午6時30分立即拍發電報給蔣介石：「親美派─林茂生、廖文毅與副領事Kerr，請美供給槍枝及Money，美允Money。Col.Dau來，Kerr調，有關。」[4] 這樣的誣陷極可能是特務陳逸松提供的，導致林茂生教授和我父親在二二八慘案中被謀殺滅屍。

美國台北領事館的文件都已解密，其中並沒有看到有關台灣人要槍枝和金錢或美國同意給金錢的紀錄。黃紀男在二二八慘案前後和葛超智有頻繁接觸，但他作證說：「有一些人常對葛超智有所指責，認為其在二二八事變中扮演了頗重要的教唆角色，我個人並不贊同，因為這實在是高估了葛氏的影響力，也是誇大其詞。」及「尚不曾聽過他發表任何不適合其職位之言論，更遑論聽到他唆使我去從事任何陰謀活動了。」[5] 顯然林茂生、廖文毅與副領事葛超智都被冤枉了。

軍統局派陳逸松監視日本人及籌組三民主義青年團

要瞭解陳逸松，請看他的自述：「民族感情和國族認同，像我一生的航海圖，在政治的波濤中指引前進。」[6] 不過，他很少透露這種認同大中國的情節，反而「見人說人話，見鬼說鬼話」，意即會說對方喜歡聽的話，贏得信任，包括日本軍方和情報部、有本土意識的台灣人、中國國民黨人及中國共產黨高層都曾信任他。

1933年陳逸松東大畢業後回到台灣，在台北開設法律事務所。1935年二次大戰還沒開始，他又到中國的廈門也開設陳逸松法律事務所。日本在中國享有領事裁判權，有關台灣人或日本人的案件當地的律師不能承辦，必須聘請台灣人或日本人的律師才可。陳逸松代理很多中國人來告台灣人及日本人，很得中國人的信賴。那年日本也開放台灣有始以來第一次的選舉，但不是一人一票的普選。陳逸松參加選舉，並且當選為台北市會的議員。陳逸松不是一個有原則的人，竟然和日本軍方合作，擔任台灣軍司令部和知鷹二情報部的囑託，也兼任律師。[7] 日文的囑託是正式雇用的代理人，代表他們來欺壓台灣人。陳逸松會知道軍方和情報部的很多內部資料，顯然他已贏得非常大的信任。[8] 不知道有沒有擔任情報部的特務，收集台灣人的情資？陳逸松周旋中日之間，但傾心大中國。

1945年8月日本投降後，福建的軍統局立即來台灣發展特務組織。軍統局陳達元少將和陳逸松同是祖籍福建省漳浦縣的宗親，算起來陳達元還是陳逸松的姪子，他們以前在廈門就已認識，陳逸松也就成為軍統局的特務。軍統局派陳逸松監視還在台灣的日本人的舉動及籌組台灣的三民主義青年團。這是國民黨的主要外圍團體，吸收台灣青年進入組織，各縣市設有分團，在1947年9月

臺灣省行政長官公署公用箋

台灣省工礦股份有限公司

董事 包可永 嚴演存 于瑞熹

瞿荊洲 陳逸松

包可永為董事長 嚴演存為常務董事

監察人 蘇惟梁 萬心權

萬心權為常務監察人

儀 卅六、二、五

▲ 1947年2月5日陳儀親筆提名陳逸松等五位擔任工礦公司董事，陳逸松是該公司董監事中唯一台灣籍者，極得陳儀的信任。周以正教授提供。

併入國民黨。陳逸松也就擔任台灣區三青團部主任，擁有非常大的影響力。「戰後初期，陳逸松因此成為軍統在台展開接收準備與特務部署的起點。」[9] 1945年10月陳逸松和老台共蘇新出版《政經報》的政治性雜誌，陳逸松並擔任社長。

陳逸松很會奉承，1946年8月他參加「台灣光復致敬團」去南京向蔣介石感恩致敬，他們並捐贈政府5,000萬法幣，而且特別飛到西安祭拜黃帝陵。9月陳逸松當選國民參政會參政員，這是當年最高的民意代表，可以向南京國民政府提建議，儼然是一位台灣的政壇紅人。1947年2月5日，台灣省行政長官兼警備總部總司令陳儀更親筆提名陳逸松等五人擔任台灣省工礦公司董事，陳逸松是該公司董監事中唯一台灣籍者，足見陳逸松是陳儀少數信任的台灣人之一（見前頁圖）。[10]

陳儀派陳逸松擔任別働隊副司令

陳逸松在二二八慘案中所做傷天害理的事情，首先於1952年由曾任中國國民黨台灣省黨部主委李翼中在他的《帽簷述事》一書批露出來：「警備總司令部（3月9日）6時宣佈戒嚴，於是軍事佈署略定，特設別働隊林頂立為隊長，劉明、李清波副之，陳逸松為參謀長，張克敏、高欽北、周達鵬為大隊長。」[11] 別働隊意即特別行動隊，軍統局設許多別働隊，專做暗殺、縱火、爆破、綁架、逮捕等各種恐怖活動。[12] 本來直屬國民政府軍事委員會的軍統局在1946年8月改隸屬國防部，並換名稱為保密局，因此軍統局及保密局的名稱常混用。

陳逸松心虛，當然否認李翼中的指證，而詭辯說：「我是文人，從來沒做過什麼參謀長。我那時候根本不認識李翼中。」[13] 文人當然可以當特務及抓台灣菁英的參謀長。事實上，陳逸松非常精明，很適合當參謀長。陳逸松是國民黨的黨員，在政壇上非常活躍，曾任三青團台灣區團部主任，擔任國民參政員，更很受陳儀的重視。怎能公然說謊，稱不認識同在台北市的省黨部主委李翼中呢？就是他不認識，省黨部主委也會知道他的底細。

由於陳逸松和劉明曾在二二八處理委員會大肆活動，又是有錢的台灣人，就一再有人密告他們兩人。隔年1948年5月更有人向南京保密局密告，因此總部下公文給保密局台灣站：「據報劉明、陳逸松係此次台灣事變煽動學生暴動主要份子。……希即注意，查報為要。」台灣警備總司令部情報處長姚虎臣特在1948年7月15日寫了一封信回報，詳細說明這兩員的真正身分：「關於劉明參加叛亂一案，頃據陳達元同志電稱：略以該劉明與參政員陳逸松二人於3月4日應邀出助敉亂，經報秉獲陳長官兼總司令核准運用，並於3月6日奉陳兼總司令派為總部別働隊副司令有案。無日均與弟密取聯絡，並著日將工作情形彙交弟轉報長官；迨國軍登陸援救，該員復奉陳兼總司令手令，協助弟緝捕奸逆，表現至佳。白部長返京之日，陳長官且傳派魏副官親到弟寓查取該員簡歷，荐充新任台省府委。所傳參加叛亂，確非事實。」（見圖）[14]

二二八發生後，台灣有識之士立即於1947年3月2日在台北市成立「二二八事件處理委員會」（簡稱處委會）的籌備會，為了向陳儀提出改革的要求。軍統局的陳達元少將那時擔任行政長官公署簡任參事，亦即陳儀的參謀。姚虎臣在這封信說明，陳達元得到陳儀的核准，於3月4日「運用」劉明和陳逸松這兩位特務進入處委會進行反間工作。陳儀更於3月6日在警備總部成立別働隊，也派劉明和陳逸松擔任副司令。

以上這兩份史料明確證明陳逸松在別働隊的領導地位，但職稱不同，一個是參謀長，另一個是副司令。筆者認為姚虎臣所寫

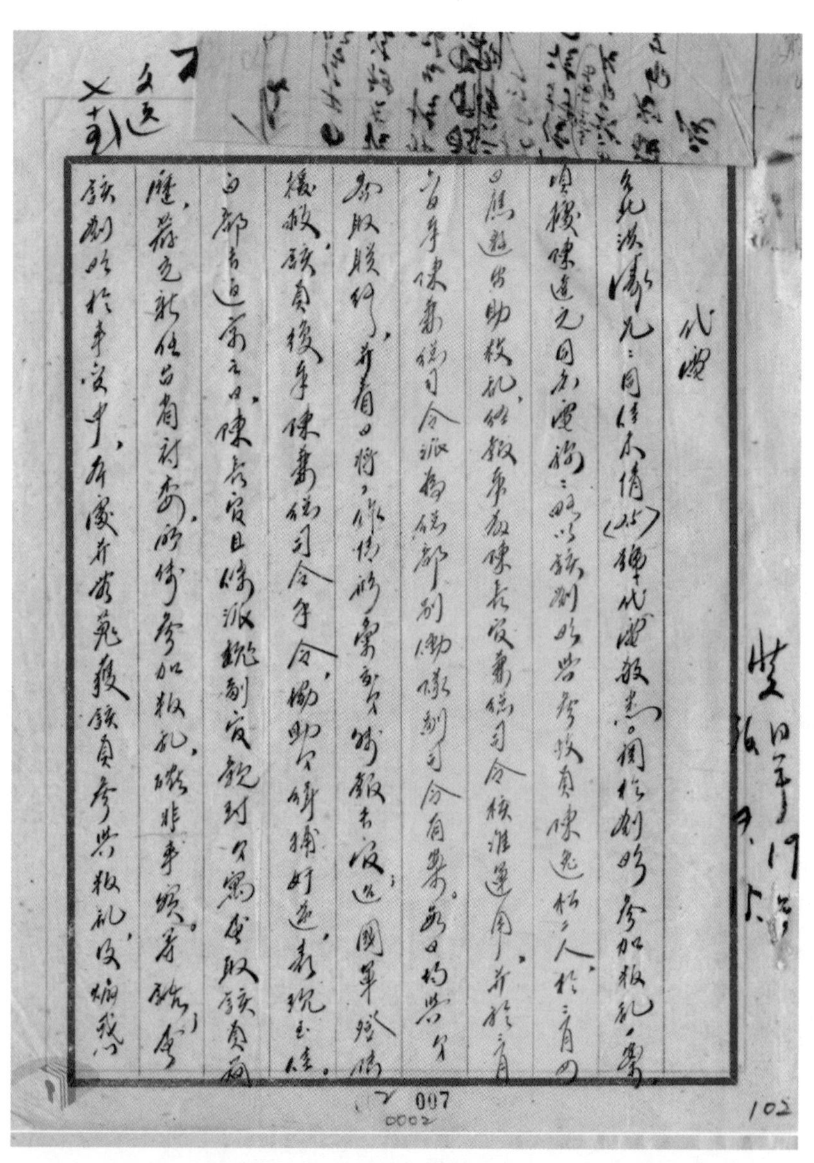

▲ 1948年7月15日警備總部情報處長姚虎臣報告：陳儀派陳逸松和劉明滲透二二八處理委員會及封兩人為別働隊副司令。陳翠蓮教授提供。

是給南京的正式報告，也有明確的日期，比較正確，而李翼中不在情報圈子內，且五年後才寫《帽簷述事》，可能記憶有出入，另外陳逸松也可能這兩個職位都擔任過。

陳儀派陳逸松滲透二二八處理委員會

陳逸松自述說，劉明通知他，他們兩人也遭受通緝的事情，因此在3月11日左右，他就「直接到陳儀那裡談判，我向陳儀說，『我是依照中央政府的命令出來組調解委員會，怎麼你現在又要通緝我？』陳儀當場答應撤銷通緝。」[15] 陳逸松可以直接去見陳儀，可見他和陳儀的關係相當密切，而且陳逸松還自己承認，他是奉政府的命令進入處委會，可說是一位台奸。陳逸松這說詞也駁斥他自己的謊言：他那時候是躲藏在林頂立的家中。

陳逸松天天參加處委會開會，把發生的事情每日向陳達元報告，再由陳達元轉報陳儀。陳逸松是律師，也就參與起草處委會的組織大綱和對政府的要求。3月5日下午2時，處委會決議派陳逸松、王添灯等四人為代表，赴南京向中央政府陳情。同日下午4時，陳逸松主持會議，通過「二二八事件處理委員會組織大綱」及「八項政治根本改革方案」。[16] 蔣渭川批評：「處委會被陳逸松、劉明及特權人士一手包辦、把持。」陳逸松為處委會的常務委員，委員會下設處理局與政務局，陳逸松更兼任政務局長。劉明則參與台灣省自治青年同盟，激勵青年積極奮鬥，且聲明願意支付所需資金。[17] 在混亂中，處委會的處理大綱增加到42條，於3月7日完成。其後，國民黨就利用這些處理大綱，誣蔑台灣人意圖叛國及奪取政權，作為軍事鎮壓台灣人的藉口。

蔣介石早在3月3日開始派兵來台灣，到3月5日參謀總長陳誠就已報告，派兵之工作已完成。3月10日蔣介石竟然在總理紀念週上的公開談話，說他決定派兵來台是因為「二二八事件處理委員會突提出無理要求」。[18] 這是蔣介石自欺欺人，他先派兵，然後藉後來的42條處理大綱當作出兵的理由。蔣介石可以不接受這些要求，沒有理由展開大屠殺。

台灣省黨部製作名冊，美麗的福爾摩沙為此流血

大溪檔案中有這樣一份情報，1947年3月11日憲兵司令部中統局報給蔣介石：「9、10兩日國軍絡續開到，警察及警備部軍士即施行報復手段，毆打及拘捕暴徒，台民恐慌異常。台省黨部調統室曾建議警備部，應乘時消滅歹徒，並將名冊送去。警備部10日晚起開始行動，肅清市內奸徒。」[19] 這個情報證明兩件事情：第一是援軍到達後，就對台灣人採取報復性的無情屠殺，台灣人異常恐慌；第二是照名冊逮捕及謀殺台灣菁英。「乘時消滅歹徒」證明國民黨台灣省黨部藉着二二八的動亂，乘機謀殺無辜的台灣菁英。一般來說，名單是單頁，名冊是很多頁訂成一本。軍隊剛來台灣，不瞭解台灣的內情，台灣省黨部內的半山們才知道誰是台灣的菁英。

吳濁流在《台灣連翹》記載，1973年年底曾出任國民黨省黨部指導員的彭德向他透露說：「（二二八）被捕的黑名單上台灣人二百多名，……是從重慶回來的半山幹的，他們是劉啓光、林頂立、游彌堅、連震東、黃朝琴等人。」吳濁流也感慨地說：「只因這份黑名單，悲劇的歷史上演了，美麗的福爾摩沙為此流血。」[20]

那時屬於訓政時期，以黨領政及以黨領軍。省黨部主委李翼中本來計劃在3月6日飛去南京，要攜帶陳儀的信，向蔣介石當面報告二二八的情形及請求派兵來台灣。既然是這種企圖殺害二百多位台灣菁英的大事情，李翼中應該會在3月6日或之前，親自把台灣省黨部所製作的這本台灣菁英的名冊轉交陳儀，要求他執行

逮捕，但因6日沒有飛機班次，才改在7日成行。這就解釋為什麼陳儀會在3月6日成立別働隊，預備來執行逮捕及殺害的工作。

別働隊執行逮捕及殺害台灣菁英的工作

警備總部參謀長柯遠芬在他的口述紀錄說：「3月9日陳長官宣布全省戒嚴後，陳儀就下令由憲兵張慕陶團長主其事，警總調查室、軍統局台北站協助之，緝捕為首陰謀份子。」、「逮捕人犯係由軍統局林頂立成立特別行動隊及張慕陶憲兵團成立特高組，會商後立即進行迅雷不及掩耳的行動。」和「不過，陳長官將逮捕名單交與張慕陶，囑其不可告知上述單位以外人員，而由陳長官直接向蔣主席負責。」[21] 當時擔任警備總部副參謀長的范誦堯更特別指出：「林頂立成立特別行動隊與憲兵成立特高組，全面逮捕人犯。至於槍斃人犯，多由軍統局林頂立負責。」[22] 林頂立參與製作名冊、非法逮捕及槍斃滅屍，是殺害台灣菁英的劊子手。陳逸松可能提供情報及參與逮捕、拷問和槍斃人犯等工作，就如陳達元褒獎劉明和陳逸松：「協助弟緝捕奸逆，表現至佳」。

憲兵來自中國，不懂台語，也不熟悉台灣的地址，但其特高組可以提供武力和人員。別働隊內的台灣人特務則負責帶路和辨認被逮者的身分。陳逸松活躍於台灣人的圈子，包括法律界、報界、民意代表等等，他可以認清是否捉錯人。二二八期間基隆外海及港內有非常多的浮屍，有些用鐵絲或是繩索捆縛，觸目驚心，慘絕人寰。前基隆要塞司令史宏熹在1980年6月寫給前總統嚴家淦的信透露：基隆警察局長調查出，這許多浮屍「是台北憲兵幹的」及「憲兵由台北用貨車運來」。這麼多屍體極可能是台灣菁英被謀殺後，憲兵第四團的特高組負責滅屍，來掩飾謀殺的罪行。[23]

劉明透露說，3月8日陳達元通知他，國民政府援軍抵達基隆，即將大禍臨頭，他去找陳逸松。兩人沿著水門外淡水河岸，徒步走到保密局台灣站長林頂立的家躲藏，逃避二二八被逮捕的危險，不過劉明當晚並沒有留在林頂立的家，而是回到自己的家睡，劉明的說法前後互相矛盾。[24] 陳逸松和劉明如此狡辯，是因為有人質疑他們在處委會積極參與，竟然都相安無事。他們是陳儀派任的別働隊副司令，怎需要躲藏呢？

由以上的史料可以看出，他們可能掩飾這樣的實情：保密局的陳達元少將命令陳逸松和劉明兩位別働隊副司令趕快到司令林頂立的家開會，因為援軍已到，要規劃逮捕台灣菁英的工作。為了怕走漏風聲，3月10日晚開始的逮捕行動要快速分頭並進，人員必須召集好及逮捕的對象也必須分配清楚。二二八大逮捕時，保密局的陳達元及林頂立都非常忙碌，而陳逸松和劉明則自己承認，他們當時和林頂立密切聚集在一起，證明他們都屬於別働隊。

二二八期間有好幾份名單，大多是3月10日以後才作或是事後整理的。只有省黨部這份名冊可能在3月6日李翼中計劃飛南京之前，就已製作完成，以上的史實也一再提到它，而且確實從3月10日晚開始，依照這名冊逮捕台灣菁英。由於屬於非法謀殺，陳儀很小心，將逮捕名單只交給張慕陶，更要他不可告知執行單位以外的人員，而且警備總部一直否認逮捕這些人，並且滅屍。可能警備總部已經銷毀這名冊，它也就一直沒有出土。不過，國民黨中央黨部應存有副本，卻不交出來。

國民黨獎賞陳逸松考試委員及中央銀行常務董事

姚虎臣的報告也透露，白崇禧非常感謝陳逸松和劉明這兩個台灣人在二二八逮捕台灣菁英的卓越貢獻，所以白氏在1947年4月

2日離開台灣之前要了陳逸松和劉明的詳細資料，並要陳儀推荐劉明擔任即將成立之台灣省政府的委員。陳儀立即在4月2日向蔣介石推薦劉明和林頂立為台籍的台灣省政府委員。不過，5月新上任的台灣省主席魏道明並未採納劉明和林頂立擔任省府委員。劉明仍然於1949年11月被任命為台灣省政府石炭調整委員會主任委員。

由於陳逸松的學歷和經歷，就被推薦到中央。1948年7月他被任命為全國考試院考試委員，第一屆考試委員全國僅有11名，而陳逸松是唯一的台灣籍。國民黨確實大大獎賞他，他就到南京上任。據陳逸松說：「台灣第一屆各縣縣長就是從我的手頭選出來的。」[25] 1949年中央銀行撤退來台灣，國民黨還加碼給陳逸松擔任央行常務董事的肥缺。

陳逸松本來倚靠陳達元和陳儀，可以作威作福。等他們兩位離開崗位，陳逸松在國民黨內就失勢了。二戰前留學日本東洋醫學院和興亞醫學館之畢業生，為取得醫師檢覈資格，據稱陳逸松考試委員收取5.1萬元的大筆賄賂。保密局及刑警總隊偵辦後，於1953年2月擬以貪污罪移送法辦。由於證人翻供，檢察官不予起訴結案，陳逸松也就逃過一劫。陳逸松為了想得到民社黨監察委員的推薦，他就加入民社黨。被國民黨發現，陳逸松同時擁有國民黨和民社黨的黨籍，因此於1954年5月31日國民黨中央委員會開除他的國民黨籍。[26] 這種腳踏兩條船的人，聰明反被聰明誤。1954年8月考試委員六年任期屆滿，就沒得續任，轉去從商了。

1952年陳逸松和人合夥創辦「厚生橡膠公司」，由陳逸松擔任董事長。後來把厚生的股份賣掉，賺了一些錢。1956年他和劉啓光等人合組「藝林電影公司」，拍攝《邱罔舍》，但叫好不叫座，虧了投資金。1957年也與堂兄陳進東在宜蘭合作成立「同泰化學股份有限公司」，結果虧很多錢。陳逸松經商不順，在1961

年只得重操舊業，在台北開設財稅法律事務所。1964年陳逸松又有野心，決定以無黨籍出馬競選台北市長，和國民黨的周百鍊及無黨籍的高玉樹等競選。結果高玉樹當選，陳逸松僅得難堪的3,322票，也使國民黨對他非常生氣。他選舉失敗，經營的工廠倒閉，雪上加霜，甚至銀行也來查封妻小在台北市寧波西街的房屋。[27]

陳逸松贊成中國侵佔台灣

1971年4月陳逸松因牽涉到美國銀行爆炸案的「羊羹事件」，而為國民黨逮捕，幸得到外電報導，以及陳達元暗中助力，數天後被釋放。這事件以後，於國民黨特務虎視眈眈之下，陳逸松在台灣的日子已是異常難過。1972年2月美國尼克森總統訪問中國，並與國務院總理周恩來簽署《上海公報》。美國大使館訪談好幾位台灣人對此事的看法。3月初美國大使館官員柯逸山（Paul Kovenock）訪問陳逸松，陳氏說：「很顯然地共產黨革命已經給一般人民生活帶來改善。中國再度成為強大和自尊的國家，而台灣被美國人遺棄。美國放棄了希望台灣獨立的人。現在台灣獨立已經不是選項。北京控制台灣已不可避免，而我是贊成的。」[28] 陳逸松看到中國強盛起來，就唱衰台灣，想要投靠中國。陳逸松贊成中國侵佔台灣，確實是一個台奸。

1972年原在日本主張台獨的邱永漢意志不堅，被國民黨用錢策動回台。他是陳逸松的舊識，陳逸松情逼他去關說，讓陳可以出國，終於獲得出境許可。1972年8月陳逸松赴美路過日本時，就迫不及待地寫了一封信給中國共產黨的周恩來。周恩來喜歡這位台灣人對中國的尊崇及左傾，就邀請他到中國實地看看。1973年4月陳逸松由美國經過巴黎、巴基斯坦進入中國，到北京與周恩來會晤。由於陳逸松的能言善道，展現對中國共產黨的嚮往和忠誠，深得周恩來的信任，就封陳逸松為代表台灣人民的人民代表大會常務委員，也可增加對台灣統戰的力道，他因此在中國留下來。他擔任兩屆共八年的人大常委，也參與中國法律的修訂工作。1983年3月轉任政治協商會議常委，同年8月離開中國至美國定居，至1993年卸任，這段期間他主要以書面對中國的修法提出建議。[29]

結論

陳逸松說了很多愛台灣的話，骨子裡卻是一個大中國主義者，他也是一個虛偽和殘酷的人。他年輕時，自認是社會主義者，且帶有人道主義和自由主義色彩。在東大期間參加左翼運動，曾被日本警察抓去。[30] 這樣的人怎會變成日本軍方和情報單位的囑托及律師呢？他更加入極右國民黨的特務組織及當大官享特權，也當公司董事長及銀行常務董事，屬於壓榨人民的階級。他竟然從極左轉為極右。陳儀安排陳逸松當國民參政會參政員、工礦公司董事、處委會反間、別働隊副司令等等要職，這麼大的信任可能來自他提供很多傷害台灣菁英的情資。

陳逸松口口聲聲說一定要有「法治」和「民主」，但可能密報及陷害追求法治和民主的台灣菁英。[31] 他誇說參加二二八事件處理委員會是要爭取台灣人的權益，實際上是陳儀派去的台奸。當他在國民黨內不再吃香，就跑去中國，利用台灣人的招牌，從一個國民黨的高官和資本家，變成崇尚社會主義，回歸祖國，當大官又享高薪，也成為中國統戰台灣的棋子。他號稱追求法治和民主，結果臣服於最沒有法治和民主的中國共產黨。他又搖身一變，從極右轉到極左。縱觀陳逸松的一生，他只是一個沒有靈魂及「西瓜倚大屏」的人。他有律師的口才及敢說欺騙的話，因此日本軍方和情報單位僱用他、台灣人尊敬他，中國國民黨及中國共產黨也都相信他的思想和忠誠。

（本報告發表於2022年5月8日《風傳媒》網站：王克雄觀點。）

---

1 王克雄、王克紹編著《期待明天的人：二二八消失的檢察官王育霖》。

2 李筱峰著《二二八消失的台灣菁英》，頁40，自立晚報社文化出版部。

3 黃紀男口述，黃玲珠執筆《老牌台獨：黃紀男泣血夢迴錄》，頁163，獨家出版社，1991年。

4 林德龍選註〈二二八極機密出土解謎〉，刊於《自立晚報》1991年2月22日，副刊。

5 黃紀男口述，黃玲珠執筆《老牌台獨：黃紀男泣血夢迴錄》，頁163。

6 孫立極〈陳逸松，不該被遺忘的台灣先賢〉，刊於《人民日報》2015年12月10日。

7 陳翠蓮〈祖國的政治試煉：陳逸松、劉明與軍統局〉，收錄於《臺灣史研究》第21卷第3期，頁137。

8 陳雪梨〈陳逸松與台灣社會民主主義的世代傳承（上）〉，刊於《民報》2017年10月14日。

9 陳翠蓮〈祖國的政治試煉：陳逸松、劉明與軍統局〉，頁137。

10 「台灣省行政長官公署陳儀任命工礦公司董監事」，台灣國史館典藏號00303234629001。

11 李翼中著《帽簷述事》，收錄於中央研究院近代史研究所編印《二二八事件資料選輯》（二），頁388。

12 黃康永口述、匡垣整理〈國民黨軍統組織消長始末（五）〉，收錄於《檔案與史學》第5期，2001年，頁59。

13 陳逸松口述，陳柔縉記錄〈往事雜憶〉，TaiwanUs.net的評論網搜尋陳逸松。

14 陳翠蓮〈祖國的政治試煉：陳逸松、劉明與軍統局〉，頁137。

15 陳逸松口述，陳柔縉記錄〈往事雜憶〉，TaiwanUs.net的評論網搜尋陳逸松。

16 《台灣新生報》及《民報》1947年3月6日。

17 蔣渭川著，蔣梨雲等編《2.28事變始末記：蔣渭川遺稿》。

18 中正文教基金會編《總統蔣公思想言論總集》。

19 中央研究院近代史研究所編《二二八事件資料選輯》（二），頁146。

20 吳濁流著《台灣連翹》，草根，1995年重印。

21 柯遠芬〈台灣二二八事變之真相〉，收錄於魏永竹、李宜鋒主編《二二八事件文獻補錄》，臺灣省文獻委員會，1994年。

22 鄭履中〈警總副參謀長范誦堯珍貴口述〉，收錄於魏永竹、李宜鋒主編《二二八事件文獻補錄》。

23 「史宏熹致嚴家淦信」1980年6月，收錄於《嚴家淦總統文物》。

24 許水德、劉明等口述，陳柔縉記錄《私房政治：25位政治名人的政壇秘聞》，頁115，新新聞文化，1993年。

25 陳逸松口述，陳柔縉記錄〈往事雜憶〉，TaiwanUs.net的評論網搜尋陳逸松。

26 「陳逸松調查報告」收錄於《軍事委員會侍從室檔案》，編號40815。

27 陳翠蓮〈祖國的政治試煉：陳逸松、劉明與軍統局〉，收錄於《臺灣史研究》第21卷第3期，頁137。

28 陳翠蓮〈祖國的政治試煉：陳逸松、劉明與軍統局〉，頁137。

29 曾建民《陳逸松回憶錄（戰後篇）：放膽兩岸波濤路》，聯經出版事業公司。

30 林忠勝撰寫《陳逸松回憶錄（日據時代篇）：太陽旗下風滿台》，前衛出版社。

31 陳雪梨〈陳逸松與台灣社會民主主義的世代傳承（上）〉，登於《民報》2017年10月14日。

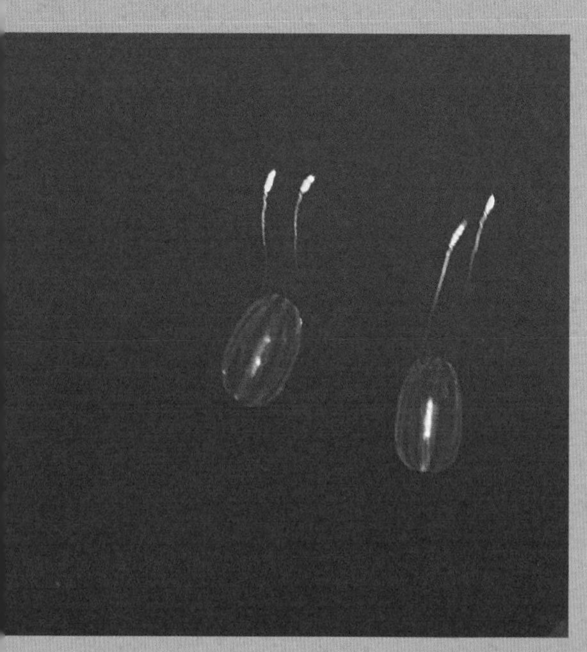

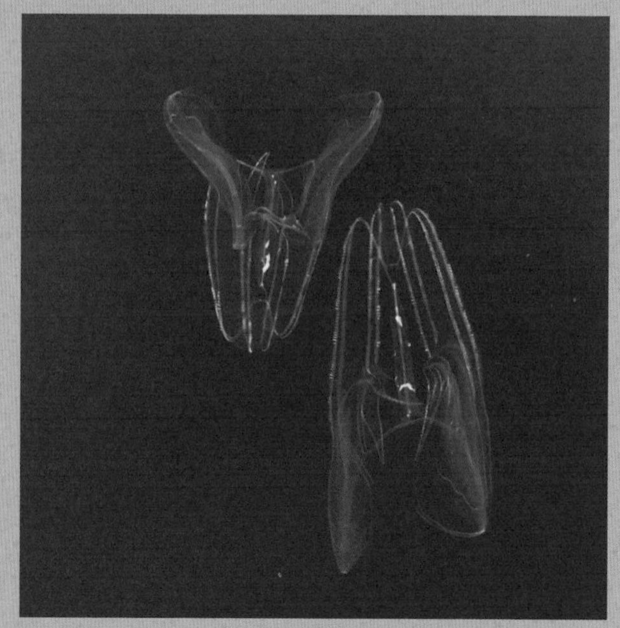

▲ 「悠閒自得」水母，攝於加州蒙特利水族館。

人生

「夕陽－最美的時刻」，攝於聖地牙哥La Jolla。

靠信心建造聖殿

上帝非常恩待聖地雅歌台灣基督教會。我們在1986年5月15日以$396,000元買下Carmel Valley 2.1甲（5英畝）的土地。在上帝的祝福下，我們於1999年1月6日以$1,930,000元把土地賣出。在十二年八個月間，我們的土地價值漲成買價的4.9倍。我們教會不是做土地投資生意，我們買下Carmel Valley的土地主要是因為有一棟尖屋頂的房子可以暫時做教堂用，沒想到這塊土地會漲這麼多。也許上帝知道我們是一群特別需要祂來照顧的基督徒，所以賜給我們這一大筆建堂基金。

回想起我們教會開創時期查經班的第一次聚會是1979年10月在Clairemont Mesa的一間小餐館。不久就租用在Pacific Beach的Christ Lutheran Church。其後，也借過在University City的Good Samaritan Episcopal Church及在Clairemont Mesa的Clairemont Lutheran Church，但又搬回Christ Lutheran Church。那種必須尊重地主教會、小心翼翼、遷來遷去的滋味，實在不好受。多麼渴望有一座屬於我們自己的教堂！就是一間小小的教堂，我們也會感到溫馨的。

上帝憐憫我們，在1986年春，引導我們來到Carmel Valley這一塊2.1甲（5英畝）的土地，是在一個小山谷，約有一半是斜坡不能使用。一棟小平房62坪（2,200平方英呎），屋頂是中間高兩邊斜下，可改成小教堂。四周還未開發，是一個鬧中取靜的地方。那時我們的建堂基金少得可憐，但聖靈卻激勵我們，大家憑著信心，在陳今在牧師的領導下，決定購買這土地。先請求美國信義會總會（Evangelical Lutheran Church in America）代我們在

1986年5月15日以$396,000元先把土地買下來。兄弟姊妹們也非常熱心奉獻給建堂基金，到1988年底，我們建堂基金達到$145,000元，証明我們有足夠的能力向總會買下這土地。隔年我們整地建停車場及進行這房子的改建工作，拆下隔間，加上講台、布幕、祭桌、椅子等，我們終於有了一間像樣的小禮拜堂。另外也設有牧師辦公室、兩間主日學教室、廚房、儲藏室及停車場。整建費用一共將近$80,000元。

在1989年11月5日我們終於搬進這棟「麻雀雖小、五臟俱全」屬於我們可愛的小教堂。1990年8月29日正式向總會買回這土地。因為總會這些年的一些土地維持費用，轉賣給我們的價格是$415,000元，我們付頭款$150,000元，還向總會宣教投資基金借$265,000元。靠借錢來建堂確實要有很大的信心，每個月的負擔並不那麼嚴重，而且我們有信心，將來的路會越來越寬廣。我們以$1,930,000元的高價在1999年1月6日把我們在Carmel Valley的這塊土地賣出，存了一大筆建堂基金。

我們又回到租教堂的日子，起先租在University City的Good Samaritan Episcopal Church。後來租用Kearny Mesa的台灣中心，能夠在主日上午聚會，是讓我們很感激的。不過，不是一間教堂，失去很多敬拜的氣氛，週間的聚會也得借用會友的家。

上帝又再一次奇妙地引領我們到Rancho Penasquitos，在56號高速公路東端的一塊土地。這土地是在Azuaga St.上，相當大有1.58甲（3.78英畝）。這塊土地有些小斜坡，從路邊開始，愈後邊愈向上走。我們在2000年1月10日以$930,000元的價格買下這塊土地。陳今在牧師認為很多會友年紀大退休後，需要老人公寓。為了要建老人公寓，我們必須申請變更都市計劃，加上生態保護的問題，幾經波折我們終於申請到聖地雅歌市政府所頒的開發執照。

既然有這麼大又美好的土地，我們有大的異象，要建成一座相當規模的教堂來宣揚福音。我們的計畫是建一棟主堂，可容納320人做禮拜，還設有嬰兒室，隔著防音玻璃，媽媽們可看到及聽到牧師講道。婚禮時，這嬰兒室也可當作新娘室。也設聖歌隊室和聖餐用品儲藏室及旁邊附加三間教室。這一棟主堂總面積約190坪（6,800平方英呎）。第二棟是副堂，裡面有大廳可做為禮拜聚會及一般活動用。還有四間教室、圖書館、辦公室、嬰兒室、廚房、儲藏室等，副堂有2,553坪（9,117平方英呎）。第三部分是老人公寓，計劃建二十單位的公寓，每一單位有客廳、一個臥室、廚房及浴室。行動比較不方便的人住樓下的單位。外面停車場可停約112部車，很大的中庭，還有兒童遊戲的地方。

這麼大的計劃遠遠超過我們當時小教會的能力，但我們有信心，有一天上帝會引領我們來實現這個異象。雖然我們的資金有限，在石信迪牧師的鼓勵下，我們開始建副堂的工程。這副堂除了禮拜聚會外，我們希望在周間開放做幼稚園用。這塊地本是一個斜坡，我們整地成三層不同高度的平地。由於地大，單單庭園部分就費$190,000元。總共建堂費用高達$2,500,000元。這個大數目實在超出我們小教會所能承擔。我們的建堂基金還有$950,000元，一些美國教會的互助金約有$100,000元，我們向總會宣教投資基金借$1,200,000元，其餘所需$250,000元再募捐。我們終於在2007年9月11日完成建築，得到市府的使用許可。我們又回到擁有自己的教堂，是一個親近神禱告的地方，也是一個傳福音的基地，大家由衷感謝主的恩典。

經過十幾年，台語、國語及英語三堂的主日禮拜穩定地發展，現有的副堂不敷使用，是我們完成主堂的時候了。劉曉亭牧師更提出建宣教中心的異象。現在的計畫是，放棄原先老人公寓的想法，把這寶貴的3.78英畝地開發成一個宣教園區（Campus），有主堂、副堂、宣教中心和籃球館。在中層停車場的東半部建宣教中心，包含辦公室、演講廳、教室、學員宿舍、廚房，還連接室內籃球館。這籃球館也是一個多功能中心，將可用來聚會、表演、聚餐、打籃球或羽毛球等多重用途。

這個園區的未來開發將分成三期來完成。第一期的工程是在上層空地加建49車位的停車場，也可當作戶外籃球場及網球場。第二期是建主堂和附加的三間教室。第三期的宣教中心將等上帝如何帶領我們。第一期的建築執照已快下來，工程款需要約$330,000元，已準備就緒，將很快會動工。第二期主堂的建築設計已快完成，等完成就可送市府申請建築執照。主堂的工程款約需$1,250,000元，加上尚未還清的貸款約$250,000元，共需$1,500,000元。如果重新借$1,000,000元及募捐$500,000元，就足夠我們建主堂了。第三期宣教中心所需的經費，主要得倚靠外面的募款。大家要有信心，上帝會引導我們向前邁進。

大衛王是以色列歷史上很親近上帝，也很為人尊崇的君王，但上帝卻對他說：「你不可為我的名建造殿宇，因為你在我眼前使許多人的血流在地上。」〔歷代志上22：7〕現在我們欣逢要在聖地雅歌建教堂來榮耀上帝的名，這是上帝不嫌棄我們，賜給我們參與的機會。讓我們興奮地來同心建造聖殿。建堂的工作是要經過漫長的時間、很多的金錢奉獻、更需要大家花精力及時間來做工。不只聖地雅歌台灣基督教會的會友必須努力，我們也呼籲大家來共襄盛舉，上帝會紀念您們的奉獻與參與。

（本文發表於2021年11月6日《聖地雅歌台灣基督教會設教四十週年特刊》）

▲ 已建成的副堂和教室。

▲ 即將興建的新主堂立面圖。

▲ 計劃中的宣教中心和籃球館立面圖。

我們要向山舉目

在主耶穌的引領下，聖地雅歌台灣基督教會的會友們都很意愛在56號高速公路邊這塊1.58甲（3.78英畝）的土地。是一個很寬闊的小山坡，隔鄰也是一間教堂。讓我馬上聯想到在耶路撒冷東邊的橄欖山。主耶穌很喜歡那座橄欖山，祂從那裡光榮進入耶路撒冷，在那裡祈禱，復活後也從那裡升天。我們在56號公路邊小山坡建立的教堂，相信也會得到主耶穌特別的喜愛。

當這座莊嚴的教堂建成，我們很驚奇地發現：如果您站在教堂大廳的中央線舉目看十字架，可以看到黑山（Black Mountain）的山尖正好對準十字架，往左或往右一步就會對不上。請看所附的相片。這座醒目的黑山高474公尺（1,554英呎），原本是火山，石頭較黑。我們並沒有聰明到要如此來設計教堂，完全是上帝的安排與祝福，祂的作為實在奇妙。

台灣的佛像及神明都供奉在寺廟裡面，而我們所敬拜的上帝卻遠遠超越人所建的教堂，天與地都是上帝創造的。我一直負責本教會的建堂工作，我就設計在教堂的正前方開非常大的窗子，讓大家體會我們所敬拜的上帝就在天上。大窗子中間有十字架，表明經過耶穌基督十字架的救贖，一個不完全的人就可以與上帝和好，能到上帝那裡。我們的教堂是一個禱告的殿，是親近主的好地方。

當我們進入台灣基督教會的教堂，抬頭就可看到正前方的黑山。我們不是要拜那座山，而是要我們思想創造壯觀山嶺的上帝，祂才是我們的依靠。亦即謹記詩篇第一二一篇的教導：「我要向山舉目；我的幫助從何而來？我的幫助從造天地的耶和華而來。」

▲ 聖地雅歌台灣基督教會教堂正前方的大窗子，經過十字架可去天父那裡。站在教堂的中央線正好對準黑山，往左一步或右一步就對不上，實在奇妙。

在此有愛

主耶穌基督與門徒們吃完最後的晚餐以後，祂知道不久就要離開世間，回到天父那裏。祂擔心在離開以後，這些門徒會沮喪及失去信心，所以主特別吩咐門徒說：「我賜給你們一條新命令，乃是叫你們彼此相愛；我怎樣愛你們，你們也要怎樣相愛。你們若有彼此相愛的心，眾人因此就認出你們是我的門徒了。」〔約翰13：34-35〕雖然基督徒還不完全，我總覺得基督徒是最相愛的一群人。留學生及移民們在教會裡，不只心靈有倚靠及盼望，還有主內兄弟姊妹的溫暖與關懷。

1975年我由佛羅里達大學修完博士學位，搬到芝加哥開始第一個工作。我們夫婦馬上很有福氣地參加「芝城台灣基督教會」的聚會，也幸運地趕上芝城教會的建堂事工。為了籌集建堂基金，大家準備食物去義賣。買下教堂以後的週末，男士們就帶工具去教堂做整建的工作。教堂的地下室增設廚房，禮拜後的中餐就可以自己準備了。教堂門口的中文招牌是我太太淑惠用毛筆寫在木板上，由另一位教友刀刻而成的。兄弟姊妹們一起忙碌，也一起感受主內的相親相愛。那是充滿愛的一個屬靈大家庭。

在1979年10月搬來聖地雅歌，就趕緊要找一間台語教會。那時正好有幾戶人家從多倫多搬來，大家就開始台語查經聚會。聚會場所是在Clairemont Mesa區的一間稱為燈塔（Lighthouse）的三明治店。大家的靈命得到滋潤與提升後，魏輝哲兄等人就馬上在餐館準備愛餐，讓兄弟姊妹們共同分享。我們又找到屬靈的家，不會感覺孤單了。隔年2月，陳今在牧師終於找到在Pacific Beach區的Christ Lutheran Church，借了他們的一間小教堂，開始正式台語禮拜。這三十年來，我們全家得到主內兄弟姊妹很多的照顧與關愛，實在感恩不盡。

我們既然同屬於一個屬靈的大家庭，除了享受以外，每個人也要盡一些責任。教會各個部門，尤其兒童主日學及廚房，常會欠缺人手，請多多參與。人生有時會碰到憂傷、病痛、失業、家人失和等等的困難，會友要互相安慰與鼓勵。要記得「若一個肢體受苦，所有的肢體就一同受苦；若一個肢體得榮耀，所有的肢體就一同快樂。」〔林前12：26〕像一個家庭一樣，主內兄弟姊妹間有時也會發生不愉快的事情，那我們一定要以忍讓及愛心來處理，不要力爭，也要學習把不愉快的事情忘記。使徒保羅告誡我們說：「親愛的弟兄，不要自己伸冤，寧可讓步，聽憑主怒；因為經上記著：『主說：伸冤在我；我必報應。』所以，你的仇敵若餓了，就給他吃，若渴了，就給他喝；因為你這樣行就是把炭火堆在他的頭上。」〔羅12：19-20〕

教會有很多新來的朋友，如果他們感受不到主內兄弟姊妹的愛，那就更不容易體會抽象的上帝之愛了。還好，許多來我們教會的朋友稱讚「聖地雅歌台灣基督教會」是一個很溫暖、很親切、很有愛心的教會。在這方面，需要每一位會友的努力，要特別關心及照顧新來的朋友。我們常會問「上帝在那裡？」，事實上，只要我們彼此相愛，上帝就住在我們裡面了。這是聖經的應許：「親愛的弟兄啊，神既是這樣愛我們，我們也當彼此相愛。從來沒有人見過神，我們若彼此相愛，神就住在我們裡面，愛他的心在我們裡面得以完全了。」〔約一4：11-12〕

什麼是基督徒？

使徒保羅在第三次旅行布道時，從以弗所寫了「哥林多前書」來勸勉哥林多教會。那時哥林多城非常繁華，信徒受到當地邪惡風俗的影響，有淫亂、結黨、紛爭、彼此告狀、貪婪、醉酒等等令保羅痛心的惡行。這本「哥林多前書」是保羅所寫最長的一封信，苦口婆心地勸導哥林多的信徒。

雖然這些基督徒讓保羅非常失望，保羅卻稱呼他們為「聖徒」，因為他們在基督寶血的遮蓋下而成聖。當「使徒」的保羅自認是愚拙，卻希望這些信徒在基督裡能夠聰明；自認是軟弱，卻要他們強壯。保羅的信也是寫給各地的基督徒，包括我們在內。被稱為「聖徒」也許讓我們感到受寵若驚。「聖徒」的希臘原文是hagioi，意思是「分別出來」。如果知道我們的罪已被赦免，上帝從眾人中把我們分別出來為聖潔，我們將光榮地進入天國，我們也就可被稱為「聖徒」了。

保羅也說基督徒是「在各處求告我主耶穌基督之名的人」。求告主名的人就是敬拜耶穌基督、尊祂為主及倚靠祂；這些都是信心的表現。我們禱告的結尾都會說：「倚靠主耶穌基督的聖名求。」表明我們是倚靠耶穌及信耶穌，我們已經被潔淨了。雖然基督徒散居在世界各地，大家都是倚靠主耶穌基督的聖名來敬拜及祈求，我們也都因為祂的憐憫與寶血而得救，而成為兄弟姊妹了。

基督徒都屬於「上帝的教會」，是教會的肢體。哥林多教會是上帝的教會，聖地雅歌台灣基督教會也是上帝的教會。大家來教會是為了敬拜上帝、讚美上帝、禱告上帝、聆聽教導、追求靈性的提升等等；同時主內的兄弟姊妹大家互相鼓勵、互相關懷、互相代禱。這是一個屬靈的大家庭，有愛的大家庭，我們實在太有福氣了。保羅一再說我們是主耶穌「重價買來的」，因為主耶穌雖貴為上帝的兒子，為了擔當我們的罪及贖回我們的生命，祂在十字架上為我們而犧牲了。

我們能夠成為基督徒完全是靠主耶穌的恩典，不是我們的行為。聖靈在我們的心裡做工，讓我們能夠謙卑、願意受教、接受主耶穌基督做救主，也就成為基督徒。我們要珍惜基督徒的名份，做一個好的基督徒，在我們的身上榮耀上帝。

▲ 「上帝先創造了領結」，攝於紐西蘭Tiritiri Matangi島。

保我將來歌

這幾年在經濟大風暴的影響下，我們看到有人一生的積蓄損失大半，不知如何過退休的日子；有人辛苦擁有的房子被銀行拍賣，感到徬徨無依；有人擔心失去工作，天天提心吊膽；還有人的身體為病痛折磨，甚至喪失親人。在這時候我們更需要信靠主耶穌，因為《聖經》羅馬書十五章已經應許我們說：「因信將諸般的喜樂、平安充滿你們的心，使你們藉著聖靈的能力大有盼望。」

天父上帝愛我們憐憫我們，正如〈詩篇〉第卅二篇的記載：「你是我藏身之處；你必保佑我脫離苦難，以得救的樂歌四面環繞我。」不只我們的生活上帝會照顧，當我們離開世間，祂更會安排美好無憂慮的天堂給我們。特別寫了這首短詩送給尋求盼望或需要平安的朋友。承蒙喜愛音樂的主內弟兄周山明兄，以很有台灣風味的音樂作曲，敬請欣賞。

〈保我將來〉
人生有悲傷有苦難
耶穌有盼望有平安
懇求聖靈惦我心內
天父愛心保我將來
（台語）

保我將來

Swing Tempo

王克雄 詞
周山明 曲

聖地牙哥—退休的好地方

二次世界大戰結束後的嬰兒潮，大大地影響美國經濟的走向。現在，這些嬰兒進入退休的年紀了。很多美國人退休後，往南部遷移，好能避開北部寒冷的天氣，及享受南部較多休閒活動。佛羅里達州（Florida）及阿里桑拿州（Arizona）有不少的人在那裡退休定居。不過這兩州天氣太熱，連來自亞熱帶的台灣人都吃不消。聖地牙哥就在洛杉磯的南方，約兩個小時的車程。這幾年，好幾百戶的台灣人退休後搬來聖地牙哥，其中有醫生、教授、工程師、商人等等。

讓我們探討，為什麼許多有成就的美國人及台灣人退休後搬來聖地牙哥呢？理由可歸納如下：

1. 四季如春

聖地牙哥的氣候非常溫和：8月白天平均高溫華氏77度，亦即攝氏25度；2月白天平均高溫華氏65度，即攝氏18度。因為海水從阿拉斯加流下來比較冷，所以夏天不熱；又在南部，冬天也就不冷。經常是晴天，很少下雨，但太陽不強烈，因常有些薄霧。在清涼海風吹拂下，在聖地牙哥居住實在非常舒服。打球或散步都不會汗流浹背，晚上涼快容易入睡，窗子經常是開著，可享受新鮮的空氣。聖地牙哥不只是美國氣候最好的地方，在世界上也算是少有，葡萄牙的氣候就是這麼舒適。

2. 風景秀麗

聖地牙哥是個港口都市，港灣的風景可稱為美國最優美的。如果站在港灣入口的卡布有國家紀念園區（Cabrillo National Monument）上觀看，因是一個高崖，可以看到整個港口及都市，您會同意風景確實秀麗。拉荷亞（La Jolla）是一個山海交錯，海景奇特的海邊小鎮。它不只是旅遊聖地，也是美國最貴的住宅區之一。聖地牙哥有一連串的海灘，各有特色，譬如峭壁、岩石、白沙等等。由海岸往東不到50公里（31英里）就進入山區，庫亞馬卡州立公園（Cuyamaca Rancho State Park）是登山的好地方。再往東有安沙伯瑞哥沙漠州立公園（Anza-Borrego Desert State Park），則另有一番景色。

3. 休閒活動特別多

聖地牙哥有三多：高爾夫球場多、遊艇多及養馬多。很多住在北方的美國人及加拿大人，在冬天跑來聖地牙哥打高爾夫球，不但氣候好、球場費也很便宜。有好幾個港灣及不少的有錢人，所以遊艇很多，讓他們充分享受人生。因為溫度不高及濕度低，很適合養馬，也有賽馬場。

聖地牙哥有好幾個大規模的遊樂場：聖地牙哥動物園、海洋世界、野生動物園、樂高積木公園（Legoland）、古城（Old Town）等。巴伯亞公園（Balboa Park）是一個佔地極廣，且在市中心的文化及休閒園區，聖地牙哥動物園就在這園區裡面。這園區還有十多個博物館及展覽館，模型火車展覽館吸引很多退休的人來參觀。教堂灣公園（Mission Bay Park）則是一個寬闊的水上活動園區。這個海灣內有兩個小島，海洋世界只占這園區的一小部份。不同的活動規劃在不同的地區：這些有快艇滑水區、帆船區、水上摩托車區、游泳區、遊艇區及漁船區等等。聖地牙哥有好幾個有名的海灘，更吸引很多人一再來這裡渡假。聖地牙哥整年遊客都很多，在8月的旅遊旺季，遊客人數一個月高達240萬人。很多遊客愛上這裡，退休後就搬來這裡。

很多人以為聖地牙哥地區只是一個旅遊的地方，沒想到聖地牙哥市是加州第二大及美國第八大的都市。這裡擁有的高科技很多，包括生物、醫藥、無線通訊、電腦軟體、網路、資訊、電子、無人駕駛飛機等等，而且在蓬勃發展中。再加上很多大學及研究機構，聖地牙哥成為美國博士密度最高的大城市。國際貿易也非常興盛。由於各種條件優越，《富士比》（Forbes）雜誌把聖地牙哥列為「全美國最適宜從事商業活動都市」中的第一名。

4. 房地產漲價

聖地牙哥的房價幾乎年年漲價，最近漲得更快，很多來這兒退休的人，在他們的房子賺了一大筆。與那些漲價少的地方來比，在聖地牙哥退休划算得多。很多人擔心經濟不景氣將拖垮房地產，但聖地牙哥較不須憂慮，因為很多退休的人賣了別處的房子，而來聖地牙哥買房子，別處多了一個賣主，聖地牙哥則多了一個買主。另外，高科技工業帶來很多高收入的買主，也把房價往上抬。

高級社區很多，最有名的拉荷亞（La Jolla）不但有秀麗的海岸來散步及觀賞海狗，也可享受高級餐館及逛名店。另外，聖塔菲農場（Rancho Santa Fe）雖沒有海景，但都是大土地的豪華住宅，一般住宅占地1-10英畝，林木圍繞，有些甚至有單洞的高爾夫球練習場。這兩處都屬於美國最富裕的社區之一。雖然很多有錢人住聖地牙哥，使一些近海社區的房子非常昂貴，但聖地牙哥是個大都會，很多房子價格還算合理。聖地牙哥的房價與舊金山地區來比，還是便宜不少，因此有相當漲價的空間。這兒天氣全年都很溫和，節省很多冷氣及暖氣的費用。由於此地有很多墨西哥人，家內清掃、庭院整修及游泳池清理等工資比其他地方便宜一些。加州是農產品豐富的地方，蔬菜、水果都很新鮮，很多食品的價格比美國東岸便宜很多。房屋雖比較貴，但生活費可省下不少的錢。有些人在股票投資上虧了很多錢；如投資在自己的住屋，則一方面可以享受，另一方面可以獲得相當可觀的增值。

5. 生活品質好

聖地牙哥是屬於西風帶，無污染、清涼及濕度低的海風經常由海上徐徐吹來，有好的空氣才能有好的生活品質。另外氣候溫和，很少下雨，但又因薄霧，所以日曬不厲害，蚊蠅也非常少。在這兒要打球、散步或只打開窗戶來呼吸新鮮的空氣，每樣都是一種享受。醫療設施完善，也有很多最新的醫學研究與治療技術。

由於高速公路有11條之多，交通相當方便。上下班時間還是有些堵車，不過洛杉磯浪費於堵車的時間比聖地牙哥多51%。這兒的生活比較不緊張，不必西裝筆挺，趕來趕去。開車時，會發覺這兒的人比較遵守交通規則，常會禮貌讓路。在人種方面，白人不超過半數，亞洲人及墨西哥人相當多，黑人比較少，大家都算少數民族，必須互相尊重。電視新聞播報員，每台常會用上一位亞洲人。因為亞洲人的經濟實力強，表現傑出，人數也多，以及美國人都很遵照不准歧視的法律，所以遭受歧視的問題不大。

旅居聖地牙哥的台灣人似乎比較親切，很有人情味，也很關心故鄉台灣。聖地牙哥的台灣中心全部是由台灣鄉親捐錢完成的。建築物有13,000平方英尺，禮堂可容400人，圖書館的藏書近萬冊。活動很多：除了不定期的演講會、表演、節日慶祝等外，固定的節目有長輩聯誼、婦女聚會、年輕人聚會、橋牌、象棋、青少年西洋棋、攝影、讀書會、投資、電腦、登山健行、交際舞、卡拉OK、電影欣賞、高爾夫球、網球、乒乓球、太極拳、劍道、有氧舞蹈、書法、小提琴、古箏、太鼓、英文班、日文班、西班牙語班、台語班等等，實在不勝枚舉。聖地雅歌台灣基督教會擁有3.78英畝的土地，蓋美輪美奐的新教堂約有9,000平方英呎，給台灣人敬拜及親近上帝。

由上面的敘述，我們不難看出聖地牙哥確實是一個非常理想的地方來退休。也怪不得聖地牙哥自誇是美國最美好的都市（The Finest City）。當這麼多嬰兒潮的人退休下來，很多一定會選擇來長住聖地牙哥。有些還沒退休的人甚至來聖地牙哥預先購買退休的房子，以免將來太貴不容易買。

（本文發表於2002年11月聖地牙哥台灣同鄉會鄉訊）

▲ 聖地牙哥港及跨港大橋。

以飲食控制膽固醇

隨著年紀愈來愈大，膽固醇和血壓開始偏高，趕緊四處打聽，也稍微研究一些。經常運動最重要，其次要注意飲食。

一位住在北加州的朋友也有同樣的問題，他的醫生要他吃藥，但吃了一年，肝機能受到損害。最近也有報告說，降膽固醇的藥有時會傷害腎臟及萎縮肌肉，對東方人還比較嚴重。他不敢再吃藥，改用控制飲食的方法，而把膽固醇降回正常值。他特別強調，很多種有益的食物都要經常吃，才能有相乘相輔的效果，來控制膽固醇。波士頓塔夫茲大學心血管營養研究所所長列奇廷斯坦教授（Prof. Lichtenstein），他也是美國心臟病學會副主席，提倡大家經常吃很多種類的食物。法國可卡醫師（Dr. Chauchard）的新書《三十天年輕十歲》也有相似的建議。我經過半年多的食物控制以後，膽固醇及血壓得到很好的控制，讓我心安很多。抱著「野人獻曝」的心情，我把這些專家的研究及個人的心得綜合提供大家參考，也許會幫助您的健康。

為了降低膽固醇及促進心臟的健康，一定要經常吃以下12種不同類的食物：

1. 橄欖油（Olive Oil）、菜籽油（Canola Oil）、黃豆油（Soybean Oil）、麻油（Sesame Oil）等。這些油含有大量的單元不飽和脂肪酸（Mono-unsaturated Fatty Acid），會減少不好的低密度膽固醇及阻止飽和脂肪酸聯結在一起，因此可以減少心血管阻塞及降低血壓。最好的油是首次提煉的橄欖油（Virgin Olive Oil），每天須吃一大湯匙（Tablespoon）。單靠炒菜時用橄欖油是不夠的，可以直接喝或拌青菜沙拉來吃。如果不習慣橄欖油的味道，那就加一點意大利醋（Balsamic Vinegar）或麻油。

2. 無脂肪或低脂肪的優酪乳（Yogurt）、牛奶、乳酪（Cheese）等乳製品。奶油是從牛奶分離出來，很多人怕胖不敢喝牛奶。沒想到牛奶製品中有成分可幫助啟動身體燃燒脂肪的能力，使減肥成效倍增，降低患心臟病的危險。每天應吃三次的乳製品，也有助於蛋白質及鈣的需要。研究也証明乳製品可降低患痛風的機會。

3. 全穀類食物，如燕麥片（Oatmeal）、糙米（Brown Rice）、全麥做的麵包（Whole-wheat Bread）、爆玉米花（Popcorn）等。每天吃全穀類食物，可以增加纖維素、多種維他命B、抗氧化物及礦物質等，達到減少低密度膽固醇的目的。有研究報告說，每天吃全穀類食物的人可降低患心臟病的危機14%。

4. 綠花椰菜（Broccoli）、花菜（Cauliflower）、球芽甘藍（Brussels Sprouts）、捲心菜（Cabbage）等有葉蔬菜。這些蔬菜提供大量的纖維素及礦物質，要每天吃，會降低不好的膽固醇及防止血管的硬化。

5. 色彩鮮明的蔬菜，譬如菠菜（Spinach）、胡蘿蔔（Carrots）、綠或黃辣椒（Bell Peppers）、蕃茄（Tomato）、冬南瓜（Winter Squash）等。這些很有色彩的蔬菜不僅含有很多維生素、纖維素及微量的元素，而且含有抗氧化物。可以降低血脂肪，防止血管硬化及減緩細胞組織的老化。也應該每天吃。

6. 新鮮的水果，如蘋果、葡萄、藍莓、草莓、桃子、李子、杏子等。水果可以做成乾果、或冷凍、或罐裝；但不要只喝水果汁，因為水果汁裏纖維素含量少。每天吃水果，可以減少低密度膽固醇及避免血管硬化。

7. 深海魚類，如三文魚（Salmon），鮪魚（Tuna）、馬交魚（Mackerel）、沙丁魚（Sardines）、劍魚（Swordfish）等。在這些含豐富魚油的海魚裏，含很多奧米加三類多聚不飽和脂肪酸（Omega-3 Fatty Acid），可以幫助心臟的正常運作，防止血小板在體內凝結，增加高密度膽固醇，及減少低密度膽固醇與三酸甘油脂。每星期至少需吃兩次的深海魚。
8. 堅果類，如核桃（Walnut）、杏仁（Almond）等。這些堅果也含有很多奧米加三類多聚不飽和脂肪酸，應該每星期吃三次。最好買不加鹽的堅果。哈佛大學的研究發現：如果每星期吃五英兩的堅果，女性可以減少四成的心臟病死亡率，男性可以防止致命性的不規則心跳。
9. 豆類食品，如豆漿、豆腐、豆腐乾、黃豆等。豆類中含有大量的植物蛋白質、單基不飽和脂肪酸、纖維等，可以減少低密度膽固醇及避免血管硬化。每週應該吃3-4次的豆類食品。
10. 綠茶或一般的紅茶。茶裏含有很多抗氧化物，也提供健康所需要的水分。哈佛大學的研究發現，一天一杯的紅茶竟然可以降低罹患心臟病的機率50%。瓶裝的茶或即可沖水的紅茶粉則含很少抗氧化物，所以一定要用茶葉或茶包來泡茶。
11. 葡萄酒或啤酒。小量酒精可以增加高密度膽固醇及減少得心臟病的機會。不可多量，一天喝一杯葡萄酒或一罐啤酒就可。
12. 深色巧克力糖。享受深色巧克力糖有助於增加好的膽固醇及減少低密度膽固醇。德國及意大利的科學家發現深色巧克力含有很強的抗氧化物，證明可以降低血壓及減少心臟病，但不可吃牛奶巧克力或同時喝牛奶，似乎牛奶會影響身體對抗氧化物的吸收。

我們是用飲食來控制膽固醇，不像藥片有很高很純的劑量，所以要多吃及吃各種不同的東西。況且不同的食物擁有不一樣的成分，當不同的成分同時在我們的身體裡面工作，效果就較為顯著。另一方面，一定要少吃那些含膽固醇高的食物：如蝦、龍蝦、蟹、烏賊、烏魚子、牛排、牛油、豬肉、燻豬肉（Bacon）、香腸、豬腦、各種內臟、魚卵、椰子油、棕櫚油（Palm Oil）等等。我們很容易就吃下不少的膽固醇，但要把它從體內排出就不簡單了。

最後，經常運動是非常重要，絕不可偷懶。要堅持平均每天有30分鐘以上的耗氧運動，譬如走路、跑步、騎腳踏車、游泳、打球等。一定要心跳每分鐘至少100次及有流汗，才算是運動，不然只是散步，幫助不大。運動會減少低密度膽固醇，增加高密度膽固醇，有效地預防心臟病。如果經過飲食控制及經常運動，還不能減少低密度膽固醇，那就只好吃降膽固醇的藥了。不要為了怕副作用，而不吃藥。

（本文發表於2005年9月聖地牙哥台灣同鄉會鄉訊）

▲ 「兩隻小老虎」，攝於聖地牙哥野生動物園。

▲ 「看什麼？」無尾熊，攝於聖地牙哥動物園。

■ 國家圖書館出版品預行編目（CIP）資料

化悲憤為力量：一個二二八遺屬的奮鬥 / 王克雄著. -- 初版. -- 高雄市：麗文文化事業股份有限公司, 2023.02
面； 公分
ISBN 978-986-490-212-5（平裝）

1.CST: 王克雄 2.CST: 自傳 3.CST: 臺灣

783.3886 112000552

化悲憤為力量：一個二二八遺屬的奮鬥

初版一刷・2023年2月 初版二刷・2023年9月

著者 王克雄
發行人 楊宏文
總編輯 蔡國彬
出版者 麗文文化事業股份有限公司
地址 802019 高雄市苓雅區五福一路57號2樓之2
電話 07-2265267
傳真 07-2233073
網址 www.liwen.com.tw
電子信箱 liwen@liwen.com.tw
劃撥帳號 41423894
臺北分公司 100003 臺北市中正區重慶南路一段57號10樓之12
電話 02-29229075
傳真 02-29220464
法律顧問 林廷隆律師
電話 02-29658212

行政院新聞局出版事業登記證局版台業字第5692號

ISBN 978-986-490-212-5(平裝)

麗文文化事業

定價：400元